여러분의 학위취득을 응원하는
해커스독학사의 특별 혜택!

한달합격 조직행동론 최신기출 강의 할인 10%

M234U276R666F712

해커스독학사(haksa2080.com) 접속 후 로그인 ▶
[마이클래스] 내 [쿠폰내역] 클릭 ▶ 쿠폰 등록

* 등록 후 7일간 사용 가능(ID당 1회에 한해 등록 가능)

해커스 교육그룹 제휴쿠폰 받는 방법

해커스독학사(haksa2080.com) 접속 후 로그인 ▶
[고객지원] 내 [공지사항] 클릭 ▶ ★해커스교육그룹 제휴쿠폰★ 공지글 확인

* ID당 1회에 한해 등록 가능

* 이 외 쿠폰 관련 문의는 고객센터(1599-3081) 혹은 사이트 내 문의게시판을 이용하시기 바랍니다.

상담 및 문의전화 1599-3081   해커스독학사 haksa2080.com

해커스독학사의 단기합격 시스템

1 단기합격 가능! 독학사 시험에 특화된 강의
독학사 전문교수진의 고효율 핵심집약 강의

2 이론부터 문제까지 모두 담은 단권화 교재
오랜 기간 독학사 시험 분석을 통해
단기합격에 필요한 요소만 모은 핵심 문제집

3 이론부터 실전까지 효율적인 학습 커리큘럼
이론학습 → 문제풀이 → 핵심요약 → 마무리 모의고사까지!
짧은 기간에도 시험 대비가 가능하도록 최적화된 학습 커리큘럼 제공

4 과목별 담당 교수님의 1:1 학습 Q&A
궁금한 점은 고민하지 말고 바로 교수님께 1:1로 문의하여 해결

5 독학사 전문 학습 플래너의 1:1 맞춤 무료 상담
독학사 전문 학습 플래너가 1:1로 체계적인 맞춤 상담 진행

카톡간편상담 '해커스독학사' 검색
상담 및 문의전화 1599-3081
해커스독학사 haksa2080.com

한 달 합격
해커스독학사
경영학과
최신기출 이론+문제 　2단계 | 조직행동론

해커스

저자 **이재연**	**약력**
	현 | 해커스독학사 경영학과 조직행동론 교수
	세종사이버대학교 외래강사
	전 | 성균관대학교 경영학부 및 대학원 외래강사

독학사 경영학과 2단계 **초단기합격**, **해커스독학사**와 함께라면 불가능은 없습니다.

〈한달합격 해커스독학사 경영학과 2단계 조직행동론 최신기출 이론+문제〉는 독학사 경영학과 2단계 시험을 준비하는 여러분들에게 가장 효율적이고 전략적인 접근이 가능하도록 철저하게 계획하여 구성되었습니다.

01. 최신 출제경향 및 국가평생교육진흥원의 평가영역을 완벽히 반영하여 이론을 정리하고, 그 중에서도 중요한 개념만 엄선하여 '핵심 키워드 Top 10'으로 정리하였습니다.

02. '기출개념', '핵심 Check', '개념 Plus' 등의 풍부한 학습장치를 제공하여 효율적인 이론 학습이 가능합니다.

03. '기출개념확인', '실전연습문제', '기출동형모의고사'로 구성된 다양한 문제를 수록하였으며 문제를 풀면서 이론을 습득할 수 있으므로 단기합격이 가능합니다.

04. 모든 문제에 '정답·해설'을 제공하며, '오답분석', '참고' 등의 풍부한 해설 요소를 통해 스스로 부족한 부분을 보완할 수 있습니다.

독학사를 준비하는 수험생이 짧은 시간에 효과적으로 학습하고 시험에서 좋은 성적을 얻을 수 있도록 조직행동론의 주요 개념과 내용을 정리하였습니다. 조직행동론은 조직 내 인간행동을 이해하고 예측하여 사람을 통해 조직의 효과성을 높이는 학문입니다. 따라서 경영자뿐만 아니라 모든 구성원이 알아야 할 실용적 학문으로 볼 수 있습니다.

본 교재는 평가영역을 중심으로 조직행동론의 주요 내용을 정리하였으며, 실전연습문제 및 기출동형모의고사로 실전에도 대비할 수 있도록 하였습니다. 본 교재로 조직행동에 대한 이해의 폭을 넓힌다면 시험에서도 수월하게 좋은 성적을 얻을 수 있을 것입니다.

아울러 교재를 출간하기까지 힘써주신 해커스독학사 편집진을 비롯한 모든 분께 깊은 감사의 마음을 전하며, 여러분들의 합격을 진심으로 기원합니다.

저자 **이재연**

목차

빠른 합격의 문을 여는 해커스독학사만의 핵심 비법! … 6
초단기합격의 열쇠! 4주/2주 학습 플랜 … 10
시험 전 꼭 알고 가자! 독학사 시험 안내 … 12
이제 실전이다! 2단계 시험 미리보기 … 16
무엇이든 물어보세요! 독학사 10문 10답 … 18

■ 본 교재의 목차는 '국가평생교육진흥원'에서 제공하는 '과목별 평가영역'을 충실히 반영하여 구성하였습니다.

제1장 | 조직행동 개요

제1절	조직행동의 개념	22
제2절	직무성과	36
제3절	조직몰입	41
◆ 제1장 실전연습문제		44
◆ 제1장 정답·해설		48

제2장 | 개인행동 영역

제1절	직무만족과 스트레스	54
제2절	성격과 성과	64
제3절	가치관과 태도	72
제4절	정서	82
제5절	지각, 귀인과정	86
제6절	동기부여	94
제7절	학습과 행동수정	106
◆ 제2장 실전연습문제		116
◆ 제2장 정답·해설		120

제3장 | 집단행동 영역

제1절	집단과 팀에 대한 이해와 관리	126
제2절	커뮤니케이션과 의사결정	136
제3절	권력, 조직정치, 갈등관리	154
제4절	리더십	170
◆ 제3장 실전연습문제		186
◆ 제3장 정답·해설		190

제4장 | 조직체에 대한 이해

제1절	조직구조	196
제2절	조직문화	208
◆ 제4장 실전연습문제		216
◆ 제4장 정답·해설		220

한달합격 해커스독학사
경영학과 2단계 조직행동론 최신기출 이론+문제

 기출동형모의고사

기출동형모의고사 1회	224
기출동형모의고사 2회	230
기출동형모의고사 3회	236
기출동형모의고사 4회	242
◆ 기출동형모의고사 정답·해설	248

단기합격을 위한 독학사 전문 교수님들의
명품 동영상강의
해커스독학사 haksa2080.com

빠른 합격의 문을 여는 해커스독학사만의 핵심 비법!

학습준비 | 이론 학습 전, 전략적으로 학습 계획 세우기!

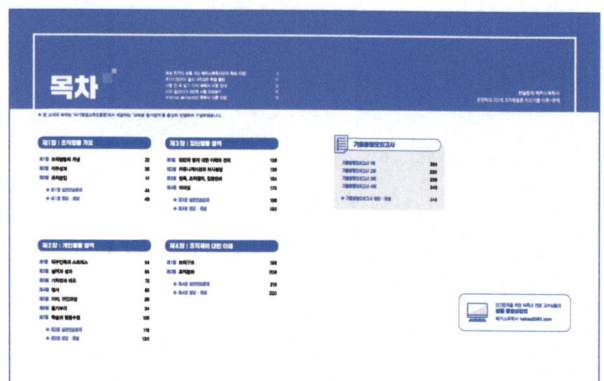

목차
독학사 시험 주관처인 국가평생교육진흥원에서 제공하는 과목별 평가영역을 완벽하게 반영하여 구성한 목차를 통하여 전반적인 흐름을 빠르게 파악할 수 있습니다.

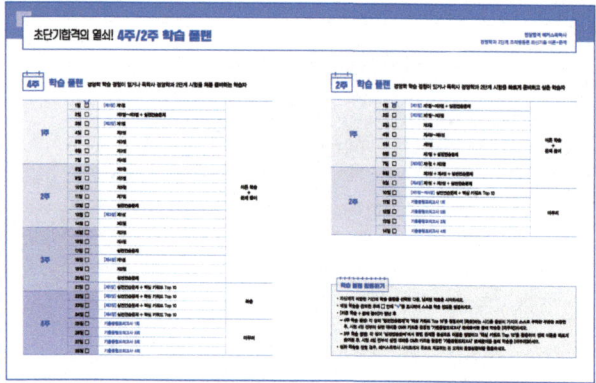

학습 플랜
두 가지로 제공되는 학습 플랜 중 자신의 학습 방법에 맞는 유형을 선택하여 매일 정해진 학습량을 학습하고 체크할 수 있습니다. '학습 플랜 활용하기'를 참고하여 자신에게 맞는 학습 방법을 선택할 수 있습니다.

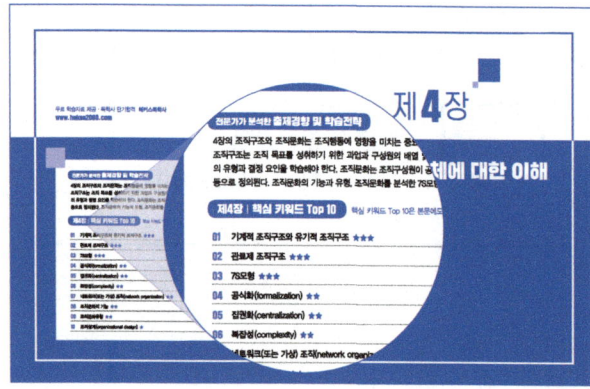

전문가가 분석한 출제경향 및 학습전략
과목별 전문가가 알려주는 시험 출제경향과 이에 대비하기 위한 효과적인 학습 방법을 통해 학습의 방향성을 올바르게 설정할 수 있습니다.

핵심 키워드 Top 10
각 장마다 엄선된 '핵심 키워드 Top 10'을 통하여 중요한 개념을 한눈에 확인할 수 있으며 키워드 옆에 표시된 ★ 개수로 개념의 중요도를 파악하여 단기간에 효율적인 학습이 가능합니다.

이론학습 — 다양한 학습장치를 활용하여 효율적으로 이론 학습하기!

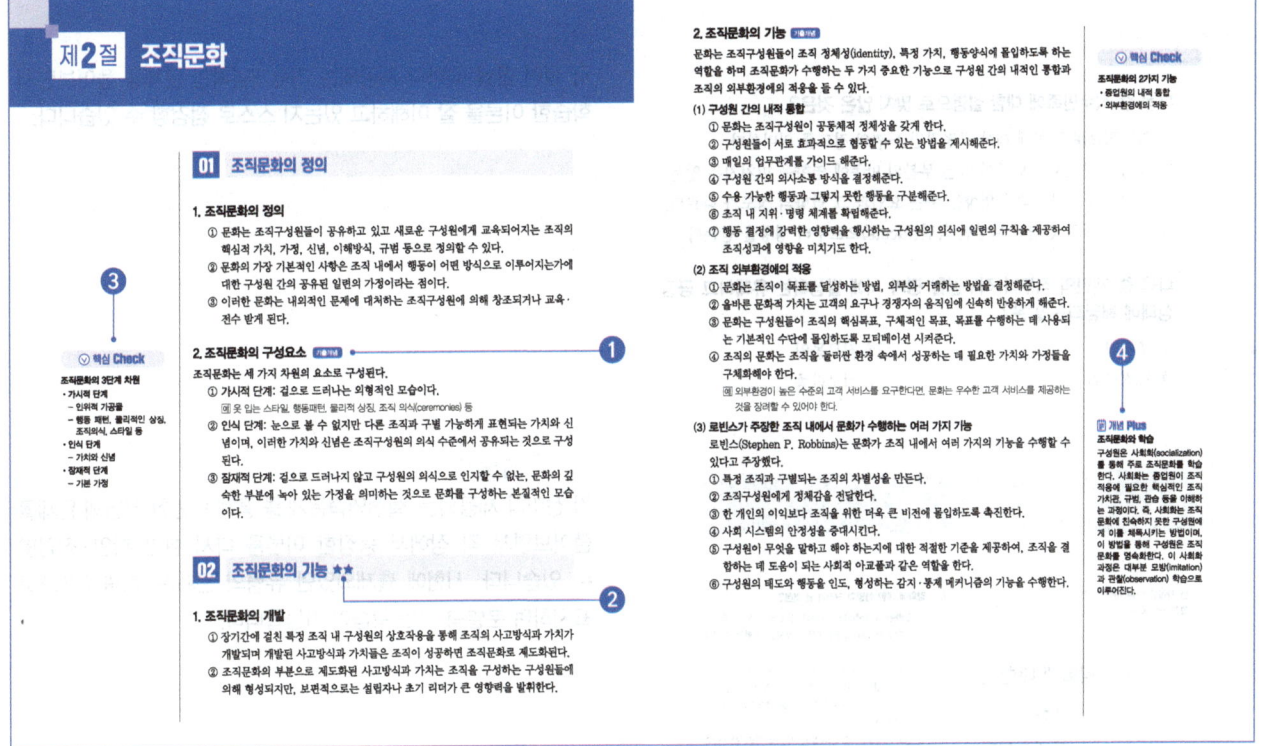

❶ 기출개념
실제로 출제된 이론에는 '기출개념'을 표시하여 출제경향을 파악할 수 있도록 하였습니다.

❷ ★ 표시
'핵심 키워드 Top 10'으로 선정된 키워드에 ★을 표시하여 중요한 개념을 쉽고 빠르게 확인할 수 있도록 하였습니다.

❸ 핵심 Check
중요한 내용을 다시 한번 되짚어 설명하여 핵심개념 위주로 꼼꼼하게 학습할 수 있도록 하였습니다.

❹ 개념 Plus
이론 학습 시 추가로 알아두면 좋은 내용을 '개념 Plus'를 통해 제시하여 이론을 명확하고 폭넓게 학습할 수 있습니다.

빠른 합격의 문을 여는 **해커스독학사만의 핵심 비법!**

문제풀이 | 최신 출제경향이 반영된 문제풀이로 실전감각 키우기!

기출개념확인
각 절이 끝날 때마다 제공되는 기출개념확인 문제를 풀어보면서 학습한 이론을 잘 이해하고 있는지 스스로 점검할 수 있습니다.

실전연습문제
각 장마다 제공되는 '실전연습문제'를 통해 다양한 유형의 문제를 풀어보면서 각 장에서 등장한 이론을 다시 한번 확인·점검할 수 있습니다. 시험에 출제되었던 유형의 문제는 '기출유형'으로 표시하여 분별력 있는 학습이 가능합니다.

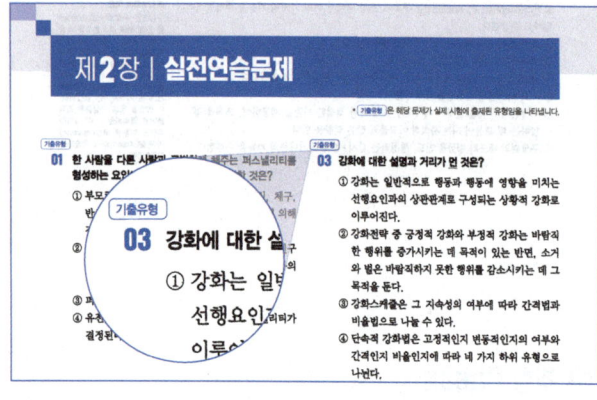

정답·해설
'기출개념확인'과 '실전연습문제'에 수록되어 있는 모든 문제에 '정답·해설'을 제공합니다. 정답표를 통해 빠르게 정답을 확인할 수 있으며, '오답분석', '참고' 등의 해설 요소가 포함된 풍부한 해설은 이론의 복습 및 점검을 돕습니다.

한달합격 해커스독학사
경영학과 2단계 조직행동론 최신기출 이론+문제

최종점검 '기출동형모의고사'로 마무리하며 실전 대비하기!

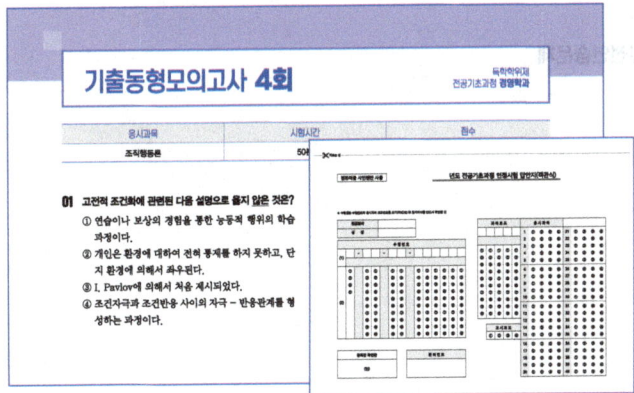

기출동형모의고사 & OMR 카드
최근 독학사 시험을 철저하게 분석하여 실제 시험 유형 및 문제 수와 동일하게 구성한 '기출동형모의고사' 4회분을 수록하였습니다. '기출동형모의고사'와 함께 수록된 'OMR 카드'를 활용한다면 실제 시험과 가장 유사한 환경에서 자신의 실력을 최종 점검할 수 있습니다.

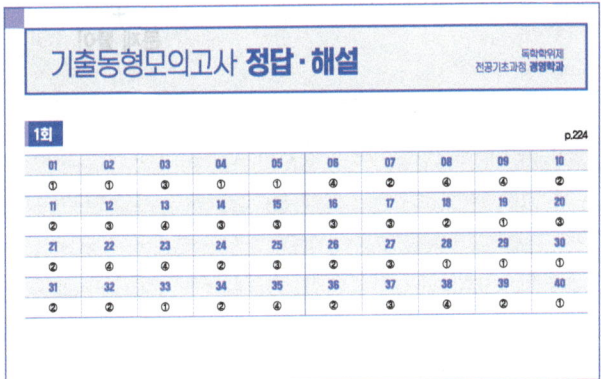

기출동형모의고사 정답·해설
'기출동형모의고사' 문제풀이 후, 꼼꼼한 마무리 학습이 가능하도록 '기출동형모의고사 정답·해설'에도 '오답분석', '참고' 등의 해설 요소를 포함하여 해설을 풍부하게 수록하였습니다.

초단기합격의 열쇠! 4주/2주 학습 플랜

4주 학습 플랜
경영학 학습 경험이 없거나 독학사 경영학과 2단계 시험을 **처음 준비하는 학습자**

주	일차	학습 내용	구분
1주	1일 ☑	[제1장] 제1절	
	2일 ☐	제2절~제3절 + 실전연습문제	
	3일 ☐	[제2장] 제1절	
	4일 ☐	제2절	
	5일 ☐	제3절	
	6일 ☐	제3절	
	7일 ☐	제4절	
2주	8일 ☐	제5절	이론 학습 + 문제 풀이
	9일 ☐	제5절	
	10일 ☐	제6절	
	11일 ☐	제7절	
	12일 ☐	실전연습문제	
	13일 ☐	[제3장] 제1절	
	14일 ☐	제2절	
3주	15일 ☐	제3절	
	16일 ☐	제4절	
	17일 ☐	실전연습문제	
	18일 ☐	[제4장] 제1절	
	19일 ☐	제2절	
	20일 ☐	실전연습문제	
4주	21일 ☐	[제1장] 실전연습문제 + 핵심 키워드 Top 10	복습
	22일 ☐	[제2장] 실전연습문제 + 핵심 키워드 Top 10	
	23일 ☐	[제3장] 실전연습문제 + 핵심 키워드 Top 10	
	24일 ☐	[제4장] 실전연습문제 + 핵심 키워드 Top 10	
	25일 ☐	기출동형모의고사 1회	마무리
	26일 ☐	기출동형모의고사 2회	
	27일 ☐	기출동형모의고사 3회	
	28일 ☐	기출동형모의고사 4회	

한달합격 해커스독학사
경영학과 2단계 조직행동론 최신기출 이론+문제

2주 학습 플랜 경영학 학습 경험이 있거나 독학사 경영학과 2단계 시험을 **빠르게 준비하고 싶은** 학습자

	1일 ✓	[제1장] 제1절~제3절 + **실전연습문제**	
	2일 ☐	[제2장] 제1절~제2절	
	3일 ☐	제3절	
1주	4일 ☐	제4절~제5절	이론 학습 + 문제 풀이
	5일 ☐	제6절	
	6일 ☐	제7절 + **실전연습문제**	
	7일 ☐	[제3장] 제1절 + 제2절	
	8일 ☐	제3절 + 제4절 + **실전연습문제**	
	9일 ☐	[제4장] 제1절 + 제2절 + **실전연습문제**	
	10일 ☐	[제1장~제4장] 실전연습문제 + 핵심 키워드 Top 10	
2주	11일 ☐	기출동형모의고사 1회	마무리
	12일 ☐	기출동형모의고사 2회	
	13일 ☐	기출동형모의고사 3회	
	14일 ☐	기출동형모의고사 4회	

학습 플랜 활용하기

- 자신에게 적합한 기간의 **학습 플랜**을 선택한 다음, **날짜별** 학습을 시작하세요.
- 매일 학습을 완료한 후에 ☐ 안에 '✓'를 표시하며 스스로 학습 진도를 점검하세요.
- [이론 학습 + 문제 풀이]가 끝난 후
  - 4주 학습 플랜: 각 장의 '**실전연습문제**'와 '**핵심 키워드 Top 10**'을 활용하여 **복습**하는 시간을 충분히 가지며 스스로 부족한 부분을 보완한 후, 시험 4일 전부터 실전 대비용 OMR 카드를 활용한 '**기출동형모의고사**' 문제풀이를 통해 학습을 [마무리]하세요.
  - 2주 학습 플랜: 각 장의 '**실전연습문제**'에서 틀린 문제를 중심으로 이론을 점검하고 '**핵심 키워드 Top 10**'을 활용하여 전체 이론을 빠르게 훑어본 후, 시험 4일 전부터 실전 대비용 OMR 카드를 활용한 '**기출동형모의고사**' 문제풀이를 통해 학습을 [마무리]하세요.
- **심화 학습**을 원할 경우, 해커스독학사 사이트에서 유료로 제공하는 본 교재의 **동영상강의**를 활용하세요.

시험 전 꼭 알고 가자! 독학사 시험 안내

01 독학학위제란?

- 「독학에 의한 학위취득에 관한 법률」에 의거하여 국가에서 실시하는 독학학위취득시험에 합격한 자에게 학사학위를 수여하는 제도입니다.
- 독학학위취득시험은 총 4단계(교양과정 인정시험, 전공기초과정 인정시험, 전공심화과정 인정시험, 학위취득 종합시험)로 이루어져 있으며, 시험은 각 단계별로 1년에 1번 실시됩니다.
- 고등학교 졸업 이상의 학력을 가진 자는 누구나 응시할 수 있으며, 4단계 시험까지 모두 합격한 자는 4년제 대학교 졸업자와 동등한 학력을 가지게 됩니다.

02 독학학위제 전공 소개

- 독학학위제 전공 시험은 2단계(전공기초과정 인정시험)부터 실시되며, 아래 전공은 예외적으로 일부 단계만 실시합니다.
  - 유아교육학 및 정보통신학: 3~4단계(전공심화과정 인정시험, 학위취득 종합시험)만 실시
    ※ 정보통신학은 폐지되었으며, 유예기간을 두되, 전공심화과정 인정시험은 2025년까지, 학위취득 종합시험은 2026년까지 응시할 수 있도록 합니다.
  - 간호학: 4단계(학위취득 종합시험)만 실시

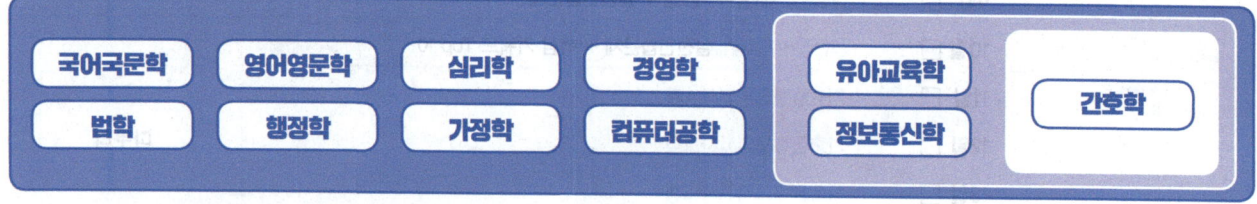

03 원서접수 및 접수 준비물 안내

- 진학어플라이 사이트(www.jinhakapply.com)에서 학교명을 '독학'으로 검색하여 접수가 가능합니다.
- 접수기간 내에는 24시간 접수 가능하며(접수 마감일에는 17:00까지), 접수 마감 전까지 수정 및 취소(환불)가 가능합니다.
  ※ 접수기간 종료 후에는 접수·수정·환불이 불가능합니다.
  참고 원서접수 방법은 변경될 수 있으니 독학학위제 사이트를 꼭 확인하세요.
- 접수 준비물은 다음과 같습니다.

응시자격 증명서류	• 1~3단계 지원자: 고등학교 졸업증명서(고졸 검정고시 합격증명서) • 4단계 지원자 　- 대학교 성적증명서 및 수료(졸업)증명서 　- 3년제 전문대학 졸업증명서 및 성적증명서 　- 과정(과목) 면제를 증명할 수 있는 해당 서류 • 독학학위제 학적보유자: 제출서류 없음 • 파일은 jpg, jpeg, png, bmp만 등록 가능하며, 파일 사이즈는 5MB 이내여야 함
사진	최근 6개월 이내에 촬영한 3.5cm X 4.5cm의 여권용 사진 파일은 jpg, jpeg, gif만 등록 가능하며, 파일 사이즈는 2MB 이내여야 함
응시료	20,700원(수험료: 18,000원, 인터넷 원서접수 수수료: 2,700원)

04 학위 취득 과정 및 시험 일정

※ 시험 일정은 매년 상이하므로, 자세한 일정은 독학학위제 사이트의 [시험안내] – [시험일정]을 참고하세요.

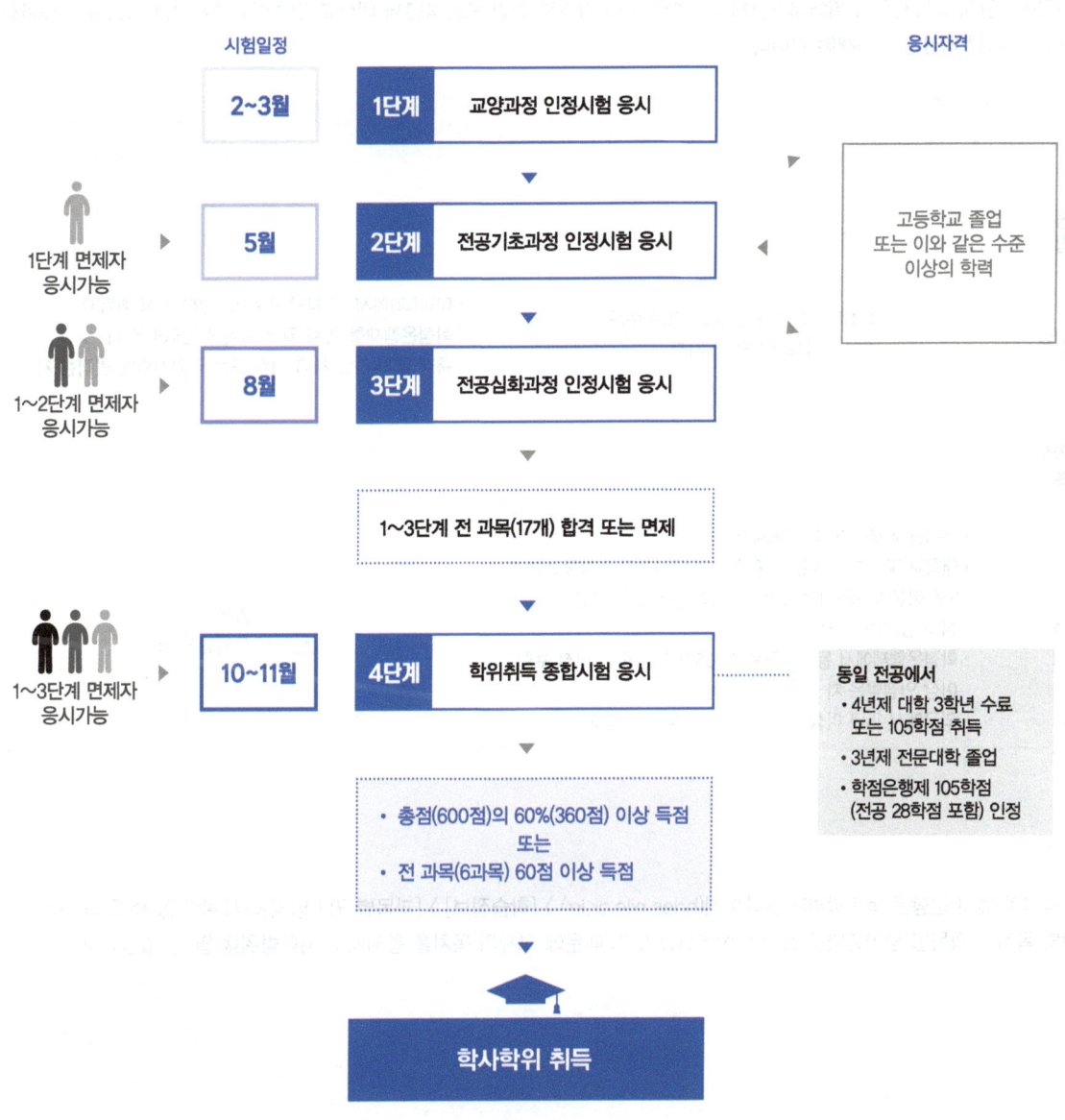

시험 전 꼭 알고 가자! 독학사 시험 안내

05 단계별 응시자격

- 학사학위 소지자는 취득한 학사학위 전공과 동일한 전공 시험에 응시할 수 없습니다.
- 고등학교 졸업자가 3단계에 응시하는 것은 가능하나, 4단계에 응시하기 위해서는 독학사 1, 2단계(교양과정 인정시험, 전공기초과정 인정시험) 면제 조건을 충족하고, 3단계에 합격하거나 4단계 응시자격을 충족해야 합니다.
- 간호학 전공은 4단계에 응시하기 위해서 3년제 전문대학 간호학과를 졸업 또는 4년제 대학교 간호학과에서 3년 이상의 교육과정을 수료하거나 105학점 이상을 취득해야 합니다.

구분	응시자격	단계별 면제 조건
1단계 교양과정 인정시험	고등학교 졸업 또는 이와 같은 수준 이상의 학력 소지자	• 대학(교)에서 각 학년 수료 및 일부 학점 취득자 • 학점은행제를 통해 일부 학점을 인정받은 자 • 특정 국가(기술)자격 취득 또는 국가시험에 합격한 자
2단계 전공기초과정 인정시험		
3단계 전공심화과정 인정시험		
4단계 학위취득 종합시험	• 1~3단계 합격자 또는 면제자 • 대학교 및 이에 준하는 각종 학교의 동일전공 인정학과에서 3년 이상의 교육과정 수료(3년제의 경우 졸업) 또는 105학점 이상 취득한 자 • 학점은행제에서 동일전공으로 105학점(전공 28학점 포함) 이상 인정받은 자 • 외국에서 15년 이상의 학교교육과정을 수료한 자	없음 (반드시 응시해야 함)

06 시험 범위

- 시험의 범위와 예시 문항은 독학학위제 홈페이지(bdes.nile.or.kr) 〉 [학습정보] 〉 [과목별 평가영역]에서 확인할 수 있습니다.
- 본 교재의 목차는 과목별 평가영역을 충실히 반영하고 있기 때문에 교재의 목차를 통해서도 시험범위를 알 수 있습니다.

한달합격 해커스독학사
경영학과 2단계 조직행동론 최신기출 이론+문제

07 기본 출제 방향 및 단계별 평가 수준

단계	기본 출제 방향	평가 수준
1단계 교양과정 인정시험	• 국가평생교육진흥원에서 고시하는 과목별 평가영역에 준거하여 출제하되 특정 영역이나 분야가 지나치게 중시되거나 경시되지 않도록 함	• 대학 교양과정을 이수한 사람이 일반적으로 갖추어야 할 학력 수준을 평가함
2단계 전공기초과정 인정시험	• 독학자의 취업 비율이 높은 점을 감안하여, 과목의 특성상 가능한 경우에는 학문적·이론적인 문항뿐만 아니라 실무적인 문항도 출제함	• 각 전공영역의 학문을 연구하기 위하여 각 학문 계열에서 공통으로 필요한 지식·기술을 평가함
3단계 전공심화과정 인정시험	• 단편적인 지식 암기로 풀 수 있는 문항의 출제는 지양하고, 이해력·적용력·분석력 등 폭넓고 고차원적인 능력을 측정하는 문항 위주로 출제함	• 각 전공영역에 관하여 보다 심화된 전문적 지식·기술을 평가함
4단계 학위취득 종합시험	• 이설(異說)이 많은 내용의 출제는 지양하고 보편적이고 정설화된 내용에 근거하여 출제하며, 그럴 수 없는 경우에는 해당 학자의 성명이나 학파를 명시함	• 독학사 시험의 최종단계로서, 학위를 취득한 사람이 일반적으로 갖추어야 할 소양과 전문 지식·기술을 종합적으로 평가함

이제 실전이다! 2단계 시험 미리보기

01 경영학과 2단계 전공기초과정 인정시험

- 출제 방법: 4지선다형 객관식 40문항(문항당 2.5점)
- 합격 기준: 전공 8과목 중 60점 이상 득점한 과목이 6과목 이상이면 합격

구분	1교시 09:00~10:40(100분)	2교시 11:10~12:50(100분)	중식 12:50~13:40(50분)	3교시 14:00~15:40(100분)	4교시 16:10~17:50(100분)
경영학	회계원리 인적자원관리	마케팅원론 조직행동론	–	경영정보론 마케팅조사	생산운영관리 원가관리회계

[참고] 단계별 시험 과목 및 합격 기준은 다음과 같으며, 시험에 대한 전체적인 정보는 해커스독학사 사이트(www.haksa2080.com)의 [독학사 시험안내]에서 확인할 수 있습니다.
- 1단계: 필수 3과목(국어, 국사, 외국어) + 선택 2과목(현대사회와 윤리, 문학개론, 철학의 이해, 문화사, 한문, 법학개론, 경제학개론, 경영학개론, 사회학개론, 심리학개론, 교육학개론, 자연과학의 이해, 일반수학, 기초통계학, 컴퓨터의 이해 중 택2) 합격
- 3단계: 전공 8과목(재무관리론, 경영전략, 투자론, 경영과학, 재무회계, 경영분석, 노사관계론, 소비자행동론) 중 6과목 이상 합격
- 4단계: 교양 2과목(국어, 국사, 외국어 중 택2) + 전공 4과목(재무관리, 마케팅관리, 회계학, 인사조직론) 모두 합격

02 경영학과 2단계 조직행동론 시험 문제 분석

본 교재 〈한달합격 해커스독학사 경영학과 2단계 조직행동론 최신기출 이론+문제〉의 본문에도 실제 독학사 시험과 유사한 유형의 문제와 전문가의 풍부하고 상세한 해설을 수록하여 실전 대비가 가능합니다.

※ 시험 문제 분석은 국가평생교육진흥원 독학학위제에서 제공하는 '시험 문제 예시'를 활용하였습니다.

 문제 예시

애덤스(Adams)의 공정성 이론에 해당되는 설명은?

① 급료와 승진은 공정성 비교의 대상이 아니다.
② 불공정한 보상은 불쾌감과 긴장을 유발한다.
③ 과대보상을 받은 종업원은 불공정성을 느끼지 않는다.
④ 자신의 투입 대비 결과를 비교하는 것으로, 타인과 비교하지는 않는다.

정답 ②

 해커스독학사 전문가의 해설

불공정한 보상은 불쾌감과 긴장을 유발하고, 종업원은 불공정성을 줄이고자 행동을 변화시킨다.

[오답분석]
① 급료와 승진은 공정성 비교 시 중요한 비교 기준이 된다.
③ 과대보상은 불공정성을 지각하게 하는데, 과소보상보다는 덜 민감하게 반응하는 경향이 있다.
④ 종업원은 자신과 타인의 보상/투입 비율을 비교하여 불공정성을 지각한다.

03 시험 진행 순서 및 유의사항

시험장 가기 전	• 수험표, 주민등록증 또는 본인임을 입증할 수 있는 신분증, 컴퓨터용 사인펜(객관식 답안 마킹용)을 반드시 준비합니다.
시험장(시험실) 도착 및 착석	• 시험 당일에는 반드시 수험표에 표기된 시험장에 입실해야 합니다. • 1교시는 시험 시작 20분 전까지, 2~4교시는 시험 시작 15분 전까지 입실을 완료해야 합니다. 참고 1과목 응시자도 각 교시에 해당하는 입실 시간까지 입실을 완료해야 합니다(시험 시작 후 입실 불가).
답안지 작성 및 시험지 배부	• 답안지 작성은 답안지에 기재되어 있는 '답안 작성 시 유의사항'을 숙지하고 그에 따라야 합니다. • 객관식은 컴퓨터용 사인펜을 사용하여 마킹합니다. • 문제지에도 수험번호와 성명을 기재해야 합니다.
시험 시간	• 총 4교시로 나누어 시험이 진행됩니다. • 시험 시간 중에는 수험표와 신분증을 책상 위 좌측 상단에 놓아야 합니다.
쉬는 시간	• 시험 시간 중 50분(12:50~13:40)의 중식 시간이 있습니다. • 각 교시의 시험이 끝날 때마다 15분의 쉬는 시간이 있으며, 다음 교시의 시험 시작 15분 전까지 착석하여 대기해야 합니다. 참고 3교시는 중식 시간 외 시험 시작 전 별도의 쉬는 시간 없음
시험 종료	• 시험이 시작되고 30분 경과 후 퇴실이 가능합니다. • 1과목 응시자는 시험이 시작되고 50분 경과 후 퇴실 조치됩니다. • 퇴실 시, 문제지와 답안지는 반드시 감독관에게 제출해야 합니다.

무엇이든 물어보세요! 독학사 10문 10답

01 학위 제도 관련

Q1. 독학학위제로 학위를 취득하면 정규대학 졸업자와 동등한 학력으로 인정받을 수 있나요?

A. 네, 동등한 학력으로 인정받을 수 있습니다.

독학학위제로 취득한 학위는 「독학에 의한 학위취득에 관한 법률」 제6조 제1항에 따라 대학에서 학사학위를 취득한 사람과 동등한 학력으로 인정 받을 수 있습니다.
따라서 독학학위제로 학위를 취득한 후, 대학 편입이나 대학원 진학이 가능합니다. 단, 대학 또는 대학원별로 모집요강이 다르기 때문에 지원하고자 하는 학교의 모집요강을 꼭 확인하시기 바랍니다.

Q2. 현재 대학생인데 독학학위취득시험에 응시할 수 있나요?

A. 네, 가능합니다.

독학학위제는 이중 학적에 적용되지 않아 대학 재학 중에도 시험에 응시할 수 있습니다.

Q3. 독학학위제 2단계 시험에 응시하여 합격한 과목은 학점은행제에서 학점으로 인정받을 수 있나요?

A. 네, 학점은행제에서 학점을 인정받는 것이 가능합니다.

2단계 시험의 경우, 합격한 과목에 한해 과목당 5학점씩 최대 6과목(총 30학점)까지 인정받을 수 있습니다. 따라서 학점은행제 학위 취득 예정자의 경우, 독학학위제와 병행한다면 더욱 빠르고 효율적으로 학위를 취득할 수 있습니다.

02 원서접수 및 시험 관련

Q4. 2단계 원서접수 시, 8과목에 지원하였으나 사정상 6과목까지만 응시하려고 합니다. 이 경우, 불이익이 있나요?

A. 아니요, 응시하지 않은 과목에 대한 불이익은 없습니다.

응시하지 않은 과목은 결시 처리됩니다. 따라서 응시한 과목에 대해서만 채점하여 60점 이상 득점할 경우 합격 처리됩니다.

Q5. 독학학위취득시험은 왜 기출문제를 공개하지 않나요?

A. 독학학위취득시험은 대학 교과과정의 일반적이고 공통적인 지식과 기술을 평가할 수 있도록 일정한 수준의 난이도를 유지하는 것이 매우 중요하기 때문입니다.

독학학위취득시험은 경쟁시험이 아닌 독학 후의 학습능력이 대학 졸업학력에 도달하였는지를 측정하는 시험으로 시험의 범위와 수준이 정해져 있는 시험입니다. 그러므로 과목별로 대학 교과과정의 일반적·공통적인 지식과 기술을 평가할 수 있도록 하는 일정 수준의 난이도 유지가 매우 중요하며, 이를 위해 문제를 공개하지 않습니다. 그렇지만 본 교재에 수록되어 있는 '기출개념확인', '실전연습문제'와 '기출동형모의고사'를 활용한다면 철저한 시험 대비가 가능합니다.

03 학습 방법 관련

Q6. 독학학위제 시험을 준비하기 위한 시험 주관처의 교재나 강좌가 별도로 있나요?

A. 아니요, 시험 주관처인 국가평생교육진흥원에서는 교재나 강좌를 제공하지 않습니다.

국가평생교육진흥원에서는 독학학위제 시험 관련 교재 출판 및 강좌 운영을 하고 있지 않습니다. 하지만, 해커스독학사에서는 1단계부터 4단계까지의 다양한 강좌를 제공하고 있으며, 각 강좌에 필요한 교재도 판매하고 있습니다. 해커스독학사와 함께 독학학위제 시험을 준비하신다면, 수준 높은 교육 서비스 및 교재와 함께 합격에 보다 빠르게 도달할 수 있습니다.

04 응시자격 및 시험면제 관련

Q7. 동일전공 인정학과란 무엇인가요?

A. 독학학위취득시험의 전공시험(2~3단계)을 면제받고자 할 때, 지원하고자 하는 독학학위제 전공과 학점을 이수한 대학(또는 학점은행제)의 전공이 동일전공이어야 한다는 것을 의미합니다.

독학학위제 전공별로 동일전공 인정학과로 인정받을 수 있는 전공 현황은 국가평생교육진흥원 독학학위제 사이트에서 확인할 수 있습니다.

Q8. 1단계를 응시 못했는데 바로 2단계 시험에 응시할 수 있나요?

A. 네, 바로 2단계 시험에 응시가 가능합니다.

1단계에 응시하지 않았더라도 바로 2단계 응시가 가능합니다. 고등학교 졸업 이상의 학력 소지자인 경우 1~3단계까지는 누구나 순서에 상관없이 자유롭게 응시할 수 있습니다. 단, 4단계의 경우 1~3단계를 모두 합격 또는 면제받아야만 응시가 가능합니다.

Q9. 4년제 대학교 국문학과를 졸업했습니다. 독학학위제 경영학 학위를 취득하려면 몇 단계까지 면제받을 수 있나요?

A. 이 경우, 1단계(교양과정 인정시험)만 면제받을 수 있습니다.

학위를 취득한 전공과 독학학위제에 지원한 전공이 다를 경우에는 전공과정 면제는 불가능하며 1단계(교양과정 인정시험)만 면제되므로, 지원하고자 하는 독학학위제 전공이 경영학과이고 대학에서 학위를 취득한 전공이 국문학과인 경우에는 2~4단계 시험에 응시하여 합격해야 합니다.

Q10. 대학교에서 '경영학개론' 과목을 이수했는데 1단계 '경영학개론' 과목 면제가 가능한가요?

A. 아니요, 면제 받을 수 없습니다.

독학학위취득시험에서는 대학에서 이수한 과목으로 시험 과목을 면제받을 수 없습니다. 그러나 대학에서 취득한 일정 이상의 학점으로 시험 단계별 면제는 가능합니다.

무료 학습자료 제공 · 독학사 단기합격 **해커스독학사**
haksa2080.com

전문가가 분석한 출제경향 및 학습전략

조직행동 개요에서는 조직행동론의 발전과정을 이해하고 각 발전단계에 따른 주요 이론과 한계, 시사점을 학습하는 것이 중요하다. 직무성과는 인적자원관리의 인사평가 부분을 일부 소개하는 것으로 중요성은 낮으나 직무성과 측정 시 나타날 수 있는 오류에 대해 기억할 필요가 있다. 조직몰입은 조직행동론의 성과를 다룰 때 꼭 나오는 핵심개념이므로 정의와 구성개념, 시사점을 이해하고 학습해야 한다.

제1장 | 핵심 키워드 Top 10
핵심 키워드 Top 10은 본문에도 동일하게 ★로 표시하였습니다.

01	조직행동론의 발전과정 ★★★	p.28
02	호손(Hawthorne) 연구 ★★★	p.30
03	조직몰입의 정의와 차원 ★★★	p.41
04	조직행동론의 학문적 특징 ★★	p.23
05	페이욜의 14가지 관리원칙 ★★	p.29
06	상황이론(Contingency Theory) ★★	p.34
07	조직몰입의 차원 ★★	p.42
08	조직행동론의 목표 ★	p.22
09	베버의 관료조직(bureaucracy) ★	p.29
10	시스템이론(System Theory) ★	p.32

제1장

조직행동 개요

제1절 조직행동의 개념
제2절 직무성과
제3절 조직몰입

제1절 조직행동의 개념

01 조직행동론의 의미와 목표

1. 조직행동론의 의미 [기출개념]
① 조직 내에서의 인간행동, 사람들과 조직 간의 상호작용에서 나타나는 인간행동, 조직체에 관해 연구하는 학문이므로 이 세 가지 영역의 연구는 조직행동론 전체를 이해하는 데 있어 상호관련이 있다.
② 조직행동론 연구는 세 가지 분석수준(level of analysis)인 개인수준, 집단수준, 조직체수준에서 이루어지고 여러 수준 간의 상호작용에서 나타날 수 있는 다양한 현상을 포함한다.

2. 조직행동론의 목표 ★
조직행동론의 목표는 조직과 관련된 인간의 행동들을 설명하고, 예측하고, 통제하는 것(to explain, predict, control behavior)이다.

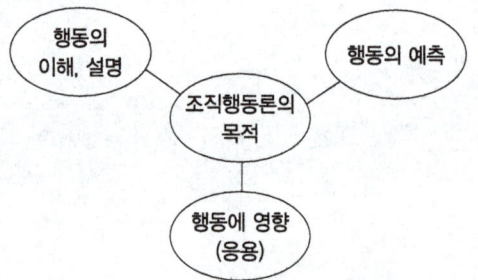

[그림 1-1] 조직행동론의 목적

(1) **설명**
어떠한 현상이 나타나게 된 이유나 과정을 서술하는 것으로 어떤 문제를 정확하게 이해하려면 그 문제를 설명하려는 노력부터 해야 한다.

(2) **예측**
미래에 일어나게 될 사건을 예상하는 것으로 특정 행동으로부터 어떤 결과가 초래될 것인가를 규명하는 것이다.

(3) **통제**
조직행동론의 지식을 활용하여 개인 또는 집단의 행동을 통제하는 것이다.

02 조직행동론의 학문적 특징과 주요 개념

1. 조직행동론의 학문적 특징 ★★ 기출개념

(1) 학제적 지식체계
조직행동론은 학제적 학문(interdisciplinary science)으로, 심리학, 사회학, 인류학, 정치학, 경제학, 공학, 의학 등의 여러 학문과 연관된 종합적인 학문의 지식체계이다.

① 심리학(psychology): 개인행동의 연구와 관련이 깊으며 그 중에서도 산업심리학(industrial psychology)과 조직심리학(organizational psychology)은 조직에 몸담고 있는 사람들의 행동을 다룬다. 학습과 동기부여 같은 심리학적 개념들도 조직행동론을 이해하는 데 필요한 중요한 개념이다.

② 사회학(sociology): 가족, 집단, 조직, 직업사회 등과 같은 사회의 시스템(system)을 연구하는 학문이기에 사회 시스템의 하나인 조직을 연구하는 조직행동론과도 관련이 깊으며 특히 조직행동론 중에서도 조직구조 연구에 크게 기여한다.

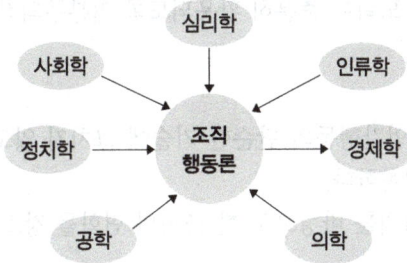

[그림 1-2] 조직행동론의 학제적 학문

③ 인류학(anthropology): 사람과 문화적 환경과의 상호작용에서 나타나는 현상들을 연구하는 학문이며 문화(culture)는 조직 내 구성원의 행동뿐 아니라 조직구조에 중요한 영향을 미친다.

④ 정치학(political science): 정치적 환경 속에서의 개인과 집단의 행동을 연구하는 학문이므로 조직행동론의 분야 중에서도 특히 권력, 정치적 행동, 의사결정, 갈등, 이해관계자 집단 등에 대한 학문적 영향이 크다.

⑤ 경제학(economics): 노동 시장의 동태성, 생산성의 인과 관계, 인적자원 계획과 예측, 비용-이익 분석 등의 지식들을 제공하여 조직행동의 효율성을 높이는 데 기여한다.

⑥ 공학(engineering): 산업공학(industrial engineering) 영역에서 다루어지는 작업 측정, 생산성 측정, 작업설계, 직무설계 등과 같은 연구 분야가 조직행동의 작업 관계에 많은 공학적 지식을 제공한다.

⑦ 의학(medicine): 조직행동론의 새로운 관심 분야인 조직 스트레스(stress)에 관한 의학적 지식을 제공하고, 조직에서의 스트레스 원인과 결과에 관한 연구는 오늘날 개인 건강뿐 아니라 조직 전체의 복지와 안녕을 위해서도 더욱 중요해지고 있다.

(2) 성과지향적 실천학문
조직행동론은 조직체에 어떠한 구체적인 결과를 가져오도록 노력하는 성과지향적인 학문으로서 다음과 같은 특징을 가지고 있다.
① **조직의 목적 달성**: 조직체의 목적 달성에 있어 생산성, 효율성 등과 같은 경제적 성과와 더불어 구성원들의 직무만족과 사기, 인간으로서의 성장을 강조한다.
② **변화지향성**: 조직행동론은 조직구조, 관리체계, 조직구성원들의 행동에 요구되는 혁신과 변화를 유도하여 조직의 성과가 실제로 나타날 수 있도록 연구하고 이를 실천하는 학문이다.

(3) 인본주의적 및 규범적 학문
조직행동론은 조직의 인본주의적 가치를 중요시하는 규범적 성격을 지닌 학문이다.
① **인본주의적 학문**
　㉠ 조직은 인간으로 구성된 사회 집단이므로 조직행동론은 조직의 성과도 중요시하지만 동시에 조직구성원의 인간적인 요소도 크게 강조한다.
　㉡ 조직행동론은 조직의 구성원, 집단 간의 상호작용과 경영 참여를 중요시함으로써 구성원의 노력이 충분히 활용되도록 인본주의적 가치중심의 관리를 강조하는 학문이다.
② **규범적 학문**
　㉠ 조직행동론은 인간행동의 단순한 기술에 그치지 않고 조직의 목적 달성에 필요한 성과를 지향한다.
　㉡ 또한 인간의 가치를 바탕으로 한 조직의 변화를 강조하는 규범적 학문의 성격을 지닌다.

(4) 상황적 접근방법의 적용
① 조직행동론은 조직 문제를 연구하고 해결하는 데 있어 과학적인 연구 조사 방법 외에도 상황적(contingency) 접근방법(연구방법)을 적용한다.
② 조직행동론은 보편적인 조직이론이나 원리를 추구하기보다 조직행동에 작용하는 여러 변수와 변수 간의 상호관계가 중요하다는 사고방식을 가지고 있다.
③ 조직의 외부환경과 내부여건, 조직체가 추구하는 성과 등과 같은 여러 상황변수를 중심으로 조직체의 행동을 분석한다.
④ 이 분석을 기반으로 문제를 진단하여 해결하고자 하는 상황적 접근방법이 활용된다.
⑤ 조직행동론의 학문적 특징을 요약하자면 조직에서의 인간행동을 연구하는 학문으로 내용에 있어서는 조직 성과와 인간의 가치를 중요시하고 방법에 있어서는 과학적인 연구 조사와 상황적 접근방법을 활용하는 종합적인 응용실천 학문으로 정의할 수 있다.

2. 조직행동론의 주요 개념

조직행동은 주로 세 가지 분석 수준으로 다루어지고 있으며 주요 개념도 세 가지 범주(category)인 개인적 개념, 사회적 개념, 조직적 개념으로 구분한다.

개인적 개념	사회적 개념	조직적 개념
• 지각 • 성격 • 학습 • 창의력 • 욕구 • 동기부여 • 태도 • 행동 • 스트레스	• 집단 • 집단 간 행동 • 리더십 • 권력 • 정치	• 직무설계 • 업적(성과)평가 • 보상 시스템 • 문제해결 • 의사결정 • 의사소통 • 조직구조 • 조직설계

(1) 개인적 개념(individual concepts)

개인적 개념은 한 개인의 경험과 관련된 개념으로 여기에 포함되는 중요한 요소들은 다음과 같다.

① 지각(perception): 사람이 자신의 환경을 해석하는 일련의 과정이다.
② 성격(personality): 개인의 차이를 나타내는 특질과 특성으로 개인들을 비교하는 데 사용된다.
③ 학습(learning): 경험의 결과로 이루어지는 비교적 영속적인 행동의 변화를 말한다.
④ 창의성(creativity): 새로운 아이디어와 개념을 개발하는 과정이다.
⑤ 욕구(needs): 사람이 현재 처한 자신의 환경에서 결핍(미충족)된 것을 충족시키기 위해서는 무엇이 필요한지 지각하는 것을 말한다.
⑥ 동기부여(motivation): 사람이 자신의 욕구를 충족시키기 위해 노력하는 방식을 결정하는 일련의 과정이다.
⑦ 태도(attitude): 한 개인이 특정 대상에 대하여 가지는 평가적 견해로서 직무만족, 조직몰입, 관여 등이 이에 속한다.
⑧ 행동(behavior): 종업원이 작업 현장에서 보여주는 모든 것을 포괄하는 개념으로 성과(업적), 결근, 이직 등과 같은 것이 있다.
⑨ 스트레스(stress): 한 개인이 작업이나 조직으로부터 부여 받는 여러 종류의 요구에 대해 나타내는 신체적·정신적 반응을 말한다.

(2) 사회적 개념(social concepts)

사회적 개념은 조직에서 두 사람 또는 그 이상의 사람들 간에 이루어지는 상호작용과 관련된 개념으로 다음과 같은 요소가 포함된다.

① 집단(group): 영향을 미치고 받는 등의 상호작용을 하는 두 사람 이상의 모임으로 집단의 개념에는 집단의 종류, 집단의 발전단계, 집단의 역할, 규범, 응집력 등이 포함된다.
② 집단 간 행동(intergroup behavior): 둘 이상의 집단 간에 일어나는 상호작용 유형을 말하고 이 중 갈등과 같은 행동은 집단 간 행동의 중대한 양상이다.

③ 리더십(leadership): 특정한 한 사람이 다른 사람 또는 여러 사람의 행동에 영향을 미치는 과정을 일컫는다.
④ 권력(power): 어느 한 사람이나 집단이 다른 사람이나 다른 집단으로부터 가치를 인정 받는 다양한 종류의 자원을 통제하는 힘을 말한다.
⑤ 정치(politics): 한 사람이 자신이 원하는 이익(의도하는 것)을 얻고자 계획적으로 취하는 행동을 일컫는다.

(3) 조직적 개념(organizational concepts)
조직 자체에 속하는 개념으로 개인적 과정, 사회적 과정과는 별개로 독립적인 것이며 조직 내에 존재하는 조직의 목표나 세부 목표를 달성하는 과정과 관련이 있다.
① 직무설계(job design): 사람이 수행하는 구체적인 직무의 성질 및 방법과 관련된 활동이다.
② 업적평가(performance appraisal): 관리자가 부하의 행동을 조직의 유효성 차원에서 평가하는 방법이다.
③ 보상시스템(reward system): 업적평가와 밀접한 관련이 있으며, 조직이 조직구성원에게 보상하는 방법을 말한다.
④ 문제해결(problem solving), 의사결정(decision making), 의사소통(communication), 조직구조(organizational structure), 조직설계(organizational design) 등 또한 조직적 개념과 관련된 주제이다.

3. 조직행동론의 연구방법 기출개념

조직행동을 연구하는 연구자들은 인간의 행동을 설명, 예측, 통제할 목적으로 정보들을 체계적으로 수집하여 연구를 수행한다.

(1) 조직행동론의 자료수집방법
조직행동론의 조직행동 연구에서 흔하게 사용되는 자료수집방법으로는 설문조사법(survey questionnaire), 면접법(interview), 관찰법(observation) 등이 있다.
① 설문조사법
  ㉠ 설문지를 사용하여 해당 문제에 대한 조사대상자들의 의견을 조사하고 이를 수집하는 방법이다.
  ㉡ 먼저 설문지를 작성하기 전에 연구자는 탐구하고자 하는 주요 문제와 관련된 사실들을 수집하고 이 사실들을 바탕으로 연구 가설(research hypothesis)을 도출하여 설정한다.
  ㉢ 설문지는 조사하고자 하는 주제와 관련된 문제들이 정확하게 측정될 수 있도록 신중히 설계되어야 한다.
② 관찰법
  ㉠ 연구 조사자가 연구 대상인 문제와 관련된 작업 환경에서 직접 조직행동에 관한 정보를 체계적으로 관찰하고 수집하는 방법이다.
  ㉡ 관찰법 중에서도 많이 활용되는 방법은 참여적 관찰법이며, 이 방법은 관찰자가 연구 대상 집단의 구성원으로 참여하고 실제로 작업 환경을 직접 경험함으로써 필요한 정보(연구자료)를 획득하는 방법이다.

ⓒ 관찰법을 사용할 때 주의할 점은 관찰자의 객관성 문제가 제기될 수 있다는 점과 피관찰자가 관찰되어진다는 사실을 인식하면 그의 행위나 성과가 평상시와 다른 형태로 나타날 수 있다는 점이다.

③ 면접법
ⓐ 작업 현장에서의 인간행동에 관한 연구에 많이 이용되는 자료수집 방법이다.
ⓑ 설문조사법이나 관찰법으로 얻을 수 없는 구체적이고 상세하면서도 질적인 자료를 수집할 수 있는 조사 방법인 면접법은 설문지를 작성하기 전에 필요한 아이디어나 정확한 조사를 위한 단서를 얻을 수 있다.
ⓒ 조사 후에 어떤 현상의 설명을 명확하게 할 목적으로 다른 자료 수집방법들과 상호보완적으로 활용되기도 한다.
ⓓ 이 방법을 사용할 경우 면접자의 면접 능력이 자료 수집에 있어 크게 영향을 미친다는 점을 유의하여야 한다.

(2) 조직행동론의 연구방법

조직행동론의 연구방법은 사례연구방법(case studies)과 실험법인 실험실 실험방법(laboratory experiments), 현장 연구방법(field studies) 등이 있다.

① 사례연구방법
ⓐ 조직 현장의 실제 사례를 연구자료로 활용하는 방법이다.
ⓑ 이 방법은 연구자 자신의 생각과 필요에 따라 제한된 사례(특정 정보나 기록)만 반영하여 연구가 진행되는 경향이 있기 때문에 자료의 객관성과 신뢰성, 연구 결과의 일반성이 문제로 제기될 수 있다.
ⓒ 그럼에도 사례연구방법은 향후의 연구들을 위한 통찰력을 제공한다는 이유로 교수법(teaching method)에서 널리 활용된다.

② 실험법
ⓐ 가장 과학적이고 엄밀한 연구방법인 실험법은 실험이 실험실과 실제 작업 환경 중 어느 곳에서 전개되느냐에 따라 실험실 연구와 현장 연구로 구분된다.
ⓑ 실험법의 핵심은 $y=f(x)$와 같이 독립변수(independent variable)가 종속변수(dependent variable)에 영향을 미친다는 인과 관계(causal relationship)를 명확하게 밝히는 것이다.
ⓒ 실험실 실험방법
　ⓐ **주요 특징**: 실험자가 연구 조건들을 통제할 수 있다.
　　예 "스트레스가 문제해결 능력에 미치는 영향"을 연구하는 경우, 피실험자 집단을 선정한 다음 이들을 일정한 실험실에 수용하여 문제의 스트레스 요인으로 전자발신 소음을 선정하여 자극을 주는 과정이 실험자에 의해 통제되어진다.
　ⓑ **문제점**: 연구 결과의 일반화에 한계가 있어 그 신뢰성이 떨어질 수 있다.

ⓔ **현장 연구방법**: 실험법을 실제 조직 상황에 적용하여 연구하는 방법으로 현장 연구에서 획득한 결과는 실험실 연구방법의 결과보다 현실적인(relevant) 적합성이 훨씬 높다는 것이 장점이다.

> 예 '종업원의 질적 작업수행 능력에 미치는 종업원의 권력 확대의 효과'라는 현장 연구 예를 들 수 있는데 이때 독립변수는 권력 확대(empowerment)가 될 것이며, 종속변수는 작업의 질(quality of work)이 된다.

4. 조직행동론의 발전과정 ★★★ 기출개념

(1) 과학적관리론(Scientific management Theory)

① 테일러(Frederick W. Taylor)는 사람과 직무 간의 상호작용에 초점을 맞추어서 개별 작업자의 생산능력을 향상시킬 목적으로 과학적 관리방법을 확립하였다.

② 테일러는 당시의 태업 현상에 대처하고자 직무를 연구하여 각각의 직무를 수행하는 표준화된 작업방법을 개발하였고, 작업자에게 일별 작업량에 따라 차등적으로 임금을 지급하는 차별적 성과급 제도를 도입·실시하여 작업의 효율성과 생산성을 높이려고 했다.

③ 테일러는 모든 종업원이 경제적으로 동기유발 된다는 신념을 가지고 높은 수준의 산출을 달성하기 위해 금전적(화폐적) 보상을 중요한 유인책으로 삼았다.

④ 테일러는 생산성을 향상시키기 위한 가이드라인을 명확히 하는 네 가지의 관리 원칙을 세우고, 근로자와 관리자가 모두 이 원칙을 따를 것을 강조했다.

⑤ 테일러의 4가지 관리 원칙

ⓐ 개인의 작업별 각 요소를 과학화한다(우선순위를 정한다).

ⓑ 과학적으로 일을 선별하고 훈련, 교육, 발전시킨다(종업원은 자신이 할 일을 선택하고 그 일에 있어 최고가 되도록 훈련한다).

ⓒ 관리자와 종업원은 서로 협력한다(과학적 관리와 일치된 수행결과가 반드시 나오게 된다).

ⓓ 관리자와 근로자가 일과 책임을 동등하게 분할한다.

(2) 고전조직이론(Classical organization Theory)

고전조직이론은 작업자와 관리자를 가장 효과적으로 조직화하는 방법을 연구한 이론이며 페이욜(Henri Fayol), 어윅(Lyndall Urwick), 베버(Max Weber) 등의 학자가 고전조직이론에 공헌하였다.

① 페이욜의 고전적 조직이론

ⓐ 테일러와 비슷한 시기에 활동한 페이욜은 관리자가 해야 할 다섯 가지의 관리 기능을 제안했는데 이는 계획, 조직, 지시, 조정, 통제를 말한다.

ⓑ 페이욜은 관리를 회계, 재무, 생산, 분배 등의 다른 경영 기능들과는 구분되는 개념으로 사용하였으며, 관리는 사업, 정치뿐만 아닌 가정 등의 모든 인간에게 공통으로 적용되는 행동으로 보았고 이에 따라 관리원칙을 제시하였다.

© 페이욜의 14가지 관리원칙 ★★ 기출개념

구분	내용
분업의 원칙 (division of work)	관리원칙의 핵심으로 오늘날처럼 규모가 큰 경영적 생산 수행을 위한 필수적인 전제임
권한과 책임의 원칙 (authority)	권한에는 반드시 책임이 따름
규율의 원칙(discipline)	조직의 질서와 규율을 의미함
명령 일원화의 원칙 (unity of command)	모든 근로자는 한 명의 감독자로부터 명령을 받음
지휘 일원화의 원칙 (unity of direction)	조직은 하나의 계획하에 동일한 목적으로 행동함
전반적 이익에 대한 개인적 이익 종속의 원칙 (subordination of individual interests to general interests)	개인 또는 하위 조직들의 이익이 조직 전체의 이익보다 앞서면 안 됨
공정한 보상의 원칙 (remuneration)	근로자는 근로에 합당한 임금을 받아야 함
집권화의 원칙 (centralization)	결정사항에 하위체계가 따라야 한다는 말이나, 결정사항의 집권화 여부는 적정비율의 문제이며, 상황에 따라 최적의 집중화 정도를 찾는 것이 관건임
계층조직의 원리 (scalar chain principle)	조직은 구성원 모두가 수직적인 권한으로 연결되는 계층구조를 가지고 의사소통도 계층에 따라 이뤄져야 하지만 체계 구성이 지연되거나 단계를 가로지르는 의사소통이 필요한 경우 동료와 감독자에게 그 사실을 먼저 알림
질서의 원칙(order)	사람과 물건은 제시간에 올바른 장소에 있어야 함
공평의 원칙(equity)	관리자는 하위 직원을 친절하고 공평하게 대해야 함
종업원 지위 안정의 원칙 (stability of tenure of personnel)	많은 이직은 회사에 비효율적이므로 관리자는 체계적인 인적자원 계획을 세우고, 인력 공백이 없도록 해야 함
창의성의 원칙(initiative)	계획을 실행하는 독창적인 고용자는 많은 노력을 할 것임
종업원 단결의 원칙 (esprit de corps)	팀 의식의 고취는 조화로운 조직을 구성함

② 베버의 관료조직(bureaucracy) ★ 기출개념
  ㉠ 베버는 관료조직이라는 조직구조 형태를 개발하였다.
  ㉡ 오늘날의 관료조직은 부정적 측면에서의 서류놀음이 많고 형식에 치우치거나 융통성이 없음을 상징하지만 베버가 제시한 관료조직 모형은 이상적인 것이며 현실적으로 이러한 완벽한 관료조직의 존재나 활용이 용이하지는 않다.
  ㉢ 그럼에도 베버의 조직이론은 논리성, 합리성, 효율성 등의 측면에서 지금까지 주목을 받고 있다.

② 베버의 개념적 관료체계

구분	내용
직무전문화 (job specialization)	직무는 간단하게 구분되고 명료해야 하며 명확한 작업이 있어야 함
피라미드형 직위체제 (authority hierarchy)	집무실과 직위는 피라미드식으로 체계화되고 낮은 직위는 높은 직위의 통제와 감독을 따라야 함
형식에 의한 선발 (formal selection)	모든 조직구성원은 표준화된 훈련, 교육, 시험으로 선발됨
형식적 규칙과 규정 (formal rules & regulation)	규칙과 규정은 일률적으로 적용하고 근로자들의 행동을 통제해야 하며, 관리자는 조직 규율을 엄격히 적용해야 함
냉정한 인간관계 (impersonality)	규칙과 통제는 일률적으로 적용되기 때문에 인간성이나 인간적 선호를 배제함
경력 지향 (career orientation)	관리자는 오너보다 더 전문적인 상관으로, 고정된 봉급을 받고 일을 하며 조직 내에서 그들의 경력을 추구함

(3) 인간관계론(human relations) [기출개념]

인간관계의 본질은 종업원의 만족을 높여 생산성을 향상시킨다는 것으로, 메이요(Elton Mayo)의 호손실험과 매슬로우(A. Maslow), 맥그리거(D. McGregor) 등이 중요한 공헌을 하였다.

① 호손(Hawthorne) 연구 ★★★

호손 연구는 1927년부터 1932년까지 미국 시카고 근교의 웨스턴 일렉트릭(Western Electric)사의 호손 공장에서 다양한 실험으로 수행되었으며, 하버드(Harvard)대학 교수 메이요(Elton Mayo), 뢰슬리스버거(Fritz Roethlisberger), 딕슨(William Dickson) 등에 의해 4차에 걸친 실험이 이루어졌다.

㉠ 1차 실험: 조명도 수준이 생산성에 미치는 효과에 관한 연구였다. 이 실험에서 특이하게 관찰된 점은 낮은 수준의 조명도 아래에서도 생산성이 증가한 경우가 있었다는 점이다.

㉡ 2차 실험: 작업조건과 생산성 간의 관계성에 관한 연구였다. 연구자들은 작업시간이 단축되거나 휴식시간과 간식이 제공되는 등 작업조건이 개선되면 생산성이 향상될 것으로 기대하였으나 실험을 통해 확인된 것은 작업조건의 변화가 생산성에 영향을 주기보다는 작업자의 심리적 변화가 생산성에 영향을 준다는 것이었다. 이를 테면 작업자들이 관리자의 특별한 배려와 관심을 받는다고 지각하면 그들은 작업조건에 관계없이 이 상황에 긍정적으로 반응하여 열심히 일하게 되어 생산성이 향상되는 것이다. 이 현상을 호손효과(Hawthorne Effect)라고 한다.

㉢ 3차 실험: 집단 성과급제를 적용한 실험이었다. 이미 과학적 관리의 한 방법으로 적용된 집단 성과급제는 작업자가 그들의 업적이 경제적 보상으로 직결된다고 지각하면, 각 작업자는 자신의 소득을 극대화하기 위해 가능한 한 열심히 작업할 것이라고 가정한 것이었다. 그러나 연구자들은 가정과는 다른 행동양식을 발견하였다. 집단 내에서 비공식적으로 작업자들이 수용해야 할 하루의 산출

수준을 설정하고 그 수준을 지키도록 불문율의 압력을 가하여 작업자는 집단 구성원들의 따돌림을 피하려고 그들의 실제 작업능력 수준 이하로 일함으로써 집단이 비공식적으로 정한 보통 수준의 작업량을 유지한다는 것이다. 이러한 현상은 집단규범(group norms)에 의해 집단 구성원의 행동이 통제되는 것을 보여준다.
- ㄹ) 4차 실험: 면접법(interview)으로 이루어졌다. 전체 종업원을 대상으로 하여 작업 현장에서 종업원들이 가지는 불만을 조사하기 위해 면접을 실시한 결과, 작업 현장에서 인간적 요소가 생각보다 훨씬 중요하여 구성원의 개인적·사회적 과정이 무시되어서는 안 된다는 결론을 도출했다.
- ㅁ) 호손연구에서 발견된 중요점
    - ⓐ 경제적 유인책은 기대보다 작업자가 높은 수준의 생산 성과를 달성하는 데 영향력이 적다.
    - ⓑ 인간의 문제를 다루는 것은 복잡하고 도전적이다.
    - ⓒ 리더십의 발휘, 작업집단의 압력 등은 종업원 만족·성과에 큰 영향을 끼친다.
    - ⓓ 개인적인 문제도 작업자의 생산성에 크게 영향을 미칠 수 있다.
    - ⓔ 관리자에게 있어 작업자들과의 효과적인 의사소통은 매우 중요하다.
    - ⓕ 종업원 행동에 영향을 주는 요인은 모두 사회시스템 속에 존재하다.
② 인간관계론의 등장
- ㄱ) 호손 연구의 결과는 관리자와 경영학자들에게 매우 충격적으로 받아들여졌고 전혀 새로운 관리사상을 탄생시키는 토대를 마련해주었다.
- ㄴ) 관리와 경영에 있어 인간의 욕구와 인간관계가 중시되어야 한다는 것이다.
- ㄷ) 이러한 사상적 기반이 당시의 산업 현장에 널리 확산되면서 인간관계론, 인간관계운동이라는 명칭을 얻었다.
- ㄹ) 이 이론은 관리자의 관리 행위, 종업원의 사기, 생산성 간에 중요한 연결관계가 존재한다는 신념을 바탕으로 종업원들을 다루고자 한 접근방법이다.
- ㅁ) 인간관계론의 기본 전제
    - ⓐ 인간은 주로 그가 속한 사회적 환경에 따라 반응한다.
    - ⓑ 동기유발(motivation)은 경제적 욕구보다 사회적 욕구에 더 많이 좌우된다.
    - ⓒ 만족한 종업원은 불만족한 종업원보다 훨씬 더 열심히 일한다.
- ㅂ) 이러한 인간관계론의 전제는 과학적 방법과 고전 조직이론의 이념 및 가치관과 기본적으로 상이함을 보여준다.
③ 맥그리거(D. McGregor)의 X·Y이론(Theory X and Theory Y) `기출개념`
- ㄱ) 맥그리거는 자신의 저서 『The Human side of Enterprise(1960)』에서 관리자들이 그들의 종업원에 대해 가지는 인간적인 견해를 두 가지의 대립되는 관점으로 가정하였는데, 이에 관한 이론이 X이론과 Y이론이다.

ⓒ X이론은 인간의 본성과 행동을 부정적·비관적으로 보는 견해를 가지는 반면, Y이론은 긍정적·낙관적 견해를 취한다.
ⓒ Y이론은 인간관계론의 관점을 나타내며 맥그리거는 이 접근방법을 지지한다.
② X이론과 Y이론의 가정

구분	내용
X이론의 가정 (인간에 대한 부정적 관점)	• 인간은 일을 싫어하므로 가능한 한 일을 하지 않으려고 함 • 조직 목표의 달성을 위해 조직구성원이 일하도록 통제, 지시, 강제, 위협을 가할 필요가 있음 • 인간은 지시를 받고자 하고 책임을 회피하려고 하며, 안정을 원하고 야망이 없음
Y이론의 가정 (인간에 대한 긍정적 관점)	• 인간은 본성적으로 일을 싫어하지 않으며 노동을 놀이와 휴식과 같이 자연스러운 것이라고 생각함 • 인간은 자기에게 주어진 목표 달성을 위해 자기통제를 할 수 있음 • 인간은 적절한 조건만 주어지면 책임을 수용하고 책임을 맡고 싶어 함 • 인간은 누구나 조직의 문제 해결에 필요한 상상력과 창의력을 가지고 있으며 이 능력은 관리직이나 특정한 사람의 전유물이 아님

④ 매슬로우(A. Maslow)의 욕구계층이론(Hierarchy of Needs Theory)
ⓐ 매슬로우는 인간관계운동을 발전시킨 심리학자로 『A Theory of Human Motivation(1943)』이라는 논문을 통해 종업원의 동기부여이론인 욕구계층론(Hierarchy of Needs Theory)을 발표하였다.
ⓑ 이 이론에서 동기부여는 그 중요도에 따라 다섯 가지 욕구계층(hierarchy)에 배열된 일련의 욕구에 의해 발생된다며 욕구충족의 중요성을 강조한다.
ⓒ 이 이론은 개인의 하위욕구 수준이 충족되면 그 다음의 상위욕구 수준으로 진행하게 된다는 '만족 – 진행'의 관점을 가정하고 있다.
ⓓ 한 시점에 개인의 어느 욕구가 상당한 정도로 만족되고 나면 그 욕구는 더 이상 그 사람의 행동을 유발시키는 힘을 잃게 된다는 것이며, 매슬로우의 이론에 관한 자세한 내용은 제2장 동기부여에서 확인할 수 있다.

(4) 시스템이론(System Theory) ★ 기출개념
① 시스템(system)이란 전체를 구성하는 상호 관련된 요소들의 집합체를 말한다.
② 시스템은 크게 개방 시스템(open system)과 폐쇄 시스템(closed system)으로 나눌 수 있다.

구분	내용
개방 시스템	외부환경과 끊임없이 상호교류하는 시스템
폐쇄 시스템	시스템 자체 내에서 대부분의 요소를 활용하는 시스템

③ 행동과학과 자연과학의 두 분야에 기반을 두는 시스템이론은 조직 시스템을 개방 시스템으로 보고 조직의 여러 문제에 접근한다.
④ 폐쇄 시스템은 실제로 적용되기가 어렵기 때문에 일반적으로 시스템이라고 하면 개방 시스템을 의미한다고 볼 수 있다.

✓ 핵심 Check

시스템이론의 관점
시스템(체계)을 요소의 단순한 집합체나 개별 요소를 초월한 추상적 총체가 아닌 상호연관된 요소로 구성된 통일체로 보는 관점으로, 1937년에 오스트리아의 이론 생물학자인 베르탈란피(L. V. Bertalanffy)가 창시하였다.

📄 개념 Plus

시스템이론의 시스템 성질 및 현상
시스템이론에서 시스템 성질들의 각 요소 간 상호연관성에 의해 생겨나는 것으로, 각 요소들의 개별적 성질과는 다른 것이다. 시스템 이론은 세계의 현상이 상호연관되어 있다고 보며, 사회와 생태계 같은 조직 모두를 살아 있는 시스템으로 간주한다.

⑤ 시스템이론의 기본 틀은 투입요소(inputs), 변환과정(transformation process), 산출요소(outputs), 피드백(feedback) 등 네 가지로 구성된다.

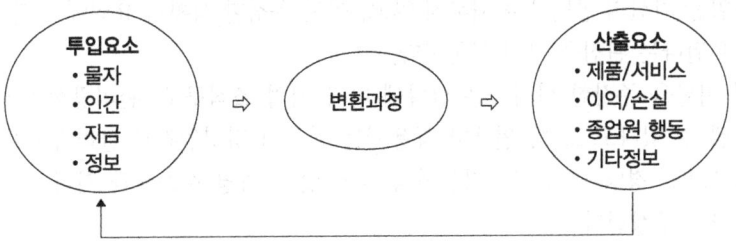

[그림 1-3] 시스템 이론의 기본적인 틀

⑥ 하위시스템(subsystem)
  ㉠ 전체 시스템 내에 존재하고 전체 시스템보다 상대적으로 작은 시스템들을 의미하며 대부분의 조직 시스템은 상호의존적인 여러 하위시스템으로 구성된다.
  ㉡ 하위시스템의 상호의존성(interdependency)이란 한 시스템의 어느 한 부분을 변화시키면 시스템의 다른 부분도 의도적이든 아니든 마찬가지로 변화시켜야 한다는 것을 의미한다.
    예 어느 기업에서 종업원의 동기유발을 높이기 위해 보상제도를 변경하면 그 기업은 또한 종업원의 선발절차, 훈련프로그램, 직무설계 등도 이에 따라 수정해야 한다.

⑦ 시너지(synergy)
  ㉠ 시너지는 단순한 개별 부분의 합보다 그 부분들이 모여 있는 전체가 더 커질 수 있는 과정을 일컫는다.
  ㉡ 함께 일하는 사람으로 구성된 집단이 동일한 수의 사람들이 개별적으로 일할 때보다 더 많은 성과를 달성할 수 있다는 것이다.
  ㉢ 이러한 현상을 시너지 효과(synergy effect)라고 한다.
  ㉣ 조직이 존재하는 근본적인 이유 중 하나가 시너지 효과이다.

⑧ 개방 시스템 대 폐쇄 시스템(open system vs closed system)
  ㉠ **개방 시스템**: 조직 환경과 상호작용하는 체계이다.
  ㉡ **폐쇄 시스템**: 조직 환경과는 상관없이 독립적으로 작동하는 블랙박스(black box) 등의 체계이다.
  ㉢ 각기 환경과 상호작용하는 정도는 다르더라도 모든 조직은 개방 시스템이므로 관리자들은 조직의 환경에 민감하게 대처할 필요가 있다.
  ㉣ 또한 관리자는 쇠퇴하지 않고 활력 넘치는 건강한 조직을 유지하기 위해 적절한 조치를 계속적으로 취해야 한다.
  ㉤ 계속적인 에너지 공급이 이뤄져야 조직이 쇠퇴하지 않고 성공하게 된다.
  ㉥ 종업원의 질 향상을 위한 활동, 최신 기술의 투자, 환경 문제에 관심을 기울이는 등의 조치를 취하지 않는 기업은 침체되고 결국 소멸하게 될 것이다.

(5) 상황이론(Contingency Theory) ★★

① 상황이론은 인간의 행동과 조직 상황의 복잡성 때문에 사람이나 조직을 관리하는 유일한 최선의 방법은 존재하지 않고, 어떤 특정한 상황적 요인에 따라 그 방법이 좌우된다는 관점을 가진 이론이다.
② 이 이론을 주장한 학자들은 상황에 따라 기업 조직구조, 관리방식, 리더십 등이 바뀔 수 있다고 보며, 언제나 통용되는 최선의 경영원칙과 관리방법이 존재하지 않으므로 경영자들은 각 기업의 환경에 맞는 경영 시스템과 리더십을 갖추어야 한다고 주장한다.
③ 상황이론은 1960년대 번즈(Burns), 스토커(Stalker), 우드워드(Woodward) 등의 학자로부터 출발하였다.
④ 상황은 어떤 두 가지 변수 간에 존재하는 관계성이 또 다른 변수들에 의해 영향을 받을 수 있다는 것을 의미한다.
⑤ 어느 상황에서 높은 생산성이나 근로 의욕을 이끌어냈던 방법이 다른 상황에서는 그와 동일한 결과를 얻지 못할 수도 있다는 것이다.
⑥ 상황 접근방법(contingency approach)의 강점은 경영자와 관리자가 실행 과정의 단계마다 상황적 요인을 검토해야 함을 강조한다는 점에 있다.

기출개념확인

01 행동과학적 지식을 이용하여 조직 내에서 사람들이 어떤 식으로 행동하는가에 대한 기본 지식을 얻을 수 있는 학문은?

① 조직이론 ② 조직행동론
③ 조직개발 ④ 인적자원관리

02 시스템이론(System Theory)의 투입요소로 볼 수 없는 것은?

① 물자 ② 인간 ③ 자금 ④ 제품

03 '최선의 경영관리 방식과 시스템은 존재하지 않는다'라고 주장한 이론은?

① 상황이론 ② 시스템이론
③ 인간관계론 ④ 과학적 관리법

정답 · 해설

01 ② 조직행동론은 조직의 유효성을 제고할 목적으로 조직 내 구성원의 상호작용을 행동과학적인 방법으로 연구한 학문이다.

> 참고
> - **조직이론**: 조직 현상을 연구대상으로 하여 전개되는 논리적 체계로, 조직구조 등의 조직 요소를 연구하여 조직을 보다 바람직하게 유지·발전시킬 목적으로 체계화한 이론이다.
> - **조직개발**: 조직의 유효성과 건강을 향상시키고 환경변화에 적절하게 대응하고자 구성원의 가치관과 태도, 조직풍토, 인간관계 등을 발전시키는 변화 활동을 의미한다.
> - **인적자원관리**: 조직의 목적 달성을 위해 효율적으로 활용해야 하는 자원 중에서 인적자원을 획득·개발하는 활동으로, 기업의 미래 인적자원 수요를 예측하여 기업 전략의 실현에 필요한 인적자원을 확보하고자 실시하는 일련의 활동이다.

02 ④ 시스템이론의 투입요소에는 물자, 인간, 자금, 정보 등이 있고 산출요소에는 제품/서비스, 이익/손실, 종업원의 행동 등이 있다.

> 참고 **시스템이론**
> 시스템이란 공동의 목표를 달성하기 위해 함께 기능하는 공동체를 의미하며 목표, 구조, 기능 등의 요소로 구성된다. 시스템을 기반으로 조직을 이해하는 이론이 시스템이론이다. 개방 시스템(open system)은 외부환경과 끊임없이 상호교류를 하는 조직을 의미하며, 폐쇄 시스템(closed system)은 조직 내에서 모든 활동이 이루어지고 대부분 조직 내 요소를 활용하는 조직이다.

03 ① 상황이론을 주장하는 학자들은 늘 통용될 수 있는 관리 시스템이 없다고 보았다.

> 참고 **상황이론**
> 상황이론에서 고려되는 상황적인 요소는 환경, 기술, 규모, 생산하는 제품의 다양성 정도, 인력 등이며, 이러한 요소들을 고려하여 적합한 조직설계나 경영운영을 한다면 높은 성과를 낼 수 있다고 주장한 이론이 상황이론이다. 이들은 하나의 정답이 있다기보다 상황에 따라 적합한 조직구조나 경영운영이 달라질 수 있음을 강조한다.

제2절 직무성과

01 직무성과 관리의 의의

1. 직무성과 관리의 개념
① 직무성과 관리는 기업 전략과 종업원의 공헌을 연결하는 방법론으로 전략에 기초를 두는 관리방법의 하나이다.
② 기대공헌도를 명확히 하고 실현된 공헌에 대한 평가나 공헌까지 일관된 흐름으로 하는 통합적 모델이다.

2. 직무성과를 좌우하는 요인
① 종업원의 직무성과를 좌우하는 요인으로는 직무 능력과 근로 의욕 등을 들 수 있다.
② 나아가 일의 수행에 필요한 권한이양과 같이 종업원의 능력을 활용, 발휘할 수 있도록 하는 제도적 환경도 이에 포함된다.

3. 직무성과 관리의 체계
직무성과 관리의 체계는 다음과 같은 과정으로 이루어진다.

단계	내용
1단계	조직전략을 설정함
2단계	직무성과 관리를 실행함 - 기대되는 직무성과 수준을 확립함 - 개인의 직무성과를 계측하고 평가함 - 개인의 직무성과를 피드백 함 - 직무성과에 입각하여 보상 또는 징계함
3단계	종업원의 직무성과를 측정함
4단계	직무성과 관리의 결과를 적용함 예 능력 개발, 생산성, 징계, 승진, 승급, 해고 등
5단계	조직성과를 평가함
6단계	이를 조직전략으로 다시 피드백 함

02 직무성과의 측정

1. 성적순위 서열법
① 직무평가의 순위법과 같이 종업원(피평가자)에게 순위나 번호를 붙여서 순위를 표시한 숫자를 피평가자의 득점으로 하는 방법으로, 종업원 평가방법 중에 가장 원시적인 방법이다.
② 성적순위 서열법의 분류

구분	내용
종합순위법	근무 성적을 종합적으로 상호비교하여 순위를 붙이는 방법
분석순위법	평가를 여러 항목으로 나누고 각 항목의 순위를 합산해 종합 성적으로 나타내는 방법

2. 직무성과 업무보고에 의한 방법
① 기타 직종에도 사용할 수 있는 방법이다.
② 평가 기간 중에 작업 성과를 얼마나 올렸는가를 구체적이고 자유롭게 기술하는 방법이다.
③ 종업원 평가를 종업원의 지도와 감독에 활용하거나 상급 직원에 대한 평가(리더십 등) 기초자료로 활용할 수 있다.

3. 기록에 의한 방법
(1) 가점감점법
평가 기간 중 종업원의 작업태도, 작업방법, 성과 등 구체적인 개별 사실들의 유무, 발생횟수, 효과 정도 등을 직접 점수로 환산하고 가점하거나 감점하여 점수 평가에 사용하는 방법이다.

(2) 정기적 시험법
① 평가 기간 내 일정 시간에 한정하여 작업량을 조사하고, 평가 시에 이를 전 기간의 성적으로 추정하여 평가하는 방법이다.
② 수공업 작업, 단순 사무에서는 이 방법이 유용하게 사용될 수 있으나 기계 작업을 근간으로 하는 대규모 생산에는 유용하지 않다.

(3) 산출기록법
① 종업원이 수행한 작업량을 평가의 대상으로 하는 방법이다.
② 단순 연속생산 작업에만 사용할 수 있는 방법으로 일반적인 종업원 평가에 사용될 경우에는 작업의 질, 방법, 태도 등의 평가 요소가 가점되는 부분이 많다.

> **개념 Plus**
>
> **자유기술식 업무보고법**
> - 평가 기간 중 종업원이 나타낸 성적과 성격들을 중점적으로 평가하는 방법이다.
> - 평가자의 표현 능력이나 보고 능력에 좌우될 우려가 있고 이 방식으로는 서열을 정하기가 곤란하다.

(4) 인물명세표에 의한 방법
① 추상적인 어구가 아닌 구체적 행동, 태도를 평가 요소의 항목으로 정한 다음 해당 요소에 체크하고 평가하는 방법이다.
② 프로브스트법(J. B. Probst)과 종합평정법

구분	내용
프로브스트법	• 평가자는 평가 요소의 우열을 고려하지 않고 해당 요소에 체크하도록 하고 채점 기준이나 종합 성적을 인사담당부·과에서 집중적으로 평가하는 방법 • 체크리스트법(checklist method)이라고도 함 • 평가자가 평가한 종합 성적을 알 수 없어, 정실에 치우칠 우려가 적기 때문에 비교적 객관성이 높은 평가 결과를 얻을 수 있음
종합평정법	• 척도법의 대표적인 방법 • 분석적 평가법과 대립되는 방법으로서 피평가자를 종합적·전체적으로 보고 평가하려는 방법 • 종합평정법만 사용하면 직감에 의한 평가(주관성, 편파성)에 치우치기 쉬우므로 결점을 보충하고자 분석적인 평가방법을 첨가하여 사용함

(5) 척도에 의한 방법
① 종업원의 근무성적을 분석적으로 평가하기 위하여 성격, 능력 등의 특성에 따라서 평가 요소를 여러 단계로 나누고 기호 또는 척도상에 체크하여 평가하는 방법이다.
② 도식평정 척도법과 등급법

구분	내용
도식평정 척도법	• 연속 척도법과 비연속 척도법으로 분류할 수 있으며, 평가 척도를 직접 도식으로 표시하는 방법임 • 척도를 알아보기가 쉽고 정해진 점수에 따라서 자동적으로 수치를 환산하는 방법으로 직종에 한정되지 않고 보편적으로 사용할 수 있음
등급법	• 집단순위법이라고도 함 • 몇 가지의 평가 요소를 설정하고 다시 각 요소를 여러 단계로 구분하여 각 단계에 수, 우, 미, 양, 가 또는 A, B, C, … 등의 등급 명칭을 붙이고 피평가자를 특정 단계에 결부하는 방법 • 평가자에 따라 평가 기준이 상이하므로 신뢰성이나 객관성을 기대할 수 없다는 단점이 있음

03 평가과정의 합리성 유지방안

1. 평가오차의 종류
(1) 평가대상 배열의 순서에 따른 오차
평가대상의 배열 순서에 따라서 발생하는 평가상의 오차이다.

(2) 평가상의 심리적 경향
사람은 평가를 하는 데 있어 일반적으로 항상오차, 후광효과, 논리오차라고 불리는 심리적인 오차 작용을 가지게 된다.

2. 오차 해소방법
① 같은 대상의 평가는 가능한 한 짧은 시간 내에 완료한다.
② 평가는 육체적·정신적으로 여유가 있고 안정된 상황에 수행한다.
③ 평가 요소의 정의나 단계 기준은 구체적으로 결정되며 평가자가 다르다고 해서 이해의 폭이 넓어지면 안 된다.
④ 평가는 3명 이상이 3회 이상 실시하여 그 평균의 중위수(中位數)를 취한다.

3. 종업원평가 결과의 조정방법
(1) 척도측정 조정방법
부문별로 성적을 산출한 후, 성적이 좋은 부서의 개인 득점에 가산해주는 방법이다.

(2) 편차치 조정방법
근소한 차이가 나는 두 사람 중 한 사람을 승진시켜야 하는 경우, 0.5점의 차이라도 편차치로 환산하면 격차가 커져 판정하기가 쉬워진다.

(3) 조정과 결과 연결의 구별방법

구분	내용
산술적 평가에 의한 조정방법	각 부·과별 평가 점수의 평균치와 전 부문의 평균치를 산출한 다음 그 차이를 플러스 또는 마이너스하는 방법
정규분포에 의한 조정방법	조정의 번거로움을 미리 생략하는 방법으로 부서별로 인원수에 따라 미리 랭크별 인원수를 할당해두는 것

기출개념확인

01 프로브스트법(Probst)에 대한 설명으로 보기 어려운 것은?

① 평가자로 하여금 평가 요소의 우열을 고려함이 없이 해당 요소에 체크하고 채점 기준이나 종합 성적을 인사담당부, 과에서 집중적으로 행하는 방법이다.
② 일명 체크리스트법(checklist method)이라고 한다.
③ 평가자가 평가한 종합 성적을 알 수 없도록 되어 있어 정실에 치우칠 우려가 적어 비교적 객관성이 높은 평가 결과를 얻을 수 있다.
④ 근무성적을 종합적으로 상호 비교하여 순위를 붙이는 방법이다.

02 근무 성적을 종합적으로 상호비교하여 순위를 붙이는 성과측정방법은?

① 종합순위법　　　　　② 가점감점법
③ 산출기록법　　　　　④ 종합평정법

03 평정하고자 하는 한 특성이 어떠한 다른 특성과 관계가 있다는 논리에 의해서 생기는 오차는?

① 논리오차　　　　　② 투영효과
③ 선택적 지각　　　　④ 정보과다

정답·해설

01 ④ 성적순위 서열법에는 종합순위법과 분석순위법이 있다. 종합순위법은 근무 성적을 종합적으로 상호 비교하여 순위를 붙이는 방법이며, 분석순위법은 평가를 여러 개의 요소로 나누어 각 요소에 대하여 순위를 종합하여 종합성적으로 나타내는 방법을 말한다.

02 ① 종합순위법은 근무성정을 종합적으로 상호비교하여 순위를 매기는 방법이다.

　　[오답분석]
　　② 가점감점법은 근무성적 평정에서 피평정자의 직무 사항에 나타나는 긍정적 요소와 부정적 요소를 점수로 환산하여 가점/감점을 주는 방법으로, 우수한 직무수행에는 가점을, 실패나 과오에는 감점을 주어서 이를 합산하는 형식이며 이 방법은 고도로 표준화된 단순 업무의 평정에 적합하다.
　　③ 산출기록법은 조직 구성원이 달성한 실질적인 작업량을 평가 대상으로 하는 근무성적 평정 방법으로 구성원이 일정 시간 동안 수행한 작업량을 측정하거나 일정 작업량을 달성하는 데 소요된 시간을 계산하여 성적을 평정하는 것이다.
　　④ 종합평정법은 어떤 심리적 특성이나 태도를 나타내는 한 변인의 연속성을 가정할 수 있고, 이 연속 선상에서 한 심리적 특성을 나타내는 여러 개의 진술문이나 문항이 있는 경우에 심리적 연속 변인 상에서 진술문의 척도치를 구하는 방법으로, 리커르트(Likert) 척도제작법이라고도 부른다.

03 ① 논리오차는 각 요소 간에 논리적인 상관관계가 있는 항목에 대해 한 쪽이 뛰어나면 다른 쪽도 그것과 관련성이 있기 때문에 뛰어날 것이라고 생각하기 쉬운 경향을 말한다.

제3절 조직몰입

01 조직몰입의 정의와 차원 ★★★ 기출개념

1. 조직몰입의 정의

(1) 조직몰입의 개념

개인이 특정 조직에 애착을 가져 그 조직에 남기를 원하고 조직을 위하여 노력하며 조직의 가치와 목표를 기꺼이 수용하는 심리적 상태를 뜻한다.

① 조직에 대한 개인의 동일시와 몰입의 상대적 정도를 나타낸다.
② 각 개인이 자신이 속한 조직에 대해 어느 정도로 일체감을 가지고 몰두하느냐의 기준이다.
③ 조직이 추구하는 목표나 가치에 대한 강력한 신뢰나 수용을 뜻하고 조직을 위해 노력하려는 의지이자 구성원으로 남아 있으려는 의사를 말한다.

(2) 마우데이(R. T. Mowday)의 정의

마우데이는 조직몰입을 조직에 대한 개인의 일체감과 관여의 상대적 강도(the relative strength of an individuals's identification with and involvement in an organization)로 정의했다.

2. 조직몰입의 구성요소

① 조직의 목적과 가치관의 수용, 조직에 대한 강한 신념이 포함된다.
② 조직의 목적 달성을 위한 공헌 의지도 요소 중 하나이다.
③ 강한 귀속욕구 또한 조직몰입의 구성 요소이다.
  ㉠ 조직의 목적이나 가치를 적극적으로 받아들여 강하게 믿는 것을 의미한다.
  ㉡ 조직을 위해서 스스로 공헌하려는 것이라고도 볼 수 있다.
  ㉢ 강한 귀속욕구란 조직의 일원이 되는 것을 강하게 바라는 것이다.

3. 조직몰입과 직무만족의 차이

① 직무만족은 직무나 직무의 어떤 측면에 대한 반응을 의미하나 조직몰입은 조직 전체에 대한 개인의 감정을 반영한다는 점에서 포괄적인 개념이다.
② 직무환경의 변화에 따라 직무만족 수준은 변할 수 있으나 조직몰입은 쉽게 변하지 않는 특성이 있다.

4. 조직몰입의 차원 ★★ 기출개념

① **정서적 몰입**: 구성원이 조직에 대해 감정적으로 애착을 느끼고 동일시하는 몰입 유형을 의미한다.
② **지속적 몰입**: 소속된 조직과 결별하는 데 비용이 많이 들기 때문에 구성원의 자격을 유지하려는 심리적 상태를 의미한다.
③ **규범적 몰입**: 심리적 부담감이나 의무감 때문에 조직에 몰입하는 경우로 특히 동료나 상사로부터의 압력이 이러한 부담을 가중시킬 수 있다.

02 조직몰입 모형

1. 조직몰입의 선행변수와 결과변수

마우데이(R. T. Mowday)와 스티어즈(R. M. Steers)는 조직몰입의 선행변수로 개인적 특성, 직무관련 특성, 구조적 특성, 작업 환경을 들었다.

(1) 선행변수

구분	내용
개인적 특성	개인의 연령, 근속연수, 성별, 학력 등
직무관련 특성	직무 충실화가 이루어진 직무를 맡는 종업원은 조직몰입도가 높은 편임
구조적 특성	조직 규모, 통제 범위, 공식화와 분권화의 정도, 의사결정의 참여 정도 등
작업 환경	집단의 태도, 직무의 중요성, 직무상 기대의 충족 등

(2) 결과변수

구분	내용
참여도	조직의 목표나 가치를 받아들인 종업원은 조직 활동에 적극적으로 참여하게 되고 결근율도 낮아지게 됨
잔류의도	조직몰입이 높은 종업원일수록 조직에 남으려는 욕망이 큼
직무몰입	종업원이 일체감을 느끼고 조직 목표를 신뢰할수록 직무에 몰입하게 됨
직무노력	• 조직몰입이 큰 종업원일수록 조직을 위해 많은 노력을 기울이게 됨 • 노력이 곧 성과로 이어지는 것은 아니며 여러 요인 함수에 의해 결정됨 • 따라서 조직몰입과 직무성과 간의 관련성은 분명하지 않음

2. 조직몰입의 단점

① 이동성과 경력 발전에 저해가 되기도 하며, 이직률이 낮아져 승진 기회가 감소한다.
② 신규 사원의 유입이 적어져 새로운 아이디어의 도입이 불가능할 수 있다.
③ 조직을 비판할 의사가 없어 부정적인 의미의 집단사고 현상이 나타나기도 한다.

3. 조직몰입 촉진을 위한 경영자의 방안

① 종업원이 큰 자율성과 책임감을 가지도록 직무를 수정한다.
② 조직 목표에 대한 종업원의 이해를 증진시키도록 한다.
③ 종업원들의 복지에 경영자가 관심을 가지도록 한다.
④ 종업원이 목표 성취의 기회를 가지도록 종업원의 배치에 중점을 둔다.

기출개념확인

01 조직몰입의 선행변수로 볼 수 <u>없는</u> 것은?

① 근속 연수
② 직무 충실화
③ 조직 규모
④ 잔류의도

02 다음 〈보기〉와 같이 조직몰입을 정의한 사람은?

〈보기〉
조직몰입이란 가치나 목표를 수용하려는 강한 신념, 조직을 위해 상당한 노력을 발휘하는 자발성, 조직구성원으로 계속 남으려는 강한 의욕이다.

① Porter
② March & Simon
③ Mowday
④ Locke

03 조직몰입의 차원으로 볼 수 없는 것은?

① 정서적 몰입
② 지속적 몰입
③ 규범적 몰입
④ 합리적 몰입

정답·해설

01 ④ 잔류의도는 조직몰입의 결과변수로 조직몰입이 높은 종업원일수록 조직에 남아 있으려는 욕망이 높게 나타나게 된다.

02 ③ 마우데이(Mowday)는 조직몰입을 조직의 가치나 목표를 수용하려는 강한 신념, 조직을 위하여 상당한 노력을 발휘하려는 자발성, 구성원으로 계속 남으려는 강한 의욕이라고 정의하였으며, 이 조직몰입은 단순한 조직에 대한 충성과는 다소 다른 개념이다.

03 ④ 조직몰입은 정서적, 지속적, 규범적 몰입으로 구성되며 '합리적 몰입'은 포함되지 않는다.

제1장 | 실전연습문제

* 기출유형 은 해당 문제가 실제 시험에 출제된 유형임을 나타냅니다.

01 조직행동론의 주요 연구 목적으로 보기 어려운 것은?
① 인간행동의 이해와 설명
② 인간행동의 예측
③ 인간행동에 응용
④ 인간행동의 비교

기출유형
04 조직행동론의 주요 개념에 대한 설명 중 옳지 못한 것은?
① 지각은 사람이 환경을 해석하는 일련의 과정이다.
② 성격은 개인 차이를 나타내는 특질과 특성이다.
③ 학습은 경험의 결과로 이루어지는 비교적 영속적인 행동의 변화를 말한다.
④ 태도는 특정 대상에 대해 가지는 평가적 견해로서 관찰 가능하다.

02 조직행동론의 학문적 특징으로 보기 어려운 것은?
① 학제적 지식체계
② 성과지향적 실천학문
③ 인본주의적 학문
④ 인간행동의 기술

05 다음 중 조직행동연구에서 사용되는 자료수집방법으로 볼 수 없는 것은?
① 설문조사법
② 면접법
③ 관찰법
④ ARS 조사법

기출유형
03 조직행동론의 연구에 영향을 미치는 학문 분야와 그 주요 내용이 바르게 연결되지 못한 것은?
① 심리학(psychology)은 개인행동의 연구와 관련이 깊은 학문이다.
② 인류학(anthropology)은 사람과 문화적 환경 간의 상호작용에서 나타나는 현상을 연구하는 학문이다.
③ 정치학(political science)은 정치적 환경 내에서의 개인과 집단의 행동을 연구하는 학문이다.
④ 공학(engineering)은 조직 스트레스에 관한 지식을 제공하고 조직 전체의 복지와 안녕을 위한 기초적 지식을 제공하고 있다.

06 연구방법에 대한 설명으로 바르지 못한 것은?
① 사례연구방법은 현장의 실제 사례를 연구 지표로 활용하는 방법이다.
② 실험법은 가장 과학적이고 엄밀한 연구방법이다.
③ 현장실험연구는 실험법을 실제의 조직상황에 적용하여 연구하는 방법이다.
④ 내용분석법은 실험을 통하여 인과관계를 명확하게 밝히는 연구방법이다.

07 사람과 직무 간의 상호작용에 초점을 맞춰 생산능력을 향상시킬 수 있는 과학적 관리법을 확립한 사람은?

① 테일러　② 메이요
③ 베버　　④ 페이욜

08 과학적 관리론에 대한 설명으로 보기 어려운 것은?

① 심리적 요인인 칭찬과 격려를 통해 생산성을 높일 수 있다고 주장하였다.
② 테일러에 의해 확립된 이론이다.
③ 차별적 성과급 제도를 도입하여 작업의 효율성과 생산성을 높이고자 하였다.
④ 모든 사람이 경제적 요인에 의해 동기유발 된다고 보았다.

09 고전조직이론의 주요 연구자로 보기 어려운 것은?

① 드러커　② 베버
③ 페이욜　④ 테일러

10 호손(Hawthone)연구에 대한 설명으로 옳지 않은 것은?

① 심리적인 측면의 중요성과 비공식 집단의 존재를 확인하였다.
② 호손연구는 1927년에서 1932년 사이 호손공장에서 수행된 일련의 실험과 연구를 말한다.
③ 하버드 대학의 메이요를 중심으로 연구되었다.
④ 이 연구를 통해 경영 관리에서의 합리성, 효율성, 표준화, 전문화의 중요성이 밝혀졌다.

11 호손(Hawthone)연구에서 실행된 실험에 대한 설명으로 옳지 않은 것은?

① 1차 실험은 조명도 수준이 생산성에 미치는 효과에 관한 연구였다.
② 2차 실험은 작업조건과 생산성 간의 관계성에 관한 연구를 수행했다.
③ 작업조건이 개선된다면 생산성이 향상될 것이라고 기대했다.
④ 3차 실험은 면접 형식으로 진행되었다.

12 호손(Hawthone)연구의 결과에서 나타난 사실로 보기 어려운 것은?

① 경제적 유인책은 기대보다 작업자들이 높은 수준의 성과를 올리는 데 영향이 크지 않다.
② 인간의 문제를 다루는 것은 복잡하고 도전적이다.
③ 개인적 문제들은 작업자의 생산성에 크게 영향을 미칠 수 있다.
④ 성과를 올리는 데 금전적 요인이 무엇보다 중요하다.

13 인간관계론의 기본적인 전제로 보기 어려운 것은?

① 인간은 대부분 자신이 속한 사회적 환경에 따라서 반응한다.
② 동기유발은 경제적 욕구보다 사회적 욕구에 의해 더 많이 좌우된다.
③ 만족한 종업원은 불만족한 종업원에 비하여 훨씬 더 열심히 일한다.
④ 작업의 표준화, 전문화가 생산성 향상에 긍정적인 영향을 미친다.

14 다음 중 조직의 정의에 대한 설명으로 옳지 않은 것은?

① 공동의 목적을 가지고 있다.
② 체계화된 구조에 따라 조직구성원이 상호작용한다.
③ 내부 환경에 적응한다.
④ 인간의 사회적 집단이다.

15 다음 중 관료제의 주요 특징이 아닌 것은?

① 계층에 의한 관리
② 합법적인 직무배정과 직무수행
③ 규칙·법에 의한 공정
④ 공사 통합

16 다음 중 Taylor가 제시한 과학적 관리법의 핵심적 기법이라고 볼 수 없는 것은?

① 기능적 감독자 제도 ② 과학적 선발 및 훈련
③ 동일 성과급제 ④ 시간 및 동작 연구

17 다음 중 Y이론의 가설에 대한 설명으로 옳지 않은 것은?

① 조직 목표를 달성하는 데 자기통제는 불가결하다.
② 동기부여는 생리적 욕구, 안전의 욕구 계층에서만 가능하다.
③ 조직의 문제들을 해결하기 위해 필요한 창의력은 누구에게나 있다.
④ 일이란 작업조건만 잘 정비되면 놀이를 하거나 쉬는 것과 같이 극히 자연스러운 것이다.

18 호손 실험의 연구 결과로 밝혀진 것으로 옳지 않은 것은?

① 개인적 감정이나 신체적 조건이 물적 조건보다 노동자의 생산성에 더 큰 영향을 끼친다.
② 종업원은 조직 내에서 상호작용하는 과정을 거치며 비공식 집단을 형성한다.
③ 경제적인 요인이 생산 성과에 영향을 미치며 공식 조직의 목표 달성에도 크게 작용한다.
④ 개인이 지닌 심리적 측면이 작업의 성과에 가장 큰 영향을 끼친다.

19 맥그리거의 X이론의 가정으로 보기 어려운 것은?

① 인간은 일을 싫어하므로 가능한 한 일을 하지 않으려고 한다.
② 인간은 일을 싫어하므로, 조직목표 달성을 위해서 조직구성원들로 하여금 일을 하도록 통제 및 지시, 강제 및 위협을 가할 필요가 있다.
③ 인간은 지시를 받고자 하고 책임을 회피하려 하며, 안정을 원하고 야망이 없다.
④ 인간은 자기에게 주어진 목표 달성을 위해서 자기통제를 할 수 있다.

20 다음 중 효율적인 조직구조를 위한 조직화의 원칙으로 보기 어려운 것은?

① 규칙의 명확화　② 노동의 분화
③ 계층화의 원칙　④ 표류관리

제1장 | 정답·해설

01	02	03	04	05
④	④	④	④	④
06	07	08	09	10
④	①	①	①	④
11	12	13	14	15
④	④	④	③	④
16	17	18	19	20
③	②	③	④	④

01 ④

조직행동론의 주요 연구 목적은 조직과 관련된 인간 행동을 이해하고 설명, 예측하여 인간행동에 응용하는 것이므로 인간행동의 비교는 연구 목적으로 보기 어렵다.

02 ④

조직행동론은 단순한 인간행동의 기술에서 그치지 않고 인간의 가치를 바탕으로 성과를 강조하는 규범적 학문의 성격을 가진다.

03 ④

공학(engineering) 중에서도 산업공학(industrial engineering) 영역에서 다루어지는 작업측정, 생산성 측정, 작업설계, 직무설계 등과 같은 연구 분야가 조직행동의 작업관계에 많은 공학적 지식을 제공하였다.

04 ④

태도는 한 개인이 특정 대상에 대하여 가지는 평가적 견해로 직무만족, 조직몰입, 관여 등이 포함되는데, 태도 자체는 관찰하기가 어려우므로 행동을 통해 태도를 파악할 수 있다.

05 ④

조직행동 연구에 있어 흔하게 사용되는 자료수집방법에는 설문조사법(survey questionnaire), 면접법(interview), 관찰법(observation)이 있으며, ARS 조사법은 이에 포함되지 않는다.

06 ④

내용분석법은 텍스트에 담긴 메시지의 특성, 의도, 구조 등을 체계적인 유목과 단위에 의거하여 상황을 총체적으로 통찰·분석하는 방법이다.

07 ①

테일러(Frederick W. Taylor)는 사람과 직무 사이의 상호작용에 초점을 맞추어 개별 작업자들의 생산능력을 향상시킬 수 있는 방법, 즉 과학적 관리방법을 확립하였다.

오답분석
② 메이요(Elton Mayo)는 조직 내 구성원의 태도, 가치관, 감정 등 인간의 사회심리적 측면에 초점을 맞추어 그들이 어떻게 상호작용하고, 조직에 어떤 영향을 미치는가를 이론화한 인간관계론을 주장했다.
③ 베버(Max Weber)는 이념형(ideal type) 관료제 모형을 제시하면서 권위의 정당성을 기준으로 전통적 지배, 카리스마적 지배, 합법적 지배의 세 가지 지배 유형으로 구분했다.
④ 페이욜(H. Fayol)은 일반적 경영 기능에 대한 경영 관리를 경영자와 경영 실무자의 입장에서 일반관리론으로 주장하였다.

참고 베버의 이념형 관료제 특징
이념형 관료제의 특징에는 관청에 의한 권한, 계층제, 문서주의, 직무상의 공사 분리, 전문적 지식과 기술, 관료의 직무상 전념화, 법규에 의한 행정, 고용계약의 자유 계약성 등이 있다.

08 ①

테일러는 과학적 관리론에서 인간을 금전적 요인에 의해 동기 유발되는 존재로 인식하고 성과 달성을 위한 기계의 부속품으로 생각했다.

09 ①

드러커(Peter Ferdinand Drucker)는 미국의 경영학자로 현대 경영학을 창시한 학자로 평가받고 있으며, 경제적인 재원을 잘 활용하고 관리하면 인간 생활의 향상과 사회 발전을 이룰 수 있다고 보았다.

10 ④

경영 관리에서의 합리성, 효율성, 표준화 및 전문화 등의 중요성은 과학적 관리론과 고전조직이론 등에서 강조되었다.

11 ④

3차 실험은 집단 성과급제의 효과를 검증하기 위한 실험을 진행하였다.

12 ④

호손(Hawthorne) 연구에서는 금전적인 요인이 성과에 미치는 영향은 크지 않다는 것을 알게 되었으므로 호손연구에 대한 결과로 보기 어렵다.

13 ④

직업의 표준화, 전문화가 생산성의 향상에 긍정적 영향을 미친다는 것은 과학적 관리방법의 기본 원리이다.

14 ③

조직은 경계를 가지고 외부환경에 적응하는 인간의 사회적 집단이다.

> 참고 **조직(organization)**
> - 조직은 개인이 성취할 수 없는 어떠한 목표를 성취하기 위해서 함께 일하는 사람들의 집단이다.
> - 조직은 공공의 목적을 가지고 있으며, 그 목적을 달성하고자 정립한 체계화된 구조에 따라 조직구성원이 상호작용한다.

15 ④

관료제는 공사 분리의 특징을 가지고 있으므로 공사 통합은 옳지 않은 설명이다.

> 참고 **관료제의 주요 특징**
> - 계층에 의한 관리
> - 공사 분리
> - 문서주의
> - 신분 보장
> - 합법적인 직무배정과 직무수행
> - 규칙·법에 의한 공정
> - 직무 영역의 전문성

16 ③

테일러(Taylor)가 제시한 과학적 관리법의 핵심적 기법은 '시간 및 동작 연구, 차별적 성과급제, 과학적 선발 및 훈련, 기능적 감독자 제도'이다.

> 참고 **Taylor의 과학적 관리법의 핵심적 기법**
>
> | 구분 | 내용 |
> | --- | --- |
> | 시간 및 동작 연구 | 모든 작업에 시간 및 동작 연구를 통하여 가장 좋은 작업 방법을 찾아내어 이를 기준점으로 표준 시간과 동작을 정함 |
> | 차별적 성과급제 | 일류작업자가 달성할 수 있는 표준작업량을 정하고, 이를 기준으로 생산량에 비례한 성과급을 지급하는 제도로 종업원의 동기부여에 영향을 주어서 생산성을 극대화시키고자 하였음 |
> | 과학적 선발 및 훈련 | 과학적으로 연구한 과업을 수행할 사람을 선발, 교육, 훈련시킴 |
> | 기능적 감독자 제도 | 작업의 효율적 진행을 위해 기능별로 검사 담당자, 준비 담당자, 속도 담당자, 수선 담당자, 시간 담당자, 순서 담당자, 훈련 담당자를 두어 전문적 지원을 함 |

17 ②

Y이론은 인간을 자율적이고 능동적이며 창의적인 존재로 보는 긍정적인 관점의 인간관이다.

18 ③

호손 실험의 결과에서 경제적 유인책이 작업자의 생산 성과에 미치는 영향은 크지 않은 것으로 나타났으며, 인간관계에 대한 중요성이 대두되었고 특히 구성원의 심리적인 측면에 대한 연구가 활발히 진행되었다.

19 ④

인간은 자기에게 주어진 목표 달성을 위해 자기통제를 할 수 있다는 내용은 Y이론의 가정이다. Y이론의 가정은 인간에 대한 긍정적 관점에 기초하고 있다.

20 ④

표류 관리(drifting management)는 생산 관리의 가장 단순한 형태로서, 테일러에 의하여 관찰되었던 과학적 관리법에 대응하는 경험적·인습적 관리방법이다.

무료 학습자료 제공 · 독학사 단기합격 **해커스독학사**
haksa2080.com

무료 학습자료 제공 · 독학사 단기합격 **해커스독학사**
haksa2080.com

전문가가 분석한 출제경향 및 학습전략

2장 개인행동 영역에서는 조직행동을 이해하기 위한 개인 차 변수를 중심으로 설명한다. 개인을 구성하는 요소를 통해 각 개인 간 행동 차이를 발생시키는 원인을 파악하는 것이 중요하다. 또한 학습, 성격, 동기부여는 기출에서 자주 출제되므로 주요 개념과 내용을 이해하여야 한다. 이번 개정에서 추가된 가치관과 태도, 정서, 지각, 귀인과정 및 행동수정도 중요한 내용이므로 충분히 학습하여야 한다.

제2장 | 핵심 키워드 Top 10

핵심 키워드 Top 10은 본문에도 동일하게 ★로 표시하였습니다.

01	직무만족 ★★★	p.54
02	스트레스 ★★	p.56
03	성격 결정 요인 ★★★	p.64
04	빅 파이브 모형(The Big Five Model) ★★★	p.66
05	정서적 사건 반응 이론(Affective Events Theory, AET) ★★	p.83
06	인지 부조화(Cognitive Dissonance) ★★★	p.84
07	지각 오류 ★★★	p.88
08	귀인과정 ★★	p.89
09	동기부여의 내용이론과 과정이론 ★★★	p.95
10	강화스케줄 ★★	p.111

제2장

개인행동 영역

제1절 직무만족과 스트레스
제2절 성격과 성과
제3절 가치관과 태도
제4절 정서
제5절 지각, 귀인과정
제6절 동기부여
제7절 학습과 행동수정

제1절 직무만족과 스트레스

1 직무만족 ★★★

01 직무만족의 정의 및 중요성 기출개념

1. 직무만족(job satisfaction)의 정의

직무만족은 작업, 임금, 감독, 부가급부, 승진 기회, 작업 조건, 동료 등의 직무 요소에 대한 구체적인 만족을 모두 포괄하는 개념이다.

① 로크(E. Locke)는 직무만족을 "개인이 직무를 평가하거나 직무를 통해 얻게 되는 경험으로부터 유발되는 유쾌하거나 긍정적인 감정상태"라고 정의하였다.
② 다른 개념화에서는 직무만족을 직무 자체와 관련된 내재적(intrinsic) 직무만족과 직무 이외의 요소와 관련된 외재적(extrinsic) 직무만족으로 구분하여 정의한다.

예
- 내재적 직무만족 관련 요소: 직무에의 만족, 업무처리의 자율성, 업무량의 적정성, 인정, 능력 발휘 기회 등이 있다.
- 외재적 직무만족 관련 요소: 직무의 안정성, 복지후생, 급여수준, 승진 기회, 인간관계, 장래성 등이 있다.

2. 직무만족의 중요성

① 직무만족은 생산성과 밀접한 관련이 있다.
② 조직구성원의 직무만족은 조직의 낮은 결근율과 이직률을 유지하는 데 결정적인 역할을 하는 요인이다.
③ 직무만족은 호의적인 조직 분위기 형성에 영향을 미친다.
④ 조직의 입장에서 높은 수준의 직무만족을 유지하도록 노력하는 것이 조직구성원에 대한 도덕적 책임을 다하는 것이다.

02 직무만족의 영향요인과 결과 및 측정 방법

1. 직무만족의 영향요인과 결과 기출개념

① 직무만족에 대한 연구는 조직구성원의 생산성을 높이는 데 위해 필요한 요인을 연구하는 과정으로부터 시작되었다.

② 과학적 관리론에서 강조되었던 임금 외의 요인도 생산성에 영향을 미칠 수 있다는 사실이 호손연구(Hawthorne experiments)를 통해 밝혀지면서 많은 연구자가 직무만족에 영향을 미치는 요소를 다양하게 연구하였다.
③ 직무만족에 영향을 미치는 요인에 관한 연구와 더불어 결과에 대한 연구도 이루어 졌지만 연구자들이 기대했던 만큼의 강한 상관관계는 밝혀내지 못했다.
④ 대체로 직무만족과 결과(이직, 결근 등) 간에 약한 상관관계가 존재하는 것으로 나타났다.

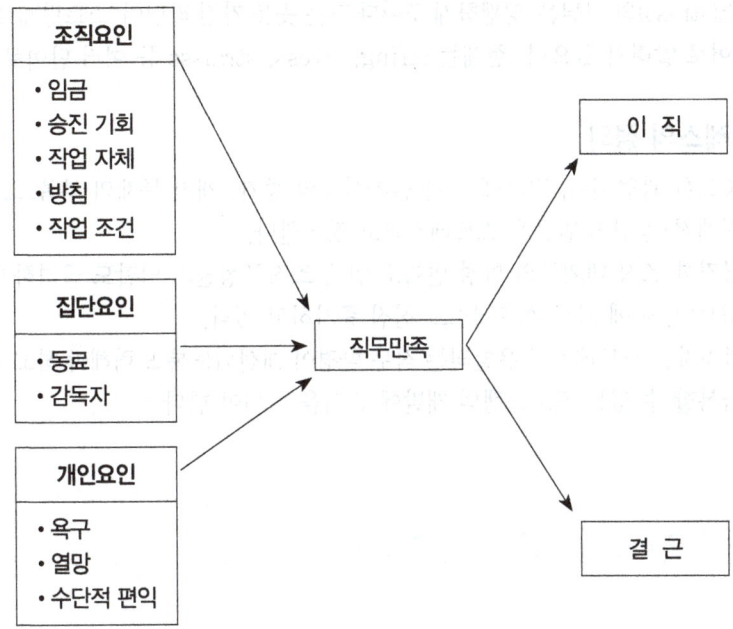

[그림 2-1] 직무만족의 영향요인과 결과

2. 직무만족의 측정 방법

① 직무만족의 측정은 태도조사라 일컫는 설문지법을 이용하여 조사한다.
② 직무만족 측정 시 광범위하게 사용되고 있는 척도로는 직무기술지표(JDI; Job Descriptive Index), 미네소타 직무만족 설문서(MSQ; Minnesota Satisfaction Questionnaire), 미시건 조직평가 설문서(MOAQ; Michigan Organizational Assessment Questionnaire)가 있다.

구분	내용
직무기술지표	• 직무만족에 대한 측면인 급여, 승진, 감독, 동료관계, 직무 자체에 관한 직무기술서 방식 • 답안서 작성이 쉽고 종업원의 만족도 측정에 있어 매우 정확한 결과를 기대할 수 있음
미네소타 직무만족 설문서	• 종업원의 업무 만족도를 측정하기 위해 개발된 도구 • 개인의 능력을 활용할 수 있는 기회, 성취에 대한 느낌, 업무에 전념할 수 있는 정도, 회사 정책에 대한 만족도, 보상 등 20개의 항목을 측정함 • 이해와 사용이 쉽고, 신뢰도와 타당성이 검증된 도구 중 하나임

핵심 Check

조직행동의 결과변수

- **직무만족(job satisfaction)**: 개인이 자신의 직업이나 직무에 만족하는 정도를 의미한다.
- **조직몰입(organizational commitment)**: 개인이 조직에 대해 가지는 심리적인 애착, 조직구성원이 조직과 자신을 동일시하며 그 조직에 헌신하고자 하는 정도이다.
- **조직시민행동(organizational citizenship behavior)**: 직무에 대한 최소한의 요구를 넘어 조직을 위해 과업 수행을 지원하는 사회적/심리적 맥락유지와 강화에 기여하는 행동이다.
- **이직률(turnover rate)**: 일정 시점에 산업분야 구성원 중 퇴사자가 차지하는 비율이다.

2 스트레스 ★★

01 스트레스의 개념

1. 스트레스 단어의 유래
스트레스(stress)의 어원은 '팽팽하게 조이다'라는 뜻을 가진 라틴어 '스트링게르(stringer)'라는 단어로 알려져 있으며, 현재는 string, stress, straisse 등 여러 단어로 쓰인다.

2. 스트레스의 정의 ★
① 중요한 과업 수행 결과에 대한 불확실성의 증가, 개인 통제의 부족으로 발생되는 신체적·정신적 반응을 스트레스라고 정의한다.
② 급격한 조직 내외부의 환경 변화로 인해 조직구성원의 역할도 급격하게 변화하고 있으며, 이에 따른 스트레스도 점점 증가하고 있다.
③ 관리자는 스트레스가 유발되는 직무 환경이 개선되도록 노력해야 하고 스트레스를 극복할 수 있는 프로그램의 개발에 관심을 가져야 한다.

02 스트레스와 성과의 관계 기출개념

1. 긍정적 스트레스
① 스트레스가 늘 부정적인 영향만 미치는 것은 아니며 스트레스는 순기능적인 면과 역기능적인 면을 함께 가지고 있다.
② 순기능적(긍정적) 작용을 건설적 스트레스(constructive stress) 또는 유스트레스(eustress)라고 한다.
③ 적당한 스트레스 수준은 구성원의 노력을 증대시키고 창조성을 자극하기도 하며 더욱 성실한 업무 자세에 도움을 주기도 한다.

2. 부정적 스트레스
① 개인과 조직 모두에 역기능적(부정적) 영향을 미치는 스트레스를 비건설적 스트레스(destructive stress) 또는 디스트레스(distress)라고 한다.
② 과중한 업무로 인해 발생하거나 방심, 오류, 사고, 불만족, 수행 저조, 비윤리적 행동, 질병 등으로 인해 신체적·정신적 시스템이 손상될 때 나타날 수 있다.

3. 스트레스와 직무성과

① 너무 적거나 지나친 스트레스는 부정적인 결과를 초래하지만, 적당한 스트레스는 좋은 직무성과로 이어질 수 있으므로 건설적 스트레스 수준을 유지하면서 지나치게 무리하지 않아야 한다.
② 적당한 수준의 스트레스는 직무 성과를 높이는 데 도움이 된다.

03 스트레스의 요인과 개인차

1. 스트레스의 요인
스트레스의 요인은 조직 내에서 발생하는 직무 스트레스와 조직 외부에서 발생하는 생활 사건 스트레스로 구분할 수 있다.

구분	내용
직무 스트레스	스트레스를 유발하는 직무 환경을 의미
생활사건 스트레스	조직 생활 외의 사건으로 인해 발생하는 스트레스를 의미

2. 스트레스의 개인차
① 스트레스는 사람마다 그 정도가 다르고 이러한 개인 차이는 주로 개인적 성격이나 특징에 의해서 나타나게 된다.
② 개인이 어떠한 특징을 갖고 있느냐 없느냐에 따라 스트레스를 많이 받기도 하고, 적게 받기도 한다.

04 스트레스의 결과 기출개념

1. 정신적 결과
(1) 스트레스로 인한 정신적 결과
① 모든 직무에는 정도의 차이가 있을 뿐 스트레스가 존재한다.
② 장기적으로 스트레스에 노출되면 정신적으로 지치게 된다.
③ 장기간 동안 스트레스를 받은 사람에게는 정서적 탈진(emotional exhaustion), 비인간화(depersonalization), 성취감의 감소, 상실감, 직무 불만족, 무기력증 등의 증상이 나타난다.

> **개념 Plus**
>
> **탈진상태(burnout)**
> - 어떤 일에 지나치게 몰두하다 한순간 그 일에 회의를 느끼고 무기력감에 빠져 더는 일을 할 수 없게 되는 상태이다.
> - 미국의 정신분석학과 의사인 H. 프뤼덴버그가 처음 사용한 심리학 용어이며 그는 이 증후군의 최초 사례를 자신이 치료하던 한 간호사로부터 발견하였다.
> - 연소증후군으로도 부르며, 어느 한 일에 지나치게 집중하다 어느 시점에 갑자기 불타버린 연료처럼 무기력해지면서 업무에 적응하지 못하는 증상에서 따온 말이다.
> - 이 증상은 생각한 만큼 일이 실현되지 않거나 육체적, 정신적 피로가 쌓였을 때 나타난다.

(2) 정신적 결과와 증상 분류

① 정서적 탈진
  ㉠ 육체와 정신의 만성적인 고갈 상태를 말한다.
  ㉡ 이 상태에 놓인 사람은 무기력해지고 피로감을 느끼며 심각한 경우 더 이상 직무를 수행할 수 없는 지경에 이를 수도 있다.

② 비인간화
  ㉠ 무감각함이 심화된 증상으로, 자신의 직무에 부정적인 태도를 가지는 것이다.
  ㉡ 이러한 상태를 겪는 사람은 직무가 자신에게 아무런 의미가 없다고 생각한다.

③ 성취감의 감소
  ㉠ 자신이 수행한 직무에 대해 부정적으로 평가를 내리는 것을 말한다.
  ㉡ 이런 사람들은 자신이 현재보다 과거에 직무를 더 잘 수행했다고 느끼고 미래에 성공할 수 없다고 느낀다.

2. 신체적 결과

① 스트레스로 인한 신체적 결과로 위염이나 고혈압 등의 증세가 나타나고 불면증과 두통 등 신경성 질병이 생기기도 한다.
② 과도한 스트레스를 받으면 평소와 다르게 날카로운 신경을 가지게 되고 모든 일에 민감해질 수도 있다.
③ 낮은 수행성으로 잦은 사고를 일으키거나 잘못된 의사결정을 하고 공격적인 행동을 보이기도 한다.

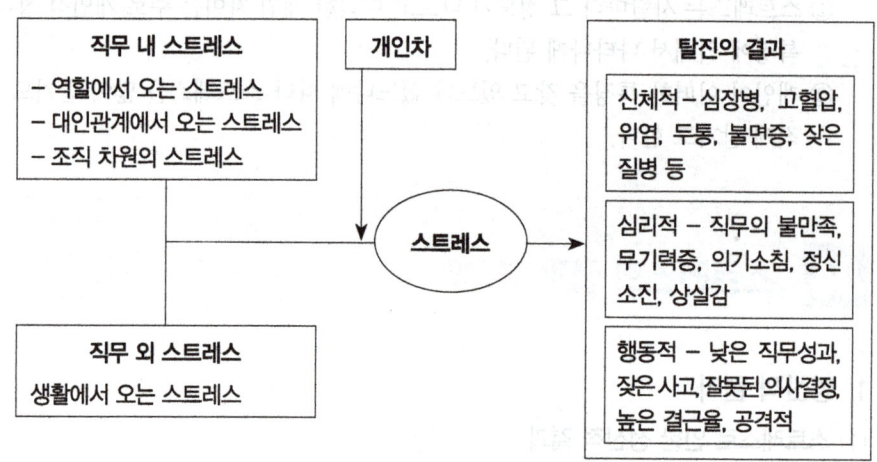

[그림 2-2] 스트레스 유발 요인과 결과

05 스트레스 예방과 관리

1. 스트레스 예방에 대한 인식
① 스트레스에 맞서는 가장 좋은 전략은 예방이며 비건설적 스트레스에 도달하는 것을 막는 게 가장 중요하다.
② 예방을 위한 행동으로써 스트레스를 일으키는 다양한 요소를 미리 막을 수 있다는 사실을 인식해야 한다.

2. 스트레스 관리
스트레스 관리는 스트레스 징후를 파악하고, 스트레스가 긍정적인 스트레스로 변할 수 있도록 지속적인 행동을 취하는 것을 말한다.
① 스트레스 관리는 스트레스가 비건설적인 수준에 도달했을 때 필요하다.
② 개인은 건강을 관리하여 스트레스에 대한 방어력을 키워야 하고 조직은 구성원의 스트레스 관리에 대한 지원을 아끼지 말아야 한다.
> 예 최근 건강에 대한 인식이 높아지면서 개인 건강 증진 프로그램(wellness program)에 참여해 신체적·정신적 안정을 추구하는 경우도 있다.

③ 좋은 근무 환경을 가지고 있고 직원에게 많이 투자하는 조직은 직원의 잠재력과 모든 재능을 이끌어낼 수 있는 가장 유리한 위치에 있다.

3. 스트레스 대처를 위한 경영자의 자세
① 경영자는 성과를 증진시키고 직원은 자신의 건강을 관리할 수 있는 범위 내에서 긍정적인 스트레스를 유발할 수 있어야 한다.
② 스트레스 대처 방법: 업무량의 조정, 윤리적 딜레마 제거, 개인적 욕구의 충족 등의 방법이 있다.
③ 경영자가 종업원을 위해 고려해야 할 4가지 사항

구분	내용
새로운 기술 도입 시 의견 수렴	• 새로운 기술의 도입은 종업원에게 더 많은 요구와 스트레스를 줌 • 기술 도입을 계획·이행 시, 직원의 의견을 수렴하고 직원들의 참여를 유도하여 직원이 사전에 준비할 수 있는 시간적 여유를 제공함 • 스트레스로 인한 고통 없이 새로운 기술에 적응하도록 환경을 조성함
스트레스를 초기 단계에 파악	• 스트레스로 인한 고통이 심한 경우에 이직률, 결근율, 품질 저하 등의 부작용이 발생함 • 조직 차원에서는 더 큰 손실을 입을 수 있음
스트레스에 대한 개인 차이 인정	• 성별, 퍼스낼리티 등의 요인에 따라 개인차가 존재할 수 있음 • 각 요인에 따른 직장 내 스트레스를 분석해야 함
올바른 관리원칙 및 방법 사용	보다 바람직한 업무 환경을 위해 스트레스를 효과적으로 예방할 수 있는 관리원칙과 방법을 사용해야 함

4. 스트레스 대응전략

(1) 문제 중심의 대응전략 및 감성 중심의 대응전략

① 문제 중심의 대응전략: 스트레스의 원인에 직접 접근하는 스트레스 관리방법을 의미한다.

구분	내용
개인적 전략	• 스트레스의 원인을 찾아 자신이 직접 관리하는 방식 • 스스로 시간 관리를 하거나 타인의 멘토(조언)를 받아 관리할 수 있으며 대인관계에서 서로의 역할을 협상·조정하는 것을 의미함
조직적 전략	• 조직 차원에서 스트레스 원인을 직접 관리하는 방식 • 스트레스 원인을 분석하여 문제점을 찾고 직무를 재설계하거나 순환시켜 대응하는 것을 의미함 • 미래에 대한 불확실성을 감소시켜주고 안정적인 직장 생활을 보장해주며 개인의 능력과 적성에 맞도록 업무 역할에 탄력을 주는 것

② 감성 중심의 대응전략: 스트레스로 인해 느끼는 감성적인 부분에 접근하는 관리방법으로 원인을 찾아 대응책을 강구하는 것이 아닌 스트레스로 인해 발생된 불안정한 감정을 다스리고 정상궤도로 회복시키는 전략을 의미한다.

구분	내용
개인적 전략	• 불안정한 감정을 해소하기 위해 의료 지원을 받거나 상담을 시도할 수 있음 • 주위 환경에 도움을 청할 수 있고 감정을 다스리는 훈련이나 교육을 받는 것도 좋은 방법임
조직적 전략	종업원이 스트레스를 풀 수 있는 지원 프로그램을 만들어줄 수 있음 예 운동 공간, 휴식 공간, 다양한 프로그램(영화 감상, 음악회, 초빙 강의, 소풍) 등

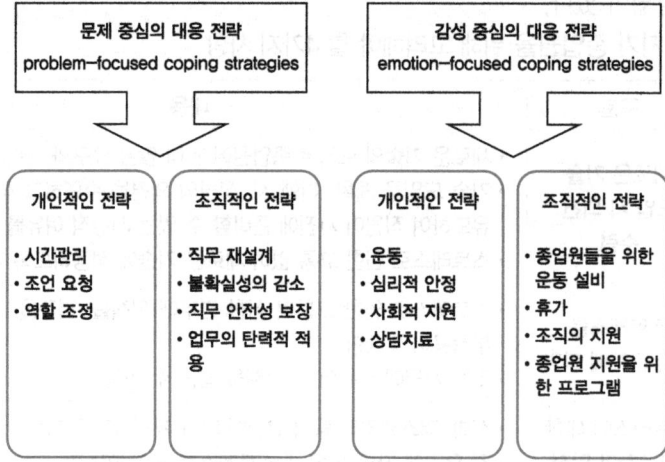

[그림 2-3] 문제 중심의 대응전략과 감성 중심의 대응전략

기출개념확인

01 다음 중 직무만족에 대한 설명으로 맞지 않은 것은?
① 일반적으로 작업에 대한 긍정적인 느낌의 정도를 의미한다.
② 특정 부분에서의 만족이 다른 부분의 만족에 영향을 미치지는 않는다.
③ 개인마다 직무만족에 영향을 주는 요인과 그 영향의 정도가 다르다.
④ 여러 직무와 관련된 다양한 측면(facets)으로부터 영향을 받는다.

02 다음 중 개인의 직무나 직무경험 평가 시에 발생하는 유쾌하고 긍정적인 정서 상태에 해당되는 말은?
① 조직만족　　　　　　② 직무몰입
③ 조직몰입　　　　　　④ 직무만족

03 직무만족의 원인으로 조직요인에 해당하지 않는 것은?
① 임금　　　　　　　　② 승진 기회
③ 작업 조건　　　　　　④ 욕구

04 다음 중 스트레스를 유발하는 상황에 대한 설명으로 옳지 않은 것은?
① 인간관계나 일에서 느끼는 냉혹함은 스트레스를 유발한다.
② 현대 사회는 선택의 폭이 넓어진 대신 선택의 어려움이 증가되었다.
③ 보수가 높은 직업일수록 스트레스가 낮다.
④ 부모, 형제 등과 친밀한 관계를 유지하는 것 자체가 스트레스다.

05 스트레스 유발 요인으로 볼 수 없는 것은?
① 우울증　　　　　　　② 갈등
③ 욕구좌절　　　　　　④ 고립

06 직무 관련 스트레스로 보기 어려운 것은?
① 역할 관련 스트레스　　② 상사와의 스트레스
③ 업무과다에서 오는 스트레스　　④ 생활에서 오는 스트레스

정답·해설

01 ② 특정 부분에서의 만족은 다른 부분의 만족에도 긍정적인 영향을 미친다.

02 ④ 직무만족이란 직무에 대한 태도의 하나로 한 개인이 직무나 직무경험 평가 시에 발생하는 유쾌하고 긍정적인 정서 상태라고 정의할 수 있으며, 이는 한 종업원이 자신이 일에서 바라고 있는 것을 일이 실제로 제공해 준다고 믿는 정도를 반영한 것이다.

03 ④ 욕구는 직무만족의 개인요인으로 분류한다.
> 참고 **직무만족의 영향요인**
> 직무만족에 영향을 주는 요인에는 조직요인, 집단요인, 개인요인이 있다.

04 ③ 보수가 높은 직업일수록 스트레스가 많다.

05 ① 스트레스를 유발하는 요인으로 고립, 욕구좌절, 갈등, 압박감 등을 들 수 있는데 이러한 요인이 나타난다고 해서 스트레스가 반드시 유발되는 것은 아니다. 상황에 따라 스트레스 발생 여부와 그 정도는 다를 수 있으며 우울증은 스트레스로 인한 심리적 반응이다.

06 ④ 생활에서 오는 스트레스는 직무 외 스트레스로 볼 수 있다.
> 참고 **직무 내 스트레스**
> 직무 내 스트레스에는 역할에서 오는 스트레스, 대인관계에서 오는 스트레스, 조직 차원의 스트레스 등이 있다.

제2절 성격과 성과

01 성격

1. 성격(personality)의 의의
성격은 인간의 총체적인 심리 구조의 성장, 발전을 설명하는 역동적인 개념이다.
① 성격은 개인을 특징짓는 지속적이고 일관된 행동 양식이다.
② 성격은 인간을 부분적인 측면보다 종합적인 관점으로 바라본다.

2. 성격 결정 요인 ★★★

(1) 유전(heredity)
유전은 부모로부터 받은 형질인 외모, 성별, 기질, 체구, 반사신경, 힘, 바이오리듬 등 신체적인 발달의 개념에서 결정되는 요소들을 말한다.

(2) 환경(environment)
성격에 영향을 미치는 요소로는 유년시절의 상황, 가족과 친구 사이의 관습, 우리가 경험하는 사회집단, 그 밖의 여러 요소가 있으며 우리가 겪어온 환경은 본질적으로 성격 형성에 영향을 미친다고 볼 수 있다.

(3) 상황(situation)
① 상황은 유전과 환경의 효과에 영향을 준다.
② 개인 성격은 보통 안정적이고 지속적이지만 상황이 바뀌면 변하기 마련이다.
③ 이는 다른 여러 요구 상황이 다른 성격을 만들어낸다는 것을 뜻한다.
④ 따라서 상황을 고려하지 않고 성격 패턴을 파악하면 안 된다.

3. 성격 유형

(1) 성격 특성(personality traits)
① 성격에 대한 초기 연구는 인간의 행동을 설명하고, 인간의 지속적인 성향을 찾는 시도로부터 출발하였다.
② 주로 연구된 성격은 수줍음, 공격성, 유순함, 게으름, 야망, 소심함 등이 있다.
③ 성격 유형은 많은 사람 앞에 설 때 나타나며, 이를 성격 특성이라고도 부른다.
④ 다양한 상황에서 발생하는 성향이 일관적이고 반복될수록 그 사람을 설명하는 데 있어 더 중요한 특성이 된다.

(2) 주요 특성 연구

① 주요 특성에 대한 초기연구

㉠ 인간의 특성은 너무 많아 모든 특성을 개별적으로 분류하여 보는 것은 어려운 일이기 때문에, 학자들은 편의를 위해 성격 유형의 수를 줄였다.

㉡ 카텔(Cattell)은 인간 특성을 171개의 특성으로 분류했지만, 이 분류가 피상적이고 설명력이 부족하다고 결론을 내렸다.

㉢ 그가 추구한 것은 기초가 되는 패턴만을 개념화한 특성들로 줄이는 것이었다.

㉣ 결국 카텔은 성격 요소를 16가지로 개념화하고 '기본 특성(primary or source)'이라 불렀다.

㉤ 이 16가지 특성은 일반적으로 지속적이고 일관성 있으며 특정 상황에 어떤 행동을 할 것인지 예견 가능하게 한다.

내성적인	외향적인
덜 총명한	더 총명한
감정에 사로잡히는	감정적으로 안정적인
복종하는	지배적인
고민이 많은	태평한
편의주의적인	양심적인
겁이 많은	모험적인
심성이 강인한	감수성이 예민한
남을 잘 믿는	의심이 많은
현실적인	풍부한 상상력
솔직한	영악한
자신감 있는	걱정이 많은
보수적인	실험적인
집단의존적인	자기충족적인
억제당한	억제되지 않은
느긋한	긴장한

[그림 2-4] 카텔이 분류한 16가지 성격요인

② MBTI(The Myers-Briggs Type Indicator)

가장 널리 쓰이는 성격(퍼스낼리티) 측정도구는 MBTI이다.

㉠ MBTI는 보통 100개의 문항 수준으로 구성된 설문지이며, 특정 상황에 감정과 행동이 어떠한지를 묻는다.

㉡ 질문의 응답을 토대로 외향적/내향적(E/I), 감각적/직관적(S/N), 사고(Thinking)/느낌(T/F), 지각적/판단적(P/J)의 네 가지 기준에 따라 분류한다.

㉢ 이 분류는 16가지 성격 유형(카텔의 16가지 기본 특성과는 다른 분류임)에 결합되어 있다.

📋 개념 Plus

MBTI(Myers-Briggs Type Indicator)

- MBTI는 마이어스(Myers)와 브릭스(Briggs)가 스위스의 정신분석학자인 카를 융(Carl Jung)의 심리유형론을 토대로 고안한 자기 보고식의 성격 유형 검사 도구이다.
- MBTI는 시행이 쉽고 간편해 학교와 직장, 군대 등에서 광범위하게 사용되고 있다.
- MBTI는 4가지 분류 기준에 따른 결과에 의해 수검자를 16가지 심리 유형 중 하나로 분류한다.

② MBTI 16가지 성격 유형 구분

성향에 따른 분류		
외향성(E) – 폭 넓은 활동력	←——→	내향성(I) – 깊이와 집중력
감각(S) – 실용성과 현실감각	←——→	직관(N) – 비전과 통찰력
사고(T) – 논리와 분석력	←——→	감정(F) – 인화력
판단(J) – 조직과 추진력	←——→	인식(P) – 수용과 적응력

③ 빅 파이브 모형(The Big Five Model) ★★★ 기출개념

MBTI는 지지할만한 근거가 부족하다는 지적이 있을 수 있지만, 성격의 5요인모델(빅 파이브 모형)은 이러한 지적으로부터 비교적 자유롭다.

㉠ 최근의 연구결과들이 이러한 다섯 가지 차원의 지지 근거를 만들어주고 있으며, 그 이유는 해당 모델이 인간 성격의 중요 변인을 포괄하기 때문이다.

구분	내용
외향성 (extraversion)	• 대인관계에서의 편안함 정도 • 외향적인 사람은 집단적이고 단호하며 사교성이 좋은 편 • 내향적인 사람은 조심스럽고 소심하며 조용한 편
친화성 (agreeableness)	• 타인을 따르는 개인 성향의 정도 • 높은 친화성의 사람은 협조적, 온화하며 믿음이 가는 편 • 낮은 친화성의 사람은 차갑고 비협조적, 적대감을 가지는 편
성실성 (conscientiousness)	• 신뢰감의 정도 • 성실한 사람은 반응이 좋고 체계적, 믿을만하고 끈기 있는 편 • 낮은 성실도의 사람은 주의가 산만하고 비체계적이며, 신뢰가 부족한 편
정서적 안정성 (emotional stability)	• 스트레스를 잘 견디는 정도 • 긍정적인 정서 안정 상태의 사람은 조용하고 자신감이 있으며 확신을 갖는 편 • 낮은 정서적 안정 상태의 사람은 신경질적이고 걱정이 있으며, 우울하고 자신감이 없는 편
개방성 (openness to experience)	• 관심, 열정, 새로운 것에 대한 호기심의 정도 • 개방성이 높은 사람은 창조적이고 호기심이 강하며, 예술적인 감각이 뛰어난 편 • 개방성이 낮은 사람은 진부하고 편안함을 추구하는 편

㉡ 통합적인 성격 측정 도구인 빅 파이브 모형도 성격 차원과 직무 수행능력 간의 중요한 관계를 보여준다.

(3) 조직행동에 영향을 주는 주요 성격 유형 ★★★

① **통제위치(locus of control)** 기출개념

통제위치는 한 사람이 삶에 있어서 얻는 결과에 대해 자기 행동이 얼마나 영향을 줄 수 있는지를 믿는 정도이다.

② **자긍심(self-esteem)**

자기 자신을 좋아하는 정도를 자긍심이라고 하며, 자긍심에 대한 연구는 조직행동의 몇 가지 흥미로운 면을 보여준다.

㉠ 자긍심은 성공에 대한 기대와 매우 밀접하게 연관되어 있다.
㉡ 자긍심이 낮으면 타인의 긍정적 평가에 의존하고, 타인의 믿음과 행동에 순응적이며 남을 기쁘게 하는 경향도 있어 자긍심이 높은 사람보다 인기가 많다.
㉢ 자긍심은 직무만족도와도 밀접한 관계가 있는데, 많은 연구에서 자긍심이 높은 사람이 낮은 사람보다 더 직무만족도가 높게 나왔다.

③ **셀프 모니터링(self-monitoring)**

㉠ 외부적 상황요인에 따라 자신의 행동을 스스로 조절하는 능력을 말한다.
㉡ 셀프 모니터링이 높은 사람은 외부 상황요인에 대처하여 자기 행동을 조절하는 뛰어난 적응력을 가지고 있다고 볼 수 있다.

④ **자기효능감(self-efficacy)** 기출개념

㉠ 특정 과업을 성공적으로 달성함에 있어 자신에게 가지는 믿음을 의미한다.
㉡ 자기효능감은 경험으로 형성된 인지적, 사회적, 언어적, 육체적 기술의 단계적 습득으로부터 형성된다고 본다.
㉢ 자기효능감의 원천으로 과거 경험, 행동 모델, 타인으로부터의 설득이 있으며 이러한 원천이 갖추어졌을 때 높은 자기효능감이 발휘될 가능성이 높아진다.
㉣ 특히 과거 경험은 가장 중요한 원천으로 작용한다.

📔 **개념 Plus**

자기효능감의 3가지 원천

구분	내용
과거 경험 (prior experience)	자신이 수행한 것 같은 혹은 그것과 관련된 과거 경험
행동모델 (behavior models)	행동하는 데 있어 참고할 만한 대상
타인의 설득 (persuasion from others)	다른 사람의 지지를 받거나 타인들과 이미 공감대가 형성되어 있는 상태

⑤ **A형 퍼스낼리티와 B형 퍼스낼리티의 비교**

㉠ A형 퍼스낼리티의 소유자는 매사에 공격적이고 성취를 위해 끊임없이 싸우며 조급해하는 경향이 있다.
㉡ B형 퍼스낼리티는 물건에 대한 욕심도 거의 없을 뿐더러 시간이 없으면 중요한 행사에 참석하지 않아도 된다고 생각하는 경향이 있다.
㉢ A형 퍼스낼리티와 B형 퍼스낼리티의 특성 기출개념

A형 퍼스낼리티	B형 퍼스낼리티
• 경쟁적이고 조급함 • 신경질적이며 방해를 받을 때 더 강하게 반응하는 경향이 있음 • 업무처리 속도가 빠름 • 과도한 경쟁, 공격성, 시간 압박, 열정적인 언변, 얼굴 근육의 긴장이 나옴 • 양을 성공의 기준으로 함 • 여가 선용을 못함	• 자연스럽고 사람에 대한 갈등 압력을 느끼지 못함 • 정상적인 추진력을 가짐 • 과업을 성취하기 위해 꾸준히 일함 • 작업 속도가 일정하고 시간에도 얽매이지 않음 • 작업시간을 연장하지 않고 과업 성취를 위해 서두르지 않음 • 승리가 아닌 즐거움을 위해 놀이를 함

⑥ 마키아벨리즘(Machiavellism)
    16세기 권력 획득·사용 방법에 대해 쓴 군주론의 저자 마키아벨리의 이름을 따서 마키아벨리적 퍼스낼리티 성향(MACH 척도)이라고 한다.
    ㉠ 윤리성이 결여된 목적을 위해 수단과 방법을 가리지 않는 행동을 의미한다.
    ㉡ 마키아벨리적 성향이 강한 사람은 실리적이고 감정적 거리를 유지하며 결과를 위한 수단을 정당화한다.
⑦ 모험 성향(risk taking propensity)
    사람마다 모험 성향이 다 다른데, 위험을 회피하는 성향의 경우 얼마나 오랫동안 자신의 의사결정을 관리하느냐와 자신의 선택이 요구하는 정보를 얼마만큼 많이 가지고 있느냐에 따라 결정된다고 볼 수 있다.

02 성과(Performance)

1. 성과
조직이 원하는 목표 달성 정도로 개인이 직무를 수행하여 산출한 결과와 그 과정이, 조직의 목표 달성에 미친 기여 정도를 의미한다.

2. 성과의 유형

(1) 과업 성과(Task Performance)
직무 기술서에 명시된 핵심 업무 수행 정도를 말한다.
예 제품 생산량, 보고서 완성도, 프로젝트 마감 준수 등

(2) 맥락 성과(Contextual Performance)
공식 직무 외에 조직 유지·발전에 기여하는 행동을 말한다.
예 동료 지원, 자발적인 아이디어 제안, 조직시민행동 등

(3) 성과평가 기준
① 효율성(Efficiency): 투입 대비 산출의 경제성을 말한다.
② 효과성(Effectiveness): 목표 달성 여부를 말한다.
③ 품질(Quality): 결과물의 완성도와 정확성을 말한다.
④ 혁신성(Innovation): 새로운 방법·아이디어 적용 여부를 말한다.
⑤ 태도(Attitude): 협력, 책임감, 성실성 등을 말한다.

(4) 성격과 성과와의 관계 ★★★

구분	성과와의 관계
외향성 (Extraversion)	영업, 리더십, 팀워크가 중요한 환경에서 높은 성과와 연결
친화성 (Agreeableness)	갈등을 줄이고 협력적 환경 조성, 장기적 팀 성과에 도움
성실성 (Conscientiousness)	대부분의 직무와 산업에서 성과 예측이 가장 높으며, 계획적·책임감 있는 사람은 목표 달성률이 높음
정서적 안정성 (Emotional stability)	정서적으로 안정된 사람은 스트레스 상황에서 일관된 성과 유지
개방성 (Openness to experience)	창의성·혁신이 중요한 직무(연구, 디자인, 전략 기획 등)에서 긍정적 효과

기출개념확인

01 운명에 대한 관점에 따라 내재론자와 외재론자로 구분될 때, 이처럼 개인이 가지고 있는 운명에 대한 개념을 뜻하는 단어는?

① MBTI
② 빅 파이브(Big-Five)
③ 통제위치(Locus of control)
④ 마키아벨리즘(Machiavellism)

02 외부적 상황요인에 따라 자신의 행동을 조절하는 능력으로, 뛰어난 적응력을 가지고 외부단서에 상당히 민감하며 상황이 변화하더라도 그에 맞게 행동하는 능력을 뜻하는 용어는?

① 성실성(Conscientiousness)
② 개방성(Openness to experience)
③ 자긍심(Self-esteem)
④ 셀프 모니터링(Self-monitoring)

03 목적은 수단을 정당화한다는 생각으로, 수단 선택 시 윤리성을 고려하지 <u>않는</u> 성격을 지칭하는 용어는?

① 마키아벨리즘(Machiavellism)
② 통제위치(Locus of control)
③ 빅 파이브(Big-Five)
④ 셀프 모니터링(Self-monitoring)

정답·해설

01 ③ 인간이 가지고 있는 운명에 대한 개념을 통제위치(Locus of control)라고 한다.

> **참고** **내재론자와 외재론자의 차이**
> 내재론자와 외재론자에 대한 많은 비교연구 결과를 보면, 외재론자들은 직업 만족도가 낮고 높은 결근율을 보이며, 밖에서 겉돌고 내재론자들보다 적응력이 떨어지는 것으로 나타난다.

02 ④ 셀프 모니터링은 외부적 상황요인에 대해서 자기의 행동을 스스로 조절하는 능력을 말한다.

03 ① 16세기 권력의 획득과 사용 방법에 대해 쓴 군주론 저자 마키아벨리의 이름을 따서 마키아벨리적 퍼스낼리티 성향(MACH 척도)이라고 하며, 마키아벨리적 성향이 강한 사람은 실리적이고 감정적 거리를 유지하며 결과를 위한 수단을 정당화한다.

제3절 가치관과 태도

01 가치관

1. 가치관의 정의 및 가치체계
(1) 가치관의 정의
① 가치관이란 구체적인 특정 행동방식, 존재양식이 그 외의 행동양식, 존재양식보다 개인적·사회적으로 더 바람직하다고 여기는 기본적인 신념을 말한다.
② 가치관은 여러 행동 대안이나 가능한 상태 중 어떤 것이 옳고 좋고 바람직하다는 주관을 내포하는 판단 기준이다.

(2) 가치체계
① 가치체계는 개인이 각 가치관의 상대적인 중요성에 따라 개별 가치의 우선순위를 결정해놓은 상태를 의미하며, 각 개인은 가치체계를 가지고 있다.
② 자유, 즐거움, 정직, 복종, 평등 등의 가치 중 어느 것을 강조하고 중요시하느냐에 따라 개인의 태도와 행동은 많은 영향을 받는다.

2. 가치관의 중요성 ★ 기출개념
① 개인의 태도, 동기부여, 지각, 성격 등 개인 행동에 영향을 미치는 주요 요소를 이해하는 기초가 되기 때문에 조직행동 연구의 중요한 연구 분야이다.
② 개인은 모두 자신의 가치관을 가지기 때문에 무엇이 옳고 무엇이 그르다는 개념을 가진 채로 조직에 들어온다.
③ 이러한 가치관은 어떤 행동이나 결과가 다른 행동이나 결과보다 좋은지를 판단하는 기준으로 사용된다.
④ 자신의 가치관과 조직의 가치관이 차이가 있는 경우에는 조직과 개인 간의 갈등이 야기되기도 한다.
⑤ 따라서 구성원들에게 바람직한 행동을 유발하려면 구성원의 가치관을 이해하고, 가치관이 태도나 행동에 어떠한 영향을 주는지 이해하는 것이 매우 중요하다.

3. 가치관의 유형

① 로키치(Milton Rokeach)는 가치관을 최종적 가치와 수단적 가치로 분류하였다.

구분	내용
최종적 가치 (terminal value)	• 개인이 선호하는 최종 상태 • 개인이 사는 동안 성취하고 싶은 목표 예 성취감, 평등한 세상, 행복, 진정한 우정 등
수단적 가치 (instrumental value)	최종적 가치를 달성하는 과정에서 개인이 선호하는 행동방식, 수단 예 야심, 너그러움, 정직, 책임감 등

② 이러한 가치관의 분류는 조직 내에서 서로 다른 가치관을 가진 사람들의 문제를 분석하는 데 활용할 수 있다.
③ 개인마다 가치관이 서로 다르기에 동일한 현상에 대해서도 다른 반응을 나타낸다.
④ 따라서 조직구성원의 행동을 설명하고 예측하는 데 가치관을 활용하여 조직행동 관리의 효과를 높일 수 있다.

4. 문화적 가치(문화가치)의 개념

문화적 측면에서 본 사물의 가치, 문화재로서의 가치, 특수적·개별적 문화재에 대하여 그 전제가 되는 보편타당하고 순수한 가치를 말한다.

(1) 문화재

가치를 실현하거나 가치 실현과 관련 있는 특수적·개별적인 것을 문화재라고 말하며 문화재는 역사적으로 의의가 있는 역사적 개성으로 문화적 가치를 전제로 한다.

(2) 문화가치(culture value)

① 문화가치는 생활가치보다 우수하고 선험적으로 보편타당한 것이지만, 형이상학적 존재와 구별되고 주관적인 기호에 속하는 흥미와도 구별된다.
② 이러한 문화가치로 들 수 있는 것은 진, 선, 미, 행복, 성(聖) 등이다.

5. 가치의 측정

(1) 설문조사법

구분	내용
로키치 가치조사 (Rokeach Value Survey)	추상적인 특성을 가지는 인간의 가치체계를 측정하는 데 가장 많이 이용되는 척도
켈리(Kahle)의 LOV(List of Values) 척도	1983년 켈리가 발표한, 소비자의 일상 생활과 직접적인 연관성을 가지는 개개인의 중심적인 9개 가치 항목을 제시한 척도

(2) 문화추론법
① 문화추론법은 문화적 배경을 분석하여 소비자의 가치를 유추해내는 방법으로서 문화 차이를 분석하는 것이 대표적인 예다.
② 가치는 깊은 곳에 숨어 있어 사람들이 이를 의식하지 못하기 때문에 단편적으로 정의를 내리는 것은 곤란하지만, 일반적으로 구성원이 고유하는 문화에 가치가 스며들어 있다고 본다.

(3) 수단 – 목적 사슬 분석법(means end chain)
① 소비자가 제품에 대해 가지는 지식 구조를 속성-결과-가치의 3단계로 파악하는 접근법이다.
② 이 분석법은 매우 특정한 제품의 속성들이 궁극적인 가치에 어떻게 연결되는지 살펴보는 것이다.
③ 또한 그 속성을 왜 중요하게 생각하는지를 알아내고자 소비자의 가치체계를 역으로 거슬러 올라가며 탐색하는 방법이다.

02 태도

1. 태도의 정의와 구성요소

(1) 태도의 정의
① 태도(attitude)란 어떤 대상, 사건 및 사람에 대해 한 개인이 갖는 긍정적 또는 부정적으로 반응하는 개인의 학습된 성향을 말한다.
② 우리가 어떤 것을 좋아한다거나 혹은 싫어한다고 할 때 그것은 결국, 그 사람이나 대상에 대해 갖고 있는 태도를 표현하는 것이다. 그래서 태도는 어떤 사람이나 대상에 대해 우리가 어떻게 느끼고 있는가를 반영하고 있는 것이다.
③ 이러한 태도의 정의에는 세 가지의 중요한 가정이 내포되어 있다.
  ⊙ 태도는 일종의 가설적 구성체(hypothetical construct)이다. 태도는 사람의 내면에 존재하기 때문에 볼 수는 없고 다만 태도의 결과로 나타나는 행동만을 관찰할 수 있다. 이러한 가정은 태도의 측정이 어렵다는 것을 의미한다.
  ⓒ 태도는 일차원적인 변인이다. 즉, 어떤 사람이나 대상에 대한 태도는 매우 호의적이거나 비호의적인 하나의 연속선상의 범위에서 평가된다.
  ⓒ 태도는 행동과 관련된다. 즉 사람들은 그들이 어떻게 느끼고 있는가에 따라서 행동한다는 것이다.

(2) 태도의 구성요소 ★

태도는 기본적으로 아래 표와 그림과 같이 세 가지 요소로 구성된다.

인지적 요소 (cognitive component)	어떤 사람이나 대상에 관하여 개인이 가지고 있는 신념, 의견, 정보와 지식을 의미한다.
감정적 요소 (affective component)	특정 사람이나 대상에 대해 개인이 느끼는 긍정적 혹은 부정적 감정을 나타낸다.
행동적 요소 (behavioral component)	특정 사람이나 대상에 대한 정서적 반응의 결과로 개인이 어떤 방식으로 행동하려는 의지와 생각을 의미한다.

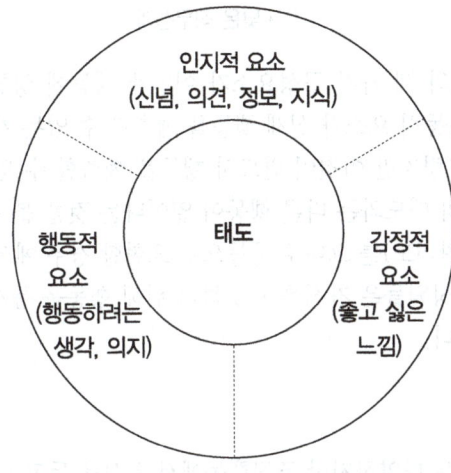

[그림 2-5] 태도를 구성하는 세 가지 요소

① 태도의 인지적, 감정적 및 행동적 요소 이 세 가지는 서로 별개로 작용하는 것이 아니라 상호 관련되어 있다. 즉, 태도를 구성하는 요소들 가운데 어느 한 요소가 변화하면 다른 요소에도 어떤 변화가 일어난다. 만일 특정 대상에 관하여 유익한 보다 많은 정보(인지적 요소)를 가지게 된다면, 특정 대상에 대하여 훨씬 긍정적인 정서적 반응(감정적 요소)을 하게 된다. 또한 특정 대상에 대한 행동(행동적 요소)도 더욱 긍정적으로 변화될 가능성이 높다.
② 이처럼 태도의 구성요소 간에 일관성이 있는 경우 태도는 확고해지고 강화된다.
③ 조직행동에서 구성원의 태도는 경영자에게는 중요한 관심사이다. 직무태도와 같은 구성원의 태도는 결근과 이직 등과 같은 중요한 행동들과 관련된다. 즉, 불만족하는 구성원들은 결근하거나 보다 나은 기회를 얻기 위해서 다른 직장으로 떠날 가능성이 더욱 크다.
④ 피쉬바인(Fishbein)과 아젠(Ajzen)은 연구를 통해 경영자와 관리자에게 실무적으로 유용한 구성원의 태도와 행동과 관계를 다음과 같이 제시하고 있다.

직무에 대한 인지적 요소 (신념, 의견, 정보, 지식)	• 직무가 따분하다. • 직무가 지저분하다. • 직무가 자율성이나 책임이 거의 없다.
직무에 대한 감정적 요소 (좋고 싫은 느낌)	• 직무를 좋아하지 않는다. • 직무에 몰입하지 않는다.
직무에 대한 행동적 요소 (행동하려는 생각과 의지)	• 직무를 열심히 하지 않을 것이다. • 이직을 준비할 것이다.
실제 행동	• 결근 • 이직 • 낮은 직무성과

⑤ 위 표는 태도의 세 가지 구성요소가 어떻게 행동에 영향을 미치는지를 설명하고 있다. 특히 행동적 요소가 실제 행동을 예측할 수 있는 가장 강력한 요인으로 나타나고 있다. 그렇지만 이것이 반드시 행동을 예측할 수 있는 것은 아니다.

⑥ 실제 구성원의 태도와는 다른 행동이 일어나는 것을 볼 수 있다. 즉, 실제 태도(신념, 감정, 행위의도)를 그대로 행동으로 표현할 경우 예상되는 불이익 또는 규범이 있는 경우 구성원들은 자신을 보호하기 위해 행동을 통제하거나 행동으로 나타내지 않을 것이다.

2. 직무관련 태도 ★

사람들의 태도는 매우 다양하지만 조직행동에서 관심을 두고 있는 직무관련 태도들은 직무만족, 조직몰입과 조직시민행동이다.

(1) 직무만족

① 로크(E. Locke)는 직무만족을 "개인이 직무를 평가하거나 직무를 통해서 얻게 되는 경험으로부터 유발되는 유쾌하거나 혹은 긍정적인 감정상태"라고 정의하였다. 이 정의에 의하면 직무만족은 직무자체, 임금, 승진기회, 직무공헌도, 상사와 동료, 작업조건 등에 대한 구체적인 만족을 모두 포괄하는 총체적 구성개념으로 볼 수 있다. 즉, 이러한 다양한 요인들이 구성원들의 직무만족이라는 하나의 전반적인 경향으로 나타나게 된다.

② 또 다른 개념화에서는 직무만족을 직무자체와 관련한 내재적 직무만족(직무자체에 대한 만족, 업무처리의 자율성, 업무량의 적정성, 인정감, 및 능력발휘 기회 등)과 직무 이외의 요소와 관련한 외재적 직무만족(직무의 안정성, 복지후생, 급여수준, 승진기회, 인간관계, 및 장래성 등)으로 구분하여 구성적 개념화를 시도하고 있다.

③ 직무 만족을 측정하는 기준은 주요 관심사가 정서적 측면인지 인지적 측면인지에 따라 달라진다. 대부분의 측정 방법은 자기 보고식 설문지를 활용하고 있다. 직무 만족 측정에 활용되고 있는 직무 기술 질문지(JDI)는 인지적인 직무 만족 측정 방식으로 임금, 승진 혹은 승진 기회, 동료, 상사, 직무 그 자체로 이루어진 다섯 가지 요인에 대한 개개인의 만족도를 측정한다. 그 외에도 미네소타 만족도 질문지(MSQ), 직무 만족 조사(JSS) 등이 사용되고 있다.

(2) 조직몰입

① 조직몰입(organizational commitment)이란 개인이 조직에 대해 가지는 심리적인 애착으로 조직 구성원이 조직과 자신을 동일시하며 그 조직에 헌신하고자 하는 정도라고 할 수 있다.

② 메이어와 앨런(Meyer & Allen, 1991)은 조직몰입을 정서적 몰입, 유지적 몰입, 규범적 몰입의 세 가지 유형으로 분류하고 연구하였다.

㉠ **정서적 몰입**: 정서적 몰입은 조직 구성원이 그가 속한 조직에 노력과 충성을 기꺼이 바치려는 의욕, 개인의 존재를 조직과 결합하려는 태도, 또는 조직의 목적을 수용하려는 신념을 의미한다. 이러한 몰입은 조직 및 직무에 대한 긍정적인 경험에서 비롯되는데, 긍정적인 경험은 임금에 대한 만족, 동료 관계나 상사와의 관계에 대한 만족 등을 포함하며, 직무에 대한 도전감과 자기 효능감, 의사소통의 원활함, 따뜻한 조직 분위기 등을 통해 얻어진다.

㉡ **유지적 몰입**: 조직구성원이 조직을 떠나면 현실적으로 자신에게 득보다 실이 많기 때문에 계속해서 조직에 남고자 하는 태도를 의미한다. 따라서 유지적 몰입은 계산적이고 교환적인 측면에서의 몰입의 성격을 지닌다. 현재까지 구성원이 기울인 시간과 노력 등의 투자가 높은 반면에 조직을 떠났을 때의 대안이 낮게 나타날 때 유지적 몰입이 높아진다.

㉢ **규범적 몰입**: 조직 구성원이 조직의 목표, 가치 및 사명을 내면화함으로써 개인적으로 느끼는 심리적 상태로, 도덕적 의무감, 책임감, 죄책감, 조직을 위한 희생정신 때문에 조직이 부여한 책임을 충실히 수행해야 한다는 가치관에 대한 몰입을 의미한다.

③ 마우데이(R. T. Mowday)와 스티어즈(R. M. Steers)는 조직몰입의 선행요인으로 개인적 요인, 역할요인, 구조요인 및 작업경험을 들고 있다.

④ 조직몰입에 영향을 미치는 요인으로는 개인적인 요인(나이, 근속연수, 교육수준, 성별, 직위와 직급 등), 역할요인(직무 다양성, 직무 중요성, 역할 모호성, 역할 갈등 등), 구조요인(집권도, 통제, 복잡성 등), 작업경험 등이 있다. 조직몰입은 구성원의 생산성과 직무 만족, 직무성과를 높이고 이직과 결근율을 낮추는 것으로 알려져 있다.

⑤ 조직몰입의 측정은 심리측정 이론에 근거하여 포터(L. W. Porter) 등이 개발한 OCQ(Organizational Commitment Questionnaire) 설문지가 일반적으로 많이 사용되고 있다.

(3) 조직시민행동
① 오건(Organ)은 "조직시민행동(Organization Citizenship Behavior)이란 조직 내에서 규정된 역할 이외에 구성원들이 자발적으로 조직을 위해서 하는 행동을 의미한다"고 정의하고 있다. 즉, 조직시민행동은 구성원의 자유재량에 의한 것으로, 강제적이거나 보상을 기대하고 행하는 것은 아니다. 조직이 발전하고 성장할 수 있도록 구성원들이 자발적으로 하는 도움 행동으로 이해할 수 있다.
② 조직시민행동은 이타행동, 양심행동, 예의바른 행동, 참여행동, 스포츠맨십의 다섯 가지 요인으로 구성된다.
　㉠ 이타행동(altruism): 조직 내에서의 직무 또는 문제와 관련하여 타인을 자발적으로 돕는 조직행동을 의미한다. 즉, 조직과 관련된 과업이나 문제 해결을 위해 다른 사람에게 도움을 주는 사려 깊은 행동이며, 잠재적으로는 조직전체의 능률을 증가시키는 행위로서 친사회적 행동으로 표현된다. 예를 들면, 결근한 동료의 일을 대신 해주거나, 과중한 직무를 수행중인 동료를 돕거나, 회사에 대한 긍정적 감정을 외부에 표현하는 것 등이 이타행동에 포함된다.
　㉡ 양심행동(conscientiousness): 고용조건에 어긋나지 않는 범위 내에서 직무활동에 성실하게 참여하고, 청결의 유지와 향상을 위해 노력하는 행동이다. 예를 들어, 출근시간 이전에 출근하거나, 보는 사람이 없어도 회사의 규정과 규칙을 준수하는 행동 등이 양심행동에 포함된다.
　㉢ 예의바른 행동(courtesy): 예의바른 행동이란 구성원 스스로가 자신의 의사 결정과 행동으로 인해 다른 구성원들과 직무 관련 문제가 발생할 때를 대비하여, 문제가 일어나기 전에 이미 구성원들 간에 정보 등을 공유하여 문제 자체를 예방하고자 하는 행동을 의미한다.
　㉣ 참여행동(civic virtue): 조직 내에서 벌어지는 활동에 책임감을 가지고 적극적으로 참여하며, 조직 내의 활동에 몰입하는 행동을 의미한다. 조직에서 일어나는 변화와 혁신에 적극적으로 참여하고, 조직의 발표나 지시사항을 주의 깊게 듣고 잘 지키는 행동 등이 참여행동에 포함된다.
　㉤ 스포츠맨십(sportsmanship): 조직 내에서 발생하는 사소한 문제에 대해 불평, 불만, 고충 등을 자발적으로 참고 인내하는 행동을 의미하는 것으로서 조직에 대한 비난을 하지 않는 것, 사소한 문제에 대한 불평에 많은 시간을 소비하지 않는 것 등이 이에 해당한다.

3. 태도의 변화
① 조직행동에서 중요하면서도 힘든 과제 중의 하나는 구성원들이 직무와 조직에 대해 긍정적인 태도를 갖도록 환경을 조성하는 것이다. 태도가 행동에 미치는 영향을 고려한다면 구성원이 직무에 대해 긍정적인 태도를 가지도록 하는 것은 중요하다.
② 태도의 변화를 이해하기 위해 두 가지 측면을 살펴 볼 필요가 있다. 즉, 태도 변화에 장애가 되는 요인과 태도를 변화시키는 데 활용될 수 있는 기법들을 이해하는 것이다.

(1) 태도변화의 장애요인 ★

조직구성원이 태도를 변화시키는 데 있어서 방해가 되는 주된 장애요인은 크게 두 가지를 고려해 볼 수 있다.

① **변화 필요성에 대한 이해 부족**

구성원들이 자신의 신념이나 태도들을 변화시켜야 하는 이유를 충분히 이해하지 못하는 경우 변화를 기대하기 어렵다. 특정 구성원의 태도에 대해서 경영자가 불만족 한다는 이유로 특정 구성원이 변화하려 하지는 않는다. 경영자는 구성원의 태도가 불만족스럽고 못마땅하지만 구성원 자신은 만족스러운 것일 수 있다. 경영자는 구성원들이 장단기 목표달성을 위해 직무수행과 조직생활에 책임감을 갖고 생활하기 기대할 수 있지만 회사의 장·단기 목표달성이 자신의 성장과 발전과는 별개라고 생각할 때 변화는 일어나기 어렵다.

② **기존 방식의 고수**

태도변화에 또 다른 장애요인은 기존 방식의 고수를 들 수 있다. 이는 새로운 변화로 인해 발생할 불확실성에 대한 두려움, 변화에 대한 준비 부족으로 새로운 환경에 적응하는 것에 대한 자신감 부족 등이 태도변화를 어렵게 하고 방해하는 요인이라 할 수 있다.

(2) 태도의 변화방법

① 구성원의 태도 변화를 위해서는 무엇보다 경영자와 관리자의 구성원 행동에 대한 관찰, 관심과 분석이 필요하다. 이를 통해 구성원의 태도를 분석할 수 있고 행동의 변화도 가져올 수 있다.

② 다음은 일반적으로 활용되고 있는 태도 변화의 장애 요인을 극복하고 조직성과를 높일 수 있는 긍정적이고 적극적 태도를 갖도록 하는 태도 변화 방법이다.

㉠ **새로운 정보 제공**: 태도를 변화시키는 가장 일반적인 방법으로 구성원들에게 태도 변화 필요성에 대한 새로운 정보를 제공하는 것이다. 경영자가 회사의 보상체계 변화를 계획하고 실행하려 한다면 보상체계의 주요 내용과 계획과정을 구성원들에게 알리면 경영자를 신뢰하고 변화를 적극 수용할 것이다. 효과를 높이기 위해서 의사결정과정에 구성원을 참여시키는 것도 좋은 방안이 될 수 있다.

㉡ **공포의 유발과 감소**: 신속한 변화와 실행이 요구되는 상황에서는 공포를 유발시키거나 또는 공포를 감소시키는 것이 태도변화를 유발할 수 있는 방법이 될 수 있다. 관련 연구결과를 살펴보면, 어떤 대상에 대하여 개인이 공포감을 갖게 되면 그 개인은 그 대상에 대한 자신의 태도를 수정하려 한다는 것으로 나타나고 있다.

㉢ **부조화 유발**: 인지부조화(cognitive dissonance)는 사람들은 자신의 신념과 태도와 불일치하는 방식으로 행동할 경우에 긴장이나 불안을 느끼게 되며 이때 이러한 긴장이나 불안을 감소시키기 위한 방법을 찾는다는 것을 의미한다. 인지부조화는 개인이 지닌 지식, 정보, 태도 또는 신념의 부분들이 상호 모순되는 상황이다. 사람은 인지적으로 부조화를 경험하게 되면 태도와 행동사이의 관계가 변화한다. 즉, 사람은 자신의 태도와 행동사이에 발생하는 차이를 조절하는 과정에서 태도를 변화시킴으로써 심리적 불안에서 벗어나려 한다.

기출개념확인

01 수단적 가치와 최종가치로 가치 유형을 분류하고 설명한 연구자는?

① 로크 ② 제임스 ③ 아담스 ④ 로키치

02 가치관의 특성과 형성에 대해 잘못 설명하고 있는 것은?

① 가치관은 옳고 그름을 선택하여 행동과 태도를 결정하는 준거가 된다.
② 가치관은 장기간의 학습을 통하여 습득된 신념체계이다.
③ 가치관은 사람의 욕구에 대한 행동방향을 제시하여 준다.
④ 가치관은 사람들로 하여금 객관성과 합리성을 갖도록 하여 준다.

03 다음 중 태도에 대한 설명으로 맞지 않는 것은?

① 태도 그 자체는 관측할 수 없다.
② 태도는 하나의 연속선상에서 파악될 수 있는 단일한 변수이다.
③ 태도는 행위와 관련이 있다.
④ 태도는 일종의 행동이다.

정답·해설

01 ④ 로키치의 가치유형(Rokeach Value Survey, RVS)은 사회심리학자 Milton Rokeach가 제안한 가치체계 분류로, 개인의 가치(Value)를 궁극적 가치(terminal values)와 수단적 가치(instrumental values) 두 가지 범주로 나누고 있다.

02 ④ 가치관은 규범적이며, 비교적 안정적이고, 행동과 선택의 기준이 되며, 우선순위 구조를 갖고, 문화와 상황의 영향을 받는다.

03 ④ 태도는 특정 대상에 대한 비교적 지속적인 긍정·부정 평가로, 인지·정서·행동 요소로 구성되며 학습·경험에 의해 형성되고, 행동에 영향을 미치지만 행동으로 볼 수는 없다.

제4절 정서

01 정서

① 정서(affect)란 감정과 어떤 대상(사람, 사물, 사건)에 대하여 느끼는 폭넓은 범위의 느낌을 총칭하는 용어로 감정과 기분을 포괄하는 개념이다.
② 감정이란 특정한 대상을 원인으로 하는 강렬한 느낌을 말하고, 기분이란 특정한 대상에 대한 것이 아니라 원인이 불분명하고 감정에 비해 그 강도가 낮은 느낌을 말한다.
③ 조직행동에서 정서는 에너지를 불어 넣고 행동을 유발하며 커뮤니케이션에 대한 사회적 기능을 수행하고 합리적인 의사결정과 업무수행을 돕는다.

02 정서의 중요성

1. 의사결정과 판단에 영향
① 긍정적 정서 → 창의성·문제 해결 능력 향상
② 부정적 정서 → 위험 회피·세밀한 분석 능력 강화
  예) 불안한 상태에서 더 신중한 의사결정을 내림

2. 동기부여의 원천
① 성취에 따른 기쁨 → 더 높은 목표 추구
② 좌절에 따른 분노 → 현상 개선 시도
  예) 정서가 행동의 방향과 강도를 결정

3. 대인관계와 리더십
① 리더의 정서 표현은 팀 분위기와 사기(morale)에 직접적 영향
② '정서적 전염(emotional contagion)'을 통해 구성원 간 감정이 퍼짐

4. 조직문화 형성
① 구성원들이 자주 경험하고 공유하는 정서가 조직의 분위기·규범 형성
② 예) 유머와 긍정 피드백이 많은 조직 → 개방적·창의적 문화

5. 직무성과와 만족도

① 긍정적 정서 지속 → 직무만족·몰입도 증가
② 부정적 정서 지속 → 이직 의도·결근률 상승

03 이론적 배경

1. 정서적 사건 반응 이론(Affective Events Theory, AET) ★★★

직장에서 발생하는 사건이 구성원의 정서를 유발하고, 이것이 태도와 행동(성과, 만족도)에 영향을 준다고 설명한다.

2. 감성지능(Emotional Intelligence, EI)

자기와 타인의 감정을 인식·이해·조절하는 능력, 리더십과 팀워크의 핵심 역량으로 간주된다.

04 감성

1. 감성(Emotion)의 정의

① 감성(Emotion)이란 사물이나, 사람 또는 사건들에 반응하기 위한 준비 단계로 정의할 수 있다. 감성적 에피소드는 우리 자신들에 대한 커뮤니케이션 수단이기도 하다. 감성을 통해 자신의 중요한 목표에게 영향을 끼치는 사건을 깨달으며, 강한 감성은 우리의 주의를 요하며 우리의 생각을 방해하기도 한다. 또한 새로운 사건에 대해 반응하는 준비단계를 창출하기도 한다. 다시 말해서, 목표를 향해 나아가는 동기를 일으켜 준다.

② 감성은 생각, 행동 그리고 심리적 반응을 통하여 경험하게 된다. 사람들은 스트레스가 높은 상황에서 두려움을 느낄 수 있으며, 그러한 감정들은 얼굴 표정을 통해서 느껴지고 또한 맥박도 빨라지게 된다. 다양한 감성의 경험과 다른 사람들과의 상호작용을 통해서 얼굴 표정이나 다른 행동들이 나타난다. 예를 들어 기쁜 상황에서는 미소를 짓게 되며, 이러한 미소는 사람의 기쁜 감정을 더욱더 강화시킨다.

2. 감성, 태도, 행동의 관계

① 감성은 태도(attitude)와 연관성이 있으나 이 두 가지 개념은 다른 것이다. 태도는 어떤 대상에 대한 신념, 느낌 그리고 행동의도 등을 포함하고 있다. 즉, 감성은 경험인 반면에 태도는 판단이다. 사람들은 감성을 '느끼나', 태도에 대해서는 '생각한다'. 우리는 대부분 감성들을 쉽게 경험하는 반면, 태도는 오랜 시간동안 안정적으로 사물이나 사람에 대해 형성된다.

📘 **개념 Plus**

정서적 사건 반응 이론(Affective Events Theory, AET)

직장 내에서 발생하는 감정적 사건들이 개인의 감정, 기분, 태도, 그리고 궁극적으로 직무 행동에 미치는 영향을 설명하는 조직 심리학 이론으로 감정의 발생, 변화, 그리고 행동에 미치는 영향 간의 관계를 분석하여, 긍정적 또는 부정적 사건들이 직무 만족도와 성과에 어떻게 영향을 주는지 밝히고 있다.

② 감성은 행동에 직접적인 영향을 준다. 같은 감성을 가지고 있는 사람들일지라도 각자 자신의 과거 경험을 바탕으로 행동은 다르게 나타날 수 있다.
③ 예를 들어, 합병을 부정적으로 생각하는 직원들은 합병이 일어나기 직전에 그만둘 의도를 가지고 있을 수도 있고, 그냥 불평만 할 수도 있다. 사람들은 보통 자신에게 최선이라고 생각하는 행동을 하려고 할 것이다. 행동의 의도가 가장 행동에 많은 영향을 미치지만, 아직도 행동의 의도는 행동을 일으키는 동기와만 관계가 있기 때문에 행동을 완전히 예측하기에는 불충분하다.
④ 감성은 때로는 행동에 직접적으로 영향을 미친다. 이것은 사람들이 판단보다는 자신의 감성에 반응할 때 더욱더 그렇다. 화가 난 직원은 미팅 중에 뛰쳐나갈 수도 있으며, 주먹다툼을 벌이거나, 울음을 터뜨릴 수도 있다. 또 기쁠 때는 회사에서 서로 끌어안고 춤을 출 수도 있다. 이러한 행동들은 오랫동안 생각해서 나온 행동들이 아니다. 특정한 상황 하에서 반응하는 자동적인 감성 반응인 것이다.

(1) 인지 부조화(Cognitive Dissonance) ★★★

감성과 태도는 행동을 결정하지만 행동은 때로 인지 부조화 과정에 영향을 미치기도 한다. 인지 부조화가 일어나면 불편하게 긴장하게 되고, 사람들은 부조화를 발생시킨 요소를 바꿈으로써 부조화를 감소시키려 한다. 행동은 일반적으로 가장 바꾸기 어려운 요소이다. 특히 모두에게 행동이 알려졌을 때, 자발적으로 했을 경우, 또는 돌이킬 수 없는 행동을 했을 경우 특히 그렇다. 그러므로 사람들은 이러한 부조화를 감소시키기 위하여, 자신의 신념이나 느낌 등을 바꾸기도 한다.

(2) 감성과 성격(Emotions and Personality)

사람의 감성은 단지 직무경험에서만 나오는 것이 아니라, 성격 요인의 결과이기도 하다. 긍정적 정서(Positive Affectivity(PA))는 긍정적 감성상태를 경험하려는 경향을 말한다. 긍정적 정서는 사교적이고, 말하기를 좋아하고, 사회적이고, 단호한 사람들의 성격으로 '외향성(extroversion)'과 매우 유사한 개념이다. 이와는 반대로 어떤 사람들은 부정적 정서(Negative Affectivity(NA))를 가지고 있다. 이것은 부정적 감성상태를 경험하려는 경향을 일컫는 것이다. 높은 부정적 정서를 가지고 있는 사람들은 삶의 부정적인 측면에만 신경을 쓰는 경향이 있기 때문에 스트레스를 많이 받고 불행하다고 생각하는 경향이 있다.

기출개념확인

01 정서의 중요성에 대한 설명으로 적절하지 <u>않은</u> 것은?

① 정서는 개인의 동기부여에 영향을 준다.
② 정서는 대인관계의 질을 결정하는 데 중요한 역할을 한다.
③ 정서는 조직의 생산성과 전혀 관계가 없다.
④ 정서는 리더십의 효과성에 영향을 준다.

02 인지 부조화 이론에 따르면, 다음 중 사람이 신념을 바꾸게 될 가능성이 가장 높은 상황은?

① 돌이킬 수 없는 행동을 자발적으로 하고, 많은 사람들이 이를 알고 있을 때
② 행동을 몰래 하고 아무도 모를 때
③ 행동이 우연히 일어난 경우
④ 외부 압력에 의해 어쩔 수 없이 한 경우

03 다음 상황 중 감성이 직접적으로 행동에 영향을 미친 사례로 가장 적절한 것은?

① 직원이 회사 방침에 대해 몇 달 동안 고민한 뒤 사직서를 제출했다.
② 회의 중 화가 난 직원이 자리에서 뛰쳐나갔다.
③ 합병 계획을 보고 부정적인 의견을 메일로 작성했다.
④ 새로운 제도 도입 전 설문 조사에 신중하게 응답했다.

정답·해설

01 ③ 정서는 생산성과 밀접하게 관련이 있으며, 부정적 정서는 생산성을 떨어뜨릴 수 있다.
02 ① 자발적이고 공개적이며 되돌릴 수 없는 행동은 바꾸기 어렵기 때문에 신념을 조정하여 부조화를 줄이려 한다.
03 ② 화가 난 순간 즉각적으로 회의장을 떠난 것은 판단보다 감성에 의해 촉발된 행동이다.

제5절 지각, 귀인과정

01 지각

1. 지각과정의 의미
① 지각(perception)이란, 개인이 환경에 관한 정보를 받아들이고 해석하는 과정이다.
② 일반적으로 지각은 단순한 단일과정으로 인식될 수 있으나, 실제로는 지각은 복잡한 여러 가지의 독특한 과정들로 구성되어 있다. 아래 그림은 지각과정을 보여주고 있다.

2. 지각과정

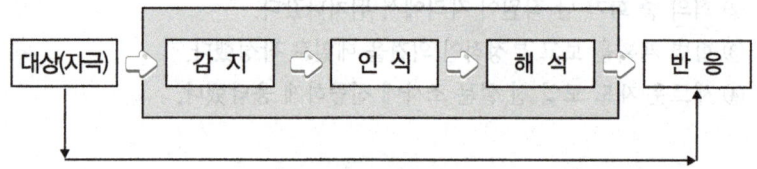

[그림 2-6] 지각과정

① 먼저 사람이나 사물 등과 대상은 지각을 일으키는 자극으로서 작용하여 개인은 그 대상을 오감을 통하여 감지하게 된다.
② 다음으로 대상이 무엇인지를 인식하고 인식되어진 것의 의미를 부여하고 해석하게 되며, 개인은 그 해석에 따라 반응한다는 것을 나타내고 있다. 이처럼 지각은 개인의 인지라는 과정을 거쳐서 이뤄지기 때문에 지각에서는 개인의 인지과정이 중요한 역할을 담당한다.
③ 지각의 인지과정을 구성하는 요소는 선택, 조직화 및 해석이다. 그래서 이 인지과정을 강조하여 지각을 정의할 경우, 개인이 외부의 감각적 자극에 대해 의미를 부여하기 위해서 그 자극을 선택하고, 조직화하여, 해석하는 과정이라고 할 수 있다.
　㉠ 선택과정: 개인은 일반적으로 주어진 자극을 모두 지각하는 것이 아니라 개인의 감지기능 범위 내에서 자기와 관련된 필요한 것만을 선택적으로 지각하는 경향이 있다.
　㉡ 조직화 과정: 사람들은 개개의 단편적이고 조각난 정보(자극)를 의미 있는 형태로 결합시켜서 지각자 나름대로의 완전한 그림으로 조직화한다. 이러한 과정을 게슈탈트(gestalt)과정이라고 한다. 게슈탈트 체제화의 원리로서 대표적인 집단화의 원리는 근접성(Proximity), 유사성(similarity), 방향의 연속성(continuation), 폐쇄성(closure), 공동 운명(common fate)의 법칙이 있다.

ⓐ **근접성의 원리(the law of proximity)**: 사람의 두뇌는 서로 가까이 위치한 대상들을 멀리 떨어진 대상보다 더욱 밀접하게 연관지어 인식한다. 예를 들어, 손을 잡고 가까이 있는 두 친구가 20야드 떨어진 다른 한 사람보다 함께 묶여 있다고 인지된다.

ⓑ **유사성의 원리(the law of similarity)**: 사람은 복잡하지 않고 안정적인 형태를 우선적으로 인지하려는 경향이 있다. 이 원리는 정사각형, 원, 삼각형 같은 기본적인 도형들이 중요하게 여겨지는 이유를 설명하며, 뇌는 가능한 단순한 자극 형태를 유지해 즉각적으로 이해 가능한 의미 전달을 원한다.

ⓒ **연속성의 원리(the law of continuance)**: 두뇌는 갑작스럽거나 급격한 선의 변화를 선호하지 않고, 가능한 한 부드럽고 이어진 선을 인식하려고 한다. 이 선은 실제로 하나의 선이거나 여러 대상이 모여 하나의 연속적인 형태를 이루는 경우일 수 있다. 연속적으로 이어진 선상의 대상들은 그 선에 속하지 않은 다른 대상들과 심리적으로 구분된다.

ⓓ **폐쇄성의 원리(the law of closure)**: 사람은 불완전하거나 벌어진 형태들을 완전한 모양으로 인식하려는 성향이 있다. 즉, 불충분한 형상이나 조각난 그룹도 머릿속에서 하나의 완전한 형상이나 집단으로 보완하여 인식한다.

ⓔ **공동 운명의 원리(the law of common fate)**: 관찰자는 같은 방향으로 움직이거나 같은 목표를 향하는 여러 대상들을 동일한 그룹으로 지각한다. 예를 들어, 모두 한 방향을 가리키는 다섯 개의 화살표나 여러 손가락이 같은 방향을 가리킬 때 정신적으로 하나의 집단으로 묶어 인식한다.

ⓒ **해석과정**: 감지된 자극은 개인에 의해 해석되어 특정한 의미가 부여된다. 이 과정에서 사람들은 지각된 자극을 자기의 목적에 부합되도록 해석하고 평가하는 경향이 있다. 해석과정에서 여러 왜곡현상이 나타나기도 한다.

④ 지각의 인지과정을 구성하는 선택, 조직화, 및 해석과정은 지각자의 욕구, 기대, 가치관, 성격, 및 과거경험 등에 차이가 있어 개인마다 다른 독특한 지각이 이루어진다.

⑤ 결과적으로 사람들은 자신의 지각과정을 통해 현실세계에 대한 개인의 시각을 형성하게 되며 이러한 개인의 시각이 표현이나 태도, 견해 또는 감정 등으로 나타나서 개인행동에 영향을 미치게 된다.

2. 지각의 영향요인 ★

사람들이 동일한 자극에 대해 각기 다르게 지각하는 이유는 여러 가지 요인들이 지각형성에 영향을 미치기 때문이다. 때로는 이 요인이 지각을 왜곡시키기도 한다. 지각은 지각되어지는 지각대상, 지각자 및 상황 특성 등의 요인들에 의해 영향을 받는다.

(1) 지각대상

① 사람이나 사물이 갖고 있는 특성이 지각과정에 영향을 미친다. 예를 들어 지각 대상이 되는 사람이나 사물의 크기가 상당히 크거나 작은 경우 더 관심을 받을 가능성이 있다.

② 그 외에도 지각대상의 강도(밝기, 소리, 색깔 등), 대조, 반복횟수, 동작 및 새로움과 같은 특성을 보이는 경우 기억되기 쉽다.

(2) 지각자
① 지각자의 경험, 문화, 태도, 가치 등과 같은 다양한 요인이 지각대상을 지각하고 해석하는 과정에 영향을 미친다. 또한 지각자의 욕구와 동기, 성향, 성격, 태도 등이 영향을 미칠 수 있다.
② 예를 들어 취업준비생은 신문이나 포털 등의 기사를 읽더라도 기업소식 또는 구인공고 등의 정보에 더 많은 주의를 기울이는 경향이 있다. 이는 지각자의 관심과 욕구가 반영되어 특정 정보에 민감하게 반응하게 하는 것이다.

(3) 상황
① 상황은 지각과정에 영향을 미친다. 특수한 상황 속에 처해있는 사람과 대상 사이에는 미묘한 상호작용이 일어날 수가 있다. 상황을 인지하는 지각자와 지각대상의 특성이 모두 영향을 미치기 때문이다.
② 이는 지각이 이루어지는 상황이 변하면 동일한 지각자가 동일한 대상을 지각할 때에도 상이하게 지각할 수 있다는 것을 의미한다. 예를 들어 작업복 차림으로 회사 주변을 거니는 사람에 대해서는 관심이 적겠지만 같은 복장으로 경영자회의 등에 나타난다면 눈에 띄게 관심을 받게 될 것이다. 즉, 사람은 똑같은데 변한 상황이 사람에 대한 지각에 영향을 미쳤다.

3. 지각 오류 ★★★
지각 오류(perceptual errors)는 사람에 대한 지각과 판단을 할 때 대상을 빠르고 쉽게 판단하는 경향을 의미하며 이 과정에서 나타나는 부정확한 판단을 의미한다.

① 선택적 지각(selective perception)
　자신의 관심, 배경, 경험, 태도 등에 따라 자신이 원하는 것을 선택적으로 지각하려는 경향을 말한다.
② 후광효과(halo effects)
　특정 개인이 갖고 특성 중 하나에 기초하여 일반적 인상을 형성하는 경향을 말한다.
③ 대조효과(contrast effects)
　대비되는 정보로 인해 판단이 왜곡되는 현상을 말한다. 즉, 다른 사람을 판단함에 있어 절대적 기준에 기초하지 않고 다른 대상과의 비교를 통해 평가하는 오류를 말한다.
④ 투사효과(projection effects)
　주관의 객관화로 자신의 생각, 동기, 감정을 다른 사람에게 투사하여 평가하려는 경향을 말한다.
⑤ 상동적 태도(stereotyping)
　어느 특정 집단의 특성에 대해 개인이 가지고 있는 확고한 믿음에 기초하여 판단하는 경향을 말한다.
⑥ 자성적 예언(self-fulfilling prophecy)
　개인의 기대나 믿음이 특정 개인의 행위나 성과를 결정하게 되는 것을 의미한다.

⑦ 관대화 경향(leniency tendency)
   대인평가에서 다른 사람을 매우 좋게 평가하고자 하는 성향으로 실제 성과보다 높은 수준으로 평가하는 경향성을 말한다.
⑧ 중심화 성향(central tendency)
   대인평가에서 평가대상들을 모두 중간 수준으로 평가하는 성향을 말한다.
⑨ 최근 효과(recency effects)
   정보가 차례대로 제시되는 경우 앞의 내용들보다는 맨 나중에 제시된 내용을 보다 많이 기억하는 경향을 말한다. 즉, 최근 제공된 정보에 더 큰 비중을 두고 평가하는 성향을 말한다.
⑩ 인상관리(impression management)
   다른 사람의 지각에 영향을 주려고 시도하는 의식적이거나 무의식적인 목표 지향적 과정을 의미한다. 다른 사람에게 긍정적으로 인식되고 평가받기 위해 칭찬하거나 아첨을 하는 것 등이 해당한다.

02 귀인과정 ★★

1. 귀인이론
① 사람들은 각자의 신념, 동기 및 의도를 가지고 있기 때문에 타인을 지각할 때 그 사람이 왜 그런 식으로 행동하는가에 대한 적절한 원인을 찾으려고 노력한다.
② 이러한 과정을 설명하는 이론이 하이더(Fritz Heider)와 켈리(Harold Kelley) 등이 발전시킨 귀인이론(attribution theory)이다.

2. 귀인과정의 의미
① 귀인이란 사람들이 자기가 지각한 행동에 원인들을 귀인시키는 과정이다. 귀인과정은 기본적으로 현실세계에 대한 지각을 토대로 이루어지기 때문에 타인의 행동원인을 어떻게 지각하느냐에 따라서 타인에 대한 판단이 달라진다.
② 귀인이론은 사람들은 어떤 개인의 행동이 그 사람의 능력이나 노력 등과 같은 내부적 원인(internal cause)인지, 아니면 그 사람 자신의 통제밖에 있는 환경이나 운 등과 같은 외부적 원인(external cause) 때문인지를 판단하려 한다는 것이다.

3. 켈리의 귀인과정
켈리는 관찰된 타인의 행동에 관한 정보를 합의성, 일관성, 특이성 등의 세 가지 차원에서 수집하고 평가해 그 행동의 원인을 결정하는 귀인과정을 거치는 것이 지각의 오류를 줄일 수 있다고 주장한다. 다음 그림은 귀인이론의 기본적 틀을 보여주고 있다.

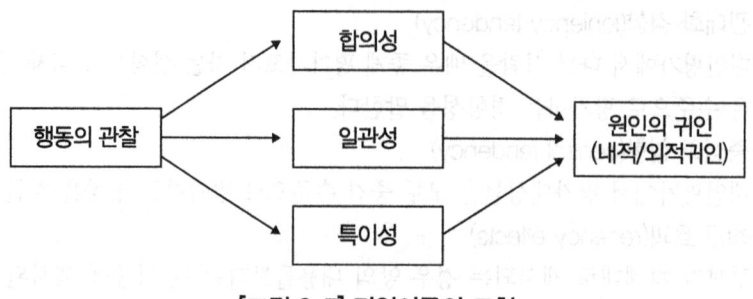

[그림 2-7] 귀인이론의 모형

(1) 합의성
① 합의성(consensus)은 동일한 상황에 처했을 때, 현재 관찰하고 있는 행동자의 행동이 일반적인 타인들이 행하는 행동과 어느 정도 비슷한가를 의미한다.
② 만약 영업팀 사원의 성과가 좋지 않았을 때, 사원이 속한 팀의 구성원들 모두 성과가 좋지 않은 경우 외부요인으로 귀인하게 되지만, 영업팀 다른 구성원들의 성과가 좋게 나타난 경우는 내부요인으로 귀인하게 될 것이다.

(2) 일관성
① 일관성(consistency)은 동일한 상황에 처했을 때, 행동자의 행동이 얼마만큼 일치되게 나타나는가를 의미한다.
② 만약 영업팀의 한 사원의 성과가 지난 몇 달간 계속해서 좋지 않을 경우 내부요인으로 귀인하게 될 것이다. 반면, 사원의 성과가 일시적으로 좋지 않았을 경우에는 외부요인으로 귀인하게 될 것이다.

(3) 특이성
① 특이성(distinctiveness)은 서로 다른 상황에서, 행동자가 어느 정도 동일한 방식으로 행동하는가를 의미한다.
② 영업팀의 사원이 회사의 지원과는 무관하게 성과가 좋지 않을 경우, 내부요인으로 귀인하게 될 것이다. 반면, 성과가 회사의 지원에 따라 변화하게 되면 외부요인으로 귀인하게 될 것이다.

4. 귀인 판단의 원리
① 켈리는 비슷한 행동들이 모두가 비슷하게 지각되어지는 것이 아니라 관찰된 행동의 합의성, 일관성 및 특이성 등과 관련해서 다양하게 지각되어질 수 있기 때문에 이러한 차원들을 다양하게 결합시킴으로써 행동의 원인을 귀인시킬 수 있다고 주장한다.
② 합의성은 다른 사람들과 관련하여 판단하는 것이며, 일관성은 시간과 연계하여, 그리고 특이성은 그 사람의 다른 상황이나 과업과 관련하여 판단된다.
③ 사람들은 높은 합의성, 낮은 일관성, 그리고 높은 특이성을 지각할 때에는 그 관찰된 행동을 외적 원인에 귀인시키며 반대로 사람들이 낮은 합의성, 높은 일관성 및 낮은 특이성을 지각할 경우에는 그 행동을 내적 원인으로 귀인한다.

④ 모든 직원들이 낮은 생산성을 보이고(합의성이 높음) 낮은 생산성은 특정 작업에서만 발생하였다(특이성이 높음). 또한 낮은 생산성은 휴가 복귀 후 특정기간 동안에만 발생하였다(일관성이 낮음). 이 경우 경영자는 직원들의 낮은 생산성에 대해 노후설비나 환경 등과 같은 외적 요인으로 귀인시킬 것이다.

⑤ 이와는 반대로 낮은 생산성이 한 직원에게만 나타나고(합의성이 낮음), 그 직원의 다른 업무에서도 발생(특이성이 낮음)하였으며 또한 며칠 동안 지속적으로 일어난 경우(일관성이 높음)에 경영자는 직원의 개인적 특성(내적원인)에서 원인을 찾으려 할 것이다.

5. 귀인 오류 ★★★

다른 사람을 지각하고 행동을 평가할 때 잘못된 판단을 하게 하는 일반적인 귀인오류로 근본적인 귀인 오류(fundamental attribution error)와 자존적 편견(self-serving bias)이 있다.

(1) 근본적인 귀인 오류

① 근본적인 귀인 오류는 행동의 원인을 외부요인보다는 내부요인에 찾는 경향을 의미한다. 즉, 다른 이들의 행동을 설명할 때 상황 요인들의 영향을 과소평가하고 행위자의 내적, 기질적인 요인들의 영향을 과대평가하는 것을 말한다.

② 사람들은 다른 사람의 행동의 원인을 그 사람이 처한 상황의 조건보다는 그 사람의 성격이나 능력, 동기, 태도, 신념 등에 돌리는 경향이 있다. 이 현상은 사람들이 다른 사람을 평가할 때 상황보다는 개인에 초점을 맞추는 데 원인이 있다.

(2) 자존적 편견

자존적 편견은 자신의 성공은 자신의 내부적 특성이 원인이라 생각하고, 실패는 외적 상황이 원인이라 생각하는 경향을 말한다. 예를 들어 회사 실적이 좋은 것은 경영자 자신의 역량으로 귀인 하지만 낮은 실적에 대해서는 직원들의 노력 부족과 업무태만으로 귀인 하는 것이 자존적 편견을 보이는 것이라 할 수 있다.

6. 경영자에 대한 시사점

① 귀인이론은 경영자에게 중요한 시사점을 제공하고 있다. 경영자가 조직의 낮은 성과의 원인이 능력이나 동기부여와 같은 내적원인으로 인식하면 경영자는 이러한 요소들을 개선하기 위한 실행방안들을 검토하고 추진하게 될 것이다.

② 반면에 자원의 제약이나 직무설계가 잘못되어서 조직성과를 높이지 못하였다면 경영자는 성과를 높이기 위한 방안을 수립하게 될 것이다.

기출개념확인

01 지각(perception)의 영향 요인으로 보기 <u>어려운</u> 것은?
① 지각자의 특성　　② 대상의 특성
③ 상황의 특성　　④ 유전적 특성

02 개인의 기대나 믿음이 그의 행위나 성과를 결정하게 되는 것을 의미하는 용어는?
① 자성적 예언　　② 후광효과
③ 투영효과　　④ 초기효과

03 자신이나 다른 사람들의 행동의 원인을 찾아내기 위해 추론하는 과정을 설명하는 이론은?
① 귀인이론　　② 공정성이론
③ 조직이론　　④ 경제이론

정답·해설

01　④　지각(Perception)의 영향 요인은 심리학과 조직행동론에서 보통 지각자(Perceiver), 대상(Target), 상황(Situation) 세 범주로 구분한다.

02　①　자성적 예언(self-fulfilling prophecy)은 개인의 기대나 믿음이 특정 개인의 행위나 성과를 결정하게 되는 것을 의미한다.

03　①　사람들은 각자의 신념, 동기 및 의도를 가지고 있기 때문에 타인을 지각할 때 그 사람이 왜 그런 식으로 행동하는가에 대한 적절한 원인을 찾으려고 노력한다. 이러한 과정을 설명하는 이론이 하이더(Fritz Heider)와 켈리(Harold Kelley) 등이 발전시킨 귀인이론(attribution theory)이다.

제6절 동기부여

01 동기부여의 개념 및 구성요소 ★ 기출개념

1. 동기부여(motivation)의 정의
목표를 달성하기 위하여 지속적으로 높은 강도의 노력을 해가는 것으로 정의된다.

2. 동기부여 구성의 중요 요소 및 조직적 수준에서의 동기부여

(1) 동기부여 구성의 중요 요소
노력의 강도(intensity), 방향(direction), 유지(persistence)는 동기부여를 구성하는 세 가지 중요 요소이다.

(2) 동기부여 구성의 중요 요소 특징
① 노력의 강도는 얼마나 열심히 하는가를 말한다.
② 동기부여를 설명할 때 가장 중요하게 받아들여지는 요소이다.
③ 노력의 강도가 높다고 할지라도 조직에 이익이 되는 방향이 아니라면 좋은 성과를 기대하기 힘들므로 열정뿐 아니라 역량의 질과 방향성도 함께 고려해야 한다.
④ 조직의 목적을 향한 역량과 그 역량을 유지하는 것은 바로 우리가 발견해야 하는 역량이다.
⑤ 노력은 역량이 얼마나 오래 유지될 수 있는지 알아보는 측정 수단이 되며, 동기부여된 개인의 목표 달성 성과가 오래도록 지속되게 한다.

(3) 조직적 수준에서의 동기부여
① 1차적인 동기로 학습되지 않은 본능적인 생리적, 생물적 욕구(배고픔, 갈증, 수면, 고통회피, 성욕, 모성애 등)와 관련된 것이다.
   예) 능력, 호기심, 조작, 활동, 애정 모티베이션 등
② 2차적인 동기는 학습된 동기를 의미하며 조직행동론 연구에 있어 중요한 부분을 차지한다.
   예) 권력, 성취, 안전, 지위와 관련된 동기

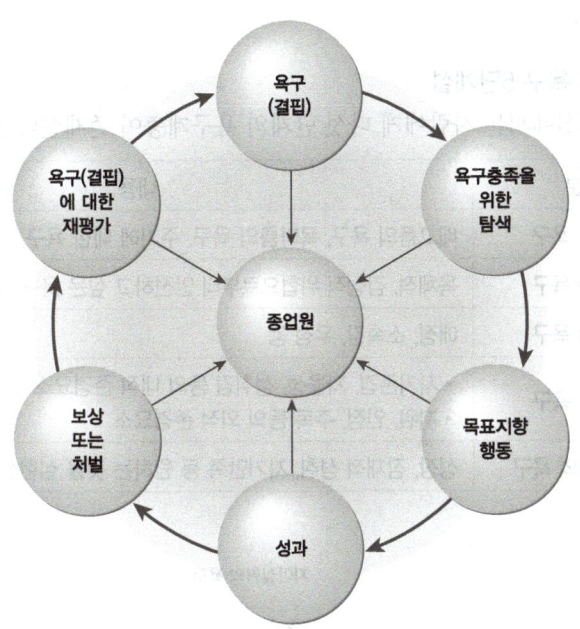

[그림 2-8] 동기부여의 순환

02 동기부여이론 기출개념

1. 동기부여(motivation)이론의 구분

① 동기부여이론은 크게 내용이론과 과정이론으로 나눌 수 있다.
  ㉠ 내용이론: 동기부여시키는 요인이 무엇인가에 초점을 둔 이론이다.
  ㉡ 과정이론: 동기부여가 어떠한 과정을 거쳐서 이루어지는가에 초점을 두는 이론이다.
② 내용이론에 속하는 주요한 이론에는 맥그리거의 X·Y이론, 매슬로우의 욕구이론, 알더퍼의 ERG이론, 허츠버그의 2요인이론, 맥클레랜드의 욕구이론 등이 있고, 과정이론으로는 기대이론, 공정성이론, 목표설정이론, 직무특성이론이 있다.
③ 내용이론 및 과정이론 ★★★

내용이론	과정이론
• 맥그리거의 X·Y이론 • 매슬로우의 욕구이론 • 알더퍼의 ERG이론 • 허츠버그의 2요인이론(동기-위생이론) • 맥클레랜드의 욕구이론	• 기대이론 • 공정성이론 • 목표설정이론 • 직무특성이론

핵심 Check

동기부여 이론의 구분
• 내용이론: 동기를 유발하는 요인의 내용을 설명한 이론
• 과정이론: 동기를 유발하는 과정을 설명하는 이론

2. 내용이론 [기출개념]

(1) 매슬로우의 욕구 5단계설

욕구 5단계설에서는 사람에게 다섯 단계의 욕구계층이 존재한다는 것을 강조하였다.

구분	내용
생리적 욕구	배고픔의 욕구, 목마름의 욕구, 주거에 대한 욕구, 성욕 등
안전의 욕구	육체적, 감정적 위협으로부터 안전하고 싶은 욕구, 보호받고자 하는 욕구
사회적 욕구	애정, 소속감, 우정 등
자존의 욕구	• 자기존경, 자율성, 성취감 등의 내적 존경요소 • 지위, 인정, 주목 등의 외적 존경요소
자아실현의 욕구	성장, 잠재적 성취, 자기만족 등 원하는 것을 실현하는 단계

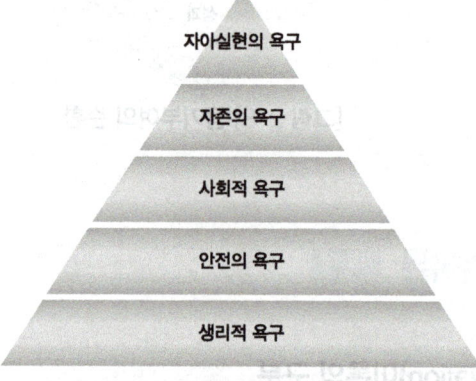

[그림 2-9] 매슬로우의 욕구 계층

① 매슬로우는 계층적 구조의 욕구가 충족되는 과정에서 동기가 유발된다고 보았다.
② 결핍된 욕구를 충족하기 위해 동기가 유발되며, 동기는 하위계층의 욕구로부터 상위계층의 욕구로 이동하며 나타난다고 한다.
③ 특정 욕구에 의해 유발되는 행동의 원인이 특정한 욕구 한 가지에만 있는 것이 아니라 다른 욕구도 함께 영향을 미친다고 보는데, 다만 그 특정한 욕구가 주기적으로 어느 한 시점에 다른 욕구보다 중요하거나 강하게 작용한다고 본다.
④ 따라서 새로운 욕구는 갑자기 출현하는 것이 아니라 점진적으로 천천히 나타나고, 지배적인 욕구가 특정 행동의 유발에 반드시 유일한 영향을 미치는 것이 아니라 강도가 다소 약한 다른 욕구들과 함께 행동의 복합적인 원인으로 작용한다.
⑤ 경영자의 자세
  ㉠ 경영자가 종업원에게 동기부여를 하기 위해서는 종업원에게 미충족된 욕구가 무엇인지를 파악하는 데 관심을 기울이고 이를 충족시키려고 노력해야 한다.
  ㉡ 개인의 관심이 하위욕구로부터 상위욕구로의 방향으로 진행되므로 경영자는 종업원이 하위 단계의 욕구를 충족한 후, 보다 상위의 욕구를 충족할 수 있는 기회를 제공해야 한다고 강조한다.

(2) 알더퍼의 ERG이론

매슬로우의 욕구이론을 존재(existence), 관계(relatedness), 성장(growth) 단계의 세 가지 욕구로 축소하여 수정·보완한 이론이다.

① 알더퍼 이론의 3가지 욕구

구분	내용
존재욕구	• 모든 형태의 생리적, 물리적 욕구를 포함함 예 배고픔, 목마름, 주거 등이며, 조직의 경우 쾌적한 물리적 작업조건에 대한 욕구, 임금 등 • 매슬로우 이론 중 생리적 욕구, 물리적 측면의 안전의 욕구 등과 유사함
관계욕구	• 작업장에서의 인간관계와 관련된 모든 욕구를 포괄함 • 매슬로우 이론 중 안전의 욕구, 소속 및 애정 욕구 같은 사회적인 욕구와 유사함
성장욕구	• 창조적, 개인적 성장을 위한 개인의 노력과 관련된 모든 욕구를 의미함 • 개인이 자기 능력을 극대화할 수 있게 함 • 새로운 능력 개발이 필요한 일에 종사함으로써 얻을 수 있음

② 매슬로우와 알더퍼 이론의 비교

㉠ 알더퍼는 초기 연구에서 세 가지 욕구의 관련성에 대한 가설들을 수정·보완하였다.

㉡ 그러나 결론적으로 하위욕구가 충족되면 상위욕구에 대한 욕망이 커지고 상위욕구가 충족되지 않을수록 하위욕구에 대한 욕망이 커진다고 정리했다.

㉢ 이는 매슬로우의 욕구 5단계설에서 주장한 하위욕구로부터 상위욕구로의 이동과 알더퍼의 욕구이론이 가지는 큰 차이점이자, 구분되는 특징이다.

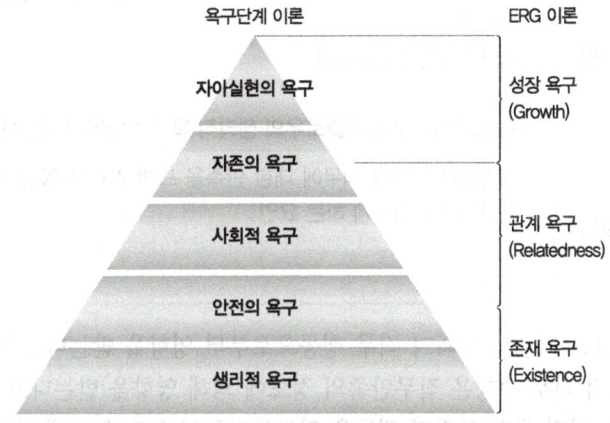

[그림 2-10] 매슬로우와 알더퍼 이론

> **핵심 Check**
>
> **알더퍼와 매슬로우의 차이**
>
> 알더퍼는 매슬로우와는 다르게 욕구가 하위 단계로부터 상위 단계로만 진행하지 않고 반대 방향으로도 이행한다고 보았다. 존재욕구가 충족되어 상위욕구인 관계욕구를 추구하다 실패하면, 다시 이전 단계인 존재욕구로 이행한다는 것이다. 매슬로우가 욕구 계층 간의 만족-진행(satisfaction-progression)의 요소만 중시한 반면 알더퍼는 좌절-퇴행(frustration-regression) 요소도 포함하여 인간 욕구의 발로를 설명한다.

(3) 허츠버그의 2요인이론(동기위생이론)

① 허츠버그는 만족감이 높은 사람이 더 열심히 일한다고 보았으며, 인간에게 있어 만족-불만족의 요인이 각각 다른 차원에 존재한다고 주장하였다.

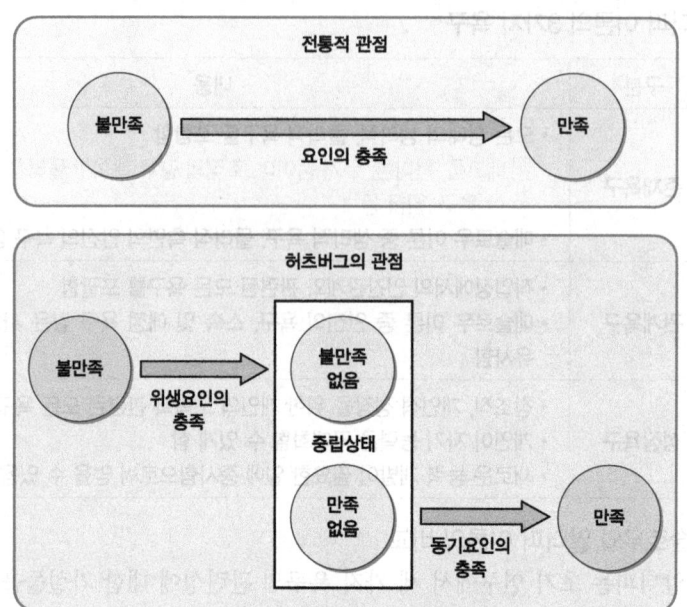

[그림 2-11] 전통적 관점과 허츠버그의 관점

② 위생요인 및 동기요인의 분류

구분	내용
위생요인	• 개인의 욕구를 충족시키는 데 있어 주로 개인의 불만족을 방지하는 효과를 가져옴 • 불만족요인이라고 부름 예 임금, 안정된 직업, 작업 조건, 신분, 경영방침, 관리, 대인관계 등 • 위생요인은 보통 매슬로우의 생리적 욕구, 안전의 욕구, 사회적 욕구에 해당
동기요인	• 개인으로 하여금 직무에 대한 만족을 느껴 스스로 열심히 일하게 함으로써 성과도가 높아지게 하는 요인 예 성취감, 안정감, 책임감, 성장, 발전, 보람 있는 직무내용, 존경 욕구 및 자아실현 욕구 등

③ 허츠버그는 기업의 성과가 직무 행동으로부터 영향을 받는다고 보았다.
　㉠ 긍정적 직무 수행은 직무만족의 정도에 의해 영향을 받는다고 보았다.
　㉡ 태업, 이직 등의 부정적 행동은 직무불만족의 정도에 의해 좌우된다고 보았다.
④ 위생요인에 대해 불만을 느끼는 종업원은 기업을 떠나거나 작업을 부실하게 할 수 있지만, 불만을 느끼지 않는 종업원도 자발적으로 작업동기를 갖지 않을 수 있다.
⑤ 동기요인에 있어서도 종업원의 충분한 작업동기는 높은 작업만족도에 의해서 형성되지만, 동기유발 요인이 없다고 해서 불만족을 느낀다는 뜻은 아니다.

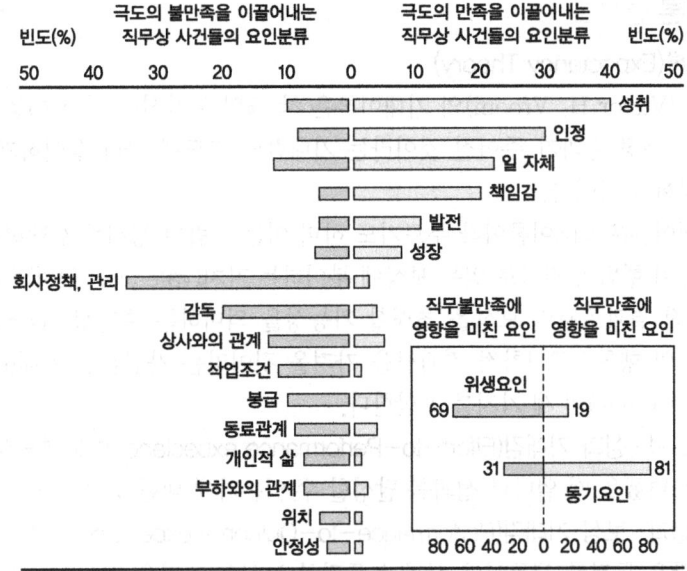

[그림 2-12] 위생요인과 동기요인

(4) 맥클레랜드(David C. Mcclelland)의 욕구이론

① 사람들은 1차적 욕구 외에도 어린 시절의 학습, 부모님의 스타일, 사회적 기준에 의해 학습·강화된 2차적 욕구도 가지게 된다.
② 학습된 욕구는 학습과 동시에 사람을 동기부여 하기도 한다.
③ 심리학자인 맥클레랜드는 동기부여의 관점에서 중요하다고 여겨지는 2차적 욕구 (성취욕구, 친화욕구, 권력욕구)를 연구하였다.
④ 맥클레랜드는 세 가지 욕구가 본능적인 것이 아니라 사회생활에서 습득되는 것이며 이러한 욕구를 개발할 프로그램을 개발하고 사용할 수 있음을 제시했다.
⑤ 맥클레랜드의 3대 주요 욕구

구분	내용
성취욕구 (Need for Achievement)	• 성취욕구(nAch)는 학습된 욕구 중 가장 많이 연구된 욕구 • 성취욕구가 높은 사람은 자신의 노력으로 도전적인 목표를 달성하고 싶어 함 • 성취욕구가 낮은 사람은 금전적인 보상이 주어지는 경우에 동기부여 되는 경향을 보임
친화욕구 (Need for Affiliation)	• 친화욕구(nAff)는 다른 사람의 동의를 구하거나 그들의 기대가 무엇인지 점검해보고 불화와 갈등을 피해 친밀한 관계를 맺고자 하는 욕구 • 친화욕구가 높은 사람은 타인과 긍정적인 관계를 형성하고자 하고, 좋은 대외적 이미지를 가지려고 노력하며 사람들이 자신을 좋아하게 만들고자 노력함 • 친화욕구는 매슬로우의 소속의 욕구, 알더퍼의 관계욕구와 비슷함
권력욕구 (Need for Power)	• 권력욕구(nPow)란 사람, 자원 등 자신을 둘러싼 환경을 조절하려는 욕구 • 권력욕구가 강한 사람은 타인에게 자신의 권력을 시험하고 싶어 하며, 권력적인 관계를 유지하는 것에 관심이 많음

3. 과정이론 [기출개념]

(1) 기대이론(Expectancy Theory)
  ① 브룸(Victor H. Vroom)의 기대이론은 각 개인은 자신이 어떤 행동을 하면 그에 따른 특정 결과가 주어질 것이라는 기대감의 강도에 따라 상이하게 행동한다고 주장한 이론이다.
  ② 기대이론은 VIE이론이라 부르기도 하며 이는 사람이 행위를 선택하는 데 미치는 요인이 행위의 결과로 얻는 보상에 부여하는 가치(valence), 행위의 1차적 결과가 2차적 결과로서의 보상을 초래할 가능성을 의미하는 수단성(instrumentality), 자신의 행동으로 1차적 결과물을 가져올 것이라는 자신감인 기대(expectation, expectancy)의 세 가지를 포함한다.
    ㉠ 노력-성과 기대감(Effort-to-Performance expectancy): 노력-성과 기대감은 노력했을 때 얼마나 성과를 달성할 수 있는가에 대한 믿음이다.
    ㉡ 성과-보상 기대감(Performance-to-Outcome expectancy): 성과-보상 기대감은 특정한 행동이나 성과가 특정한 보상을 가져올 것이라는 믿음이라고 할 수 있다.
    ㉢ 보상의 유의성(Outcome valences): 보상의 유의성은 개인이 보상에 대해 느끼는 만족 혹은 불만족 정도이다.

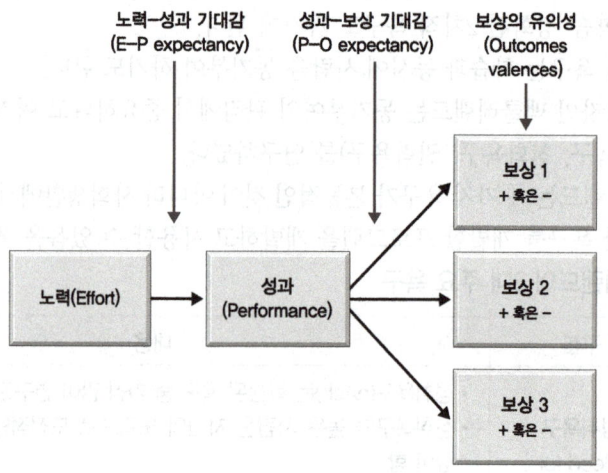

[그림 2-13] 기대이론

(2) 공정성이론(Equity Theory)
  애덤스(J. Stacy Adams)의 공정성이론은 자원의 분배와 교환에 있어 공정성을 어떻게 지각하는가에 대해 설명해주며, 종업원들이 불공평하게 다루어지고 있다고 느낄 때, 어떻게 동기부여시키는지를 설명하고 네 가지 요소인 보상/투입 비율, 타인과의 비교, 공정성 평가, 불공정성의 결과로 구성된다.
  ① 보상/투입 비율
    ㉠ 보상/투입 비율은 보상의 가치를 투입물의 가치로 나눈 것이다.
    ㉡ 투입물은 기술, 노력, 경험, 업무시간, 직무 결과, 조직에의 공헌을 의미하며, 종업원들은 다양한 보상을 받기 때문에 보상의 전체적인 가치를 논하는 것은 쉽지 않다.

개념 Plus

공정성이론

공정성이론은 조직 내 개인이 공정성을 인식하고 반응하는 것에 관한 이론이다. 조직 내에서 개인은 자신의 공헌을 그에 대한 보상과 비교하고, 그 둘 간의 비율을 다른 사람과 비교하여 공정한 대우를 받았는지를 판단한다.

      ⓒ 투입과 보상은 개인이 중요성을 어디에 두느냐에 따라 달라진다.
      ⓔ 어떤 사람은 근무 연수를 가장 중요한 투입물로 생각할 수 있고 직무 노력이나 성과를 가장 중요하게 여길 수도 있다.
② **타인과의 비교**
      ㉠ 공정성이론에 의하면 사람들은 자신의 상황을 다른 사람의 상황과 비교한다.
      ㉡ 비교의 대상은 같은 직무를 수행하는 동료일 수도 있고 다른 직무를 수행하는 동료일 수도 있으며 다른 조직에 근무하는 사람도 될 수 있다.
③ **공정성 평가**(equity evaluation)
      ㉠ 보통 사람은 자신의 보상/투입 비율과 다른 사람의 보상/투입 비율을 비교한 다음, 공정성에 대한 평가를 한다.
      ㉡ 사람에 따라 각기 다른 비교 대상을 가지고 있으므로 공정성 평가는 복잡하게 이루어질 수 있다.
④ **불공정성의 결과**(consequences of inequity) `기출개념`
   사람들은 자신이 불평등하게 대우받았다고 생각하면 긴장감을 느끼게 되고 이런 긴장의 정도가 강해지면, 불공정성을 줄이기 위해 노력하게 되는데 불공정성을 줄이는 방법으로는 여섯 가지 방법이 있다.
      ㉠ **투입의 변화**: 보상을 적게 받았다고 느끼는 종업원은 자신이 낸 성과가 급여에 영향을 미치지 않는다는 것을 알면 노력을 줄이게 되고, 보상을 많이 받은 종업원은 때로는 직무를 열심히 수행하여 노력을 증가시킨다.
      ㉡ **결과 변경**: 보상을 적게 받았다고 느끼는 종업원은 임금 인상과 같은 더 많은 보상을 요구하게 되고 만약 이 방법이 잘 통하지 않으면 파업 등을 통해 공식적으로 행동하기도 한다.
      ㉢ **인식의 변화**(changing perception): 종업원은 투입·보상의 개념을 바꿈으로써 불공정을 완화시킬 수도 있다. 보수를 많이 받은 종업원은 투입, 즉 근무 연수, 지식 등을 늘리거나 보수를 줄여달라고 요구하는 것보다 인식을 바꾸는 편이 편하기 때문에 보통 이러한 전략을 따른다.
      ㉣ **이직**(leaving the field): 불공정이 심하다고 느끼는 종업원은 회사를 떠날 수도 있기에 공정성이론으로 이직이나 사직의 경우를 설명하기도 한다. 이 방법은 보상을 적게 받았다고 느끼는 직원이 왜 휴가를 많이 쓰고 결근율이 높은지를 설명하기도 한다.
      ㉤ **비교대상에게 조언하기**(acting on the comparison other): 불공정은 비교대상의 투입물과 보상을 바꿈으로써 해결되기도 한다. 만약 한 종업원이 보상을 많이 받았다고 느끼면 다른 비교대상에게 쉬엄쉬엄 일하라 권할 수도 있고 보상을 적게 받았다고 느끼면 다른 종업원들에게 더 많이 일하라고 조심스럽게 말할 수도 있는 것이다.
      ㉥ **비교대상 바꾸기**(changing the comparison other): 종업원이 보상 또는 투입을 바꿀 수 없다면, 결국 비교대상을 바꿀 수밖에 없다. 앞에서도 언급되었듯 보통 종업원들은 일반화된 비교대상을 가지고 있기 마련인데, 비교대상을 변경하면 그들이 받는 불공정하다는 느낌이 상대적으로 쉽게 줄어든다.

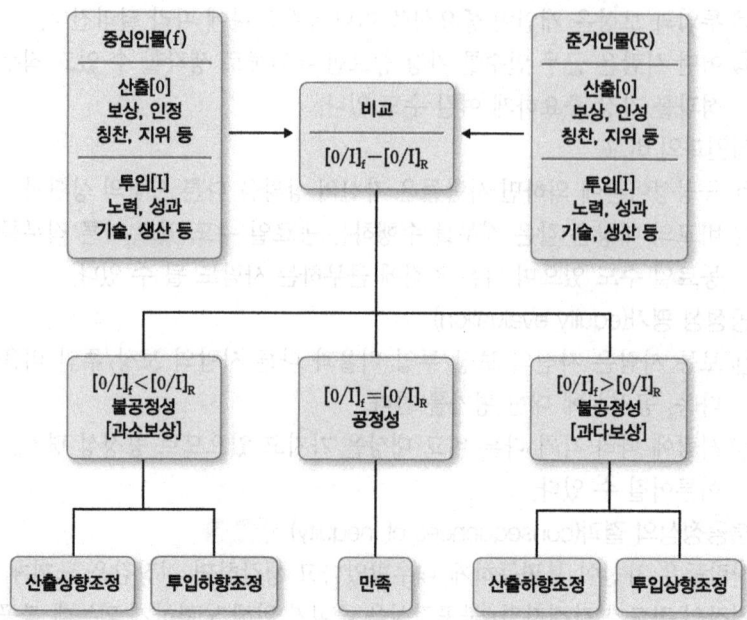

[그림 2-14] 공정성이론

(3) 목표설정이론(Goal-setting Theory)

목표설정이론은 미국 메릴랜드 대학교의 로크(Locke) 교수가 제시한 이론으로서 부하들에게 구체적이고 어려운 목표를 주고 피드백을 해줄 때 성과가 높아진다고 주장하는 이론이다.

① 효과적인 목표는 구체적이고 도전적이고 직무와 연관된다는 특성을 가진다.
　㉠ 구체적인 목표: 구체적인 목표는 한정된 시간이 주어지고, 측정 가능해야 한다. 직원과 합의하에 함께 설정한 목표는 성과 기대에 좀 더 정확하게 접근하도록 해주기 때문에 직원들이 효과적으로 노력을 기울일 수 있다.
　㉡ 도전적인 목표(challenging goals): 달성하기 쉬운 목표보다는 도전적인 목표가 설정되었을 때 좀 더 강도 높고 지속적인 노력을 기울이게 된다. 도전적인 목표는 개인의 성취욕을 채워주거나 목표가 이루어졌을 때 개인적으로 성장하고자 하는 욕구를 채워주기도 한다.
　㉢ 직무와 연관된 목표(job relevant goals): 목표는 반드시 개인 통제하에 놓여 있는 직무와 연관성이 있어야 한다.
　　예 낭비자원을 줄이기 위한 목표 설정 시, 목표를 달성해야 할 직원에게 직접적으로 낭비자원에 대한 통제권이 없으면 목표가 제대로 실행되기 어렵다.

② 목표설정이론의 적용과 한계점
　㉠ 목표가 금전적인 보상과 연계가 되어 있으면 다수의 종업원은 어려운 목표보다 쉬운 목표를 택하려는 경향을 보인다.
　㉡ 목표설정이론의 한계점은 모든 직무 영역의 모든 성과에 이 이론을 적용할 수 없다는 점이다.
　㉢ 대부분의 직무 성과는 측정하기가 곤란하고 복잡하며 오랜 시간에 걸쳐 측정해야 얻어지는 것이다.

(4) 직무특성이론 ★★★ 기출개념

해크만과 올드햄(Hackman & Oldham)은 종업원들의 직무경험과 생산성의 향상을 목적으로 직무를 변경하는 직무재설계에 관심을 두었고 수백 개의 직무설계에 대한 연구결과를 통해 직무특성모형을 제시하였다. 이 모형은 핵심직무차원, 주요 심리상태, 개인별 직무결과로 이루어진다.

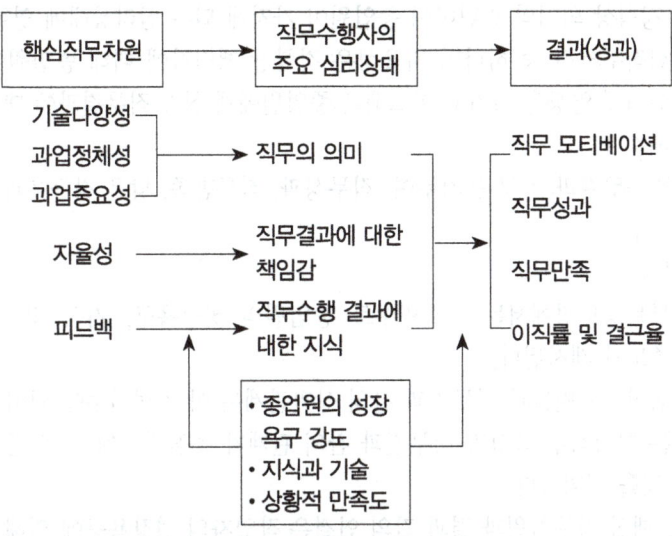

[그림 2-15] 해크만과 올드햄의 직무특성모형

① 핵심직무차원

  ㉠ 직무의 동기적 잠재성을 결정짓는 핵심직무차원으로 기술다양성, 과업정체성, 과업중요성, 자율성, 피드백 등 총 다섯 가지가 제시되고 있으며 다섯 가지의 핵심직무차원은 종업원이 높은 수준의 동기부여, 직무만족, 성과를 달성할 수 있도록 연계해주는 중요한 심리적 상태를 경험하게 해준다.

  ㉡ 핵심직무차원과 직무결과 간의 관계는 조절변수인 종업원의 성장욕구, 지식 및 기술, 상황적 만족도에 따라 달라진다.

  ㉢ 핵심직무차원의 요소를 통해 동기유발 잠재력 점수(MPS; Motivating Potential Score)는 {(기술다양성 + 과업정체성 + 과업중요성) ÷ 3 × 자율성 × 피드백}으로 구할 수 있으며 동기유발 잠재력 점수가 높은 경우 직무성과와 직무만족이 높고 결근이나 이직률은 감소된다.

  ㉣ 핵심직무차원의 5가지 요소

구분	내용
기술다양성	직무를 수행하는 데 요구되는 기술이나 재능의 정도
과업정체성	작업자가 자신의 작업범위와 직무내용을 확인할 수 있는 정도
과업중요성	해당 직무가 다른 사람의 일이나 생활에 미치는 영향의 정도
자율성	작업자들이 작업의 일정 및 계획과 작업방법, 작업절차를 결정하고 선택함에 있어 부여되는 자유, 독립성, 재량권의 정도
피드백	작업자가 수행한 직무활동의 수행결과에 대해, 스스로 작업결과의 효과성 여부에 대한 정보를 직접적이고 명확하게 얻을 수 있는 정도

② 주요 심리상태
　㉠ 직무특성모형에서 핵심직무차원들은 개인이 직무설계에 대해 세 가지 심리상태를 경험할 때 더욱 높은 반응을 보인다고 제시되는데 이때 중요한 심리상태는 직무의 의미, 직무결과에 대한 책임감, 직무수행 결과에 대한 지식이다.
　㉡ 핵심직무차원에 속하는 요소인 기술다양성, 과업정체성, 과업중요성은 직무의 경험상 의미와 관련하여 종업원이 가지게 되는 심리상태에 영향을 미친다.
　㉢ 핵심직무차원 중 하나인 자율성은 경험상 책임감에 대해 종업원이 가지는 심리상태에 영향을 미치고 피드백은 종업원에게 실제 직무결과에 대한 지식을 제공해준다.
③ 개인별 직무결과: 직무 동기부여, 직무성과, 직무만족, 낮은 결근율과 이직률 등이 포함된다.
④ 조절변수
　㉠ 직무특성모형에서는 조절변수로 종업원의 성장욕구, 지식 및 기술, 상황적 만족도가 제시된다.
　㉡ 핵심직무차원들과 직무결과 간의 상관관계는 이 조절변수에 의해 조절되는데, 이는 핵심직무 특성과 직무결과 간의 관계가 조절변수에 의해 변화될 수 있다는 것을 의미한다.
　㉢ 즉, 핵심 직무차원과 결과 간의 연결은 작업자의 성장욕구에 의해 조절된다.
　㉣ 성장욕구란 종업원의 자존 욕구와 자아실현 욕구의 정도를 말한다.
　㉤ 성장욕구에 의해 핵심적 직무차원들과 작업결과 간의 연결이 조절된다는 것은 높은 성장욕구를 가진 종업원이 낮은 성장욕구를 가진 종업원보다 더 중요한 심리상태를 더 경험하고, 주요 심리상태에 대해서 더 긍정적으로 반응한다는 것을 의미한다.
　㉥ 지식 및 기술, 상황적 만족도 또한 성장욕구와 마찬가지로 조절변수로서 결과에 영향을 미친다.

> 개념 Plus
>
> **직무특성모형의 조절변수**
> - 성장욕구는 성장과 개발에 대한 욕구를 의미한다.
> - 상황적 만족은 급여, 관리자, 동료, 직업 보장과 같은 직무 조건에 대한 종업원의 만족도를 의미한다.
>
> **조절변수(moderator variable)**
> 종속변수에 대한 독립변수의 효과를 중간에서 조절하는 변수이다. 직무특성모형에서 직무성과를 예측하고자 할 때 종업원의 지식과 기술 수준에 따라 직무성과가 달라진다면 지식과 기술 수준이 조절변수가 된다고 볼 수 있다.

기출개념확인

01 목표 달성을 위한 종업원의 지속적 노력을 효과적으로 발동시키는 것은?
① 동기부여
② 직무 충실화
③ 직무특성
④ 공정성이론

02 맥클레랜드의 3대 주요 욕구로 볼 수 없는 것은?
① 권력욕구
② 성취욕구
③ 친화욕구
④ 생리적 욕구

03 다음 중 동기부여에 대한 초기 연구들이 입각하고 있는 맥그리거의 이론은?
① W이론
② Z이론
③ Y이론
④ X이론

정답·해설

01 ① 동기부여란 목표달성을 위한 종업원의 지속적 노력을 효과적으로 발동시키는 것을 뜻한다.

> 참고 **동기부여**
> 심리학에서의 모티베이션 개념에서 비롯된 것이다. 일반적으로 모티베이션은 개인이 어떤 목표 달성의 행위를 일으키고 방향 짓고 유지하는 것으로 이러한 정의 속에는 모티베이션이 특정한 방식으로 행위를 하게 만드는 충동적 힘이며 강력한 목표지향성을 지닌다는 의미가 함축되어 있다. 인간의 모든 행위는 이러한 모티베이션을 기반으로 이루어지게 된다.

02 ④ 생리적 욕구는 배고픔, 목마름, 주거, 성욕 등 인간생활의 기본이 되는 욕구를 말한다.

03 ④ 동기부여의 접근법 중 하나인 전통적 접근법의 경영학적인 관점에서 진행된 동기부여에 대한 초기 연구들은 맥그리거(McGregor)의 X이론에 입각하고 있다.

제7절 학습과 행동수정

01 학습

1. 학습의 정의 및 목적
① 학습은 직·간접적인 경험의 결과로 나타나는 지식 혹은 행동의 지속적인 변화를 의미한다.
② 학습을 통한 결과가 일회적으로 끝나는 것이 아니고 지속적인 변화가 일어나야 비로소 학습이라고 말할 수 있다.
③ 학습의 궁극적인 목적은 현재 가지고 있는 지식 혹은 행동의 지속적인 변화이다.

2. 학습이론의 분류
학습이론은 크게 행동주의이론과 인지주의이론으로 나뉜다.

(1) 행동주의이론(Behavioral Learning Theory)
① 학습을 설명하는 행동주의이론에 있어 파블로프(Pavlov), 손다이크(Thorndike), 스키너(Skinner) 등을 대표적인 학자로 꼽는다.
② 이들은 학습을 경험이나 관찰의 결과로 유기체에서 일어나는 비교적으로 영속적인 행동의 변화 또는 행동 잠재력의 변화로 정의한다.
③ 유기체를 자극에 대해 수동적으로 반응하는 존재라고 보았다.
④ 행동주의학자들은 학습이 행동에 따른 결과를 통제하는 데 연구의 초점을 둔다.

(2) 인지주의이론(Cognitive Learning Theory)
① 인지주의학자들은 인간이 가진 인지구조 속에 새로운 정보를 배치, 입력함으로써 학습이 이루어진다고 본다.
② 학습자가 기억 속의 학습사태에서 일어나는 여러 사상에 관한 정보를 보존하고 조직하는 인지 구조(cognitive structure)를 형성함으로써 학습이 일어나게 된다고 주장한다.
③ 인지주의이론의 기본 가정은 인간이 감각을 통해 받아들이는 외부자극 요소에 함유된 뜻을 추출해내는 인지 혹은 사고 과정을 통해 사고 내용이 형성되고 이러한 사고 내용이 행동을 유발하는 원인이 된다는 것이다.
④ 인지주의 학습이론의 주된 주제는 개념 형성, 사고 과정, 지식의 획득 등이 있고, 인간의 지각, 인식, 의미, 이해, 이와 유사한 의식적 경험 등이 학습을 결정하는 중심 개념이라고 본다.

3. 고전적 조건화 및 조작적 조건화 [기출개념]

(1) 고전적 조건화(classical conditioning)
고전적 조건화는 자극과 정보의 반응을 연결하는 방법을 배우는 과정으로 다음과 같은 특징을 가진다.
① 무의식적인 반응이 일어날 수 있다.
② 이 조건화 과정에서 조건화되지 않은 자극은 자연적인 반응을 유도하고 조건화된 자극은 아무 반응도 유도하지 않는다고 가정한다.
③ 조건화된 자극이 조건화되지 않은 자극과 함께 나타나고, 반복적인 과정을 거치면 결국 조건화된 자극만이 조건화된 반응인 행동으로 나타나게 된다.

> 예 파블로프의(Ivan Pavlov) 개 실험
> 초기 고전적 조건화 이론을 정립한 러시아 행동주의학자 파블로프의 개에 관한 실험은 다음과 같다. '먹이(조건화되지 않은 자극)를 주면' 기분이 좋아진 개는 침을 흘리는 자연적인 반응을 보인다. 또한, '종을 울리면(조건화된 자극)' 개는 종소리에 아무 반응도 보이지 않는다. 그러나 조건화되지 않은 자극(먹이를 주는 것)과 조건화된 자극(종을 울리는 것)을 반복적으로 동시에 제공하면 개에게 "먹이를 줄 때마다 종을 울린다."는 자극과 정보의 반응 연결이 이루어진다. 이후 개는 종소리를 들으면 침을 흘리는 조건화된 반응을 보이게 된다.

(2) 조작적 조건화(operant conditioning)
고전적 조건화는 파블로프의 개에 관한 실험처럼 행동과 관계없는 독립적인 자극과 반응을 연결하는 과정인 반면, 조작적 조건화는 사람의 반응 여부에 따라서 결과가 학습된다는 관점을 가진다.
① 조작적 조건화 이론에서는 환경에 반응하는 사람에 의해 만들어진 결과를 기반으로 학습 과정이 형성된다고 본다.
② 사람이 환경에 따라 특정 행위를 하게 될 경우 환경의 결과가 나타나고 이 결과는 미래에 유사한 행위가 다시 나타날 가능성을 결정해준다.
③ 조작적 조건화 개념은 심리학자인 스키너(B. F. Skinner)가 처음 개발하였다.
 ㉠ 스키너에 의하면 조작적 조건화는 개인이 자발적인 행동을 배우는 과정이다.
 ㉡ 스키너의 이론에서는 자발적 행동을 하는 사람을 조작자라 하고 조작자가 하는 자발적 행동을 조작적 행동이라 한다.
 ㉢ 스키너는 학습이 조작자들이 하는 행동의 결과를 통해 일어난다고 보았다.
 ㉣ 조작적 조건화는 자극에 대한 반응, 즉 자발적 행동이 특정 결과를 유도하기 때문에 반응이 학습되어진다고 보았다.
 ㉤ 이러한 학습은 진행되면 될수록 더욱 강화된다.

> 예 스키너의 동물 실험 연구
> 스키너의 연구는 동물을 대상으로 실험실에서 이루어졌다. 스키너는 스키너 상자라고 불리는 작은 상자에 쥐를 집어넣은 후 그 안에 몇 개의 전등과 막대, 먹이 그릇을 놓아두었다. 상자 속 쥐에게 막대(자극)를 제공하고 쥐가 막대를 누르면 먹이가 나오게 하자, 쥐는 결국 먹이를 먹으려 막대를 자주 누르게 되었다. 즉, 막대를 누르는 행동이 강화된 것이다. 스키너는 시간이 지남에 따라 쥐가 막대를 건드리는 횟수가 많아졌다는 점에서 학습이 이루어졌다고 보았다.

④ 조작적 학습은 자극(S; Stimulus) → 반응(R; Response) → 결과(C; Consequences) 등의 요소로 설명할 수 있다.

⑤ 스키너 상자에서 막대는 자극(S), 막대를 건드리는 행위는 반응(R), 막대를 건드릴 때마다 주어지는 음식은 결과(C)에 해당한다.
⑥ 실제 조직 내에서 나타나는 행동 중 조작적 조건화에 의해 이루어지는 행동들이 존재한다.

예 조작적 조건화에 의한 행동의 예

구분	행동	결과
경우	일하는 경우	급여를 받음
	지각하는 경우	급여를 삭감 받음
	직무를 충실하게 할 경우	상사의 인정을 받음

4. 사회학습이론(Social Learning Theory) ★★ 기출개념

(1) 사회학습이론의 등장배경
① 행동주의 학자들의 학습이론은 학습에 영향을 미치는 여러 중요한 요인을 설명해 주었지만, 근본적으로 인간에 대한 고려를 하지 않았다.
② 반두라(Albert Bandura)는 행동주의 학습이론이 간과한 요인들을 보완하여서, 사회학습이론이라는 새로운 이론을 제시하였다.

(2) 사회학습이론의 정의
① 사회학습은 '대리학습(vicarious learning)'이라고도 하며 개인의 행동은 그 행동이 학습된 배후 조건을 고려할 때 가장 잘 이해할 수 있고, 사람들이 다른 사람이나 어떤 사건을 통해 새로운 행동을 배울 수 있다고 가정한다.
② 직접적인 강화나 벌이 없어도 단순히 타인의 행동을 관찰하는 것을 통해 학습이 일어날 수 있다고 설명하며, 강화가 반드시 필요한 것은 아니라고 보았다.

(3) 사회학습이론의 구성
① 사회학습이론은 사람이 사회적 상황 내에서 타인들의 행동을 관찰·모방함으로써 새로운 행동을 학습할 수 있다고 보았다.
② 행동주의 학자들과 달리, 사회학습이론에서는 학습을 정신적인 정보처리과정을 통한 지식의 습득으로 보는 것이다.
③ 개인(인지 과정)은 그가 처한 환경 및 행동과 상호작용한다.

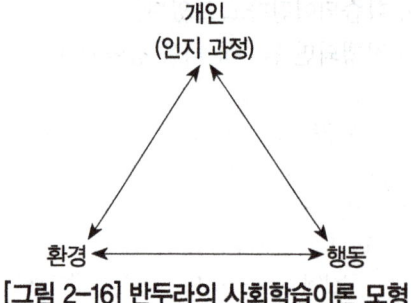

[그림 2-16] 반두라의 사회학습이론 모형

④ 사회학습이론은 상징화, 예측, 대리학습, 자기통제, 자기효능감이라는 다섯 가지 측면을 가지고 있다.

구분	내용
상징화	자신의 경험을 자신의 행동을 가이드해주는 인지모형으로 전환시키는 과정
예측	행동을 계획하고 결과를 예측하며, 바람직한 성과수준을 결정하는 것
대리학습	타인들의 성과·결과를 관찰하는 것
자기통제	자신과 타인의 성과기준을 비교한 결과를 바탕으로 자신의 성과를 통제하는 것
자기효능감	자신이 맡은 직무를 잘 수행할 수 있다는 자기 확신

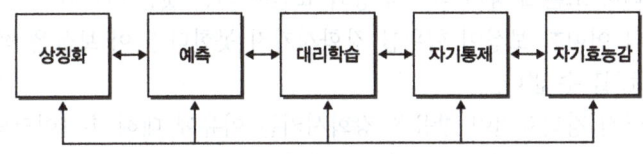

[그림 2-17] 사회학습이론의 5가지 측면

(4) 사회학습이론의 조직적 활용
① 우수사원 선발, 우수사례 선정을 통해 다른 조직구성원의 벤치마킹을 유도한다.
② 새로운 도전 과제를 제시하여 성공적인 자기역량 강화를 실현하게 한다.
③ 관리자는 부하직원에 대한 기대감을 보임으로써 직원들의 자기효능감을 증대시켜 학습강화가 이루어지게 할 수 있다.

5. 강화(reinforcement) 기출개념
(1) 강화의 구성
조건에 대한 반응이 학습되는 것은 반응의 결과로 강화가 나타나기 때문이며, 이때의 강화는 행동, 행동에 영향을 미치는 선행요인, 요인에 따른 결과로 구성된다.
① 관리자와 종업원은 선행요인(자극)으로써 목표 설정을 하고, 이후 종업원은 목표를 달성하기 위한 행동을 한다.
② 행동에 따라 목표 달성이 이루어졌는지의 여부로 '예', '아니오'의 결과가 분류된다.
③ 결과에 따라 칭찬, 보상, 질책, 처벌 등의 강화가 주어진다.

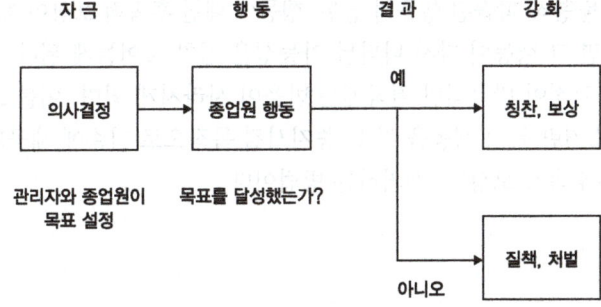

[그림 2-18] 강화의 상황적 예시

(2) 강화전략의 분류
① 강화전략: 긍정적 강화, 부정적 강화, 소거, 벌로 분류할 수 있다.
② 긍정적 강화와 부정적 강화의 목적: 바람직한 행위를 증가시키는 데 있다.
③ 소거와 벌의 목적: 바람직하지 못한 행위를 감소시키는 데 있다.

(3) 강화전략의 4가지 유형 기출개념
① **적극적 강화(positive reinforcement)**: 특정 행동과 연계하여 즐겁고 긍정적인 결과를 제공함으로써 그 행동을 반복하도록 유도하는 것이다.
  ㉠ 적극적 강화 요인은 자극-반응의 관계에서 조작적 반응의 관계를 강하게 만드는 요인을 의미하며, 보상(rewards)도 여기에 포함된다.
  ㉡ 각 개인은 보상 받기를 원하고, 보상을 받으면 만족을 느낀다.
  ㉢ 그러나 모든 보상이 적극적 강화 요인이 되는 것은 아니다.
  ㉣ 만약 어떠한 보상이 행위를 강화시키지 못한다면 이 보상은 적극적 강화요인으로 볼 수 없다.
  ㉤ 적극적 강화요인이 반응을 강화시키는 이유에 대해 손다이크의 '결과의 법칙(law of effects)'에서 설명하고 있다.
  ㉥ 이 법칙에 의하면 적극적 결과를 가져올 것이라고 예측되는 행위는 반복되며, 부정적 결과를 가져올 것으로 예측되는 행위는 반복되지 않는다.
② **부정적(소극적) 강화(negative reinforcement)**: 부정적 강화란 적극적 강화와 마찬가지로 바람직한 행동이 많이 일어나게 만드는 방법이며, 보상을 주는 대신 불유쾌하고 부정적인 자극을 제거하는 방식을 통해 행동을 강화시킨다.
  ㉠ 부정적 강화는 도피학습(escape learning)과 회피학습(avoidance learning)의 두 가지 형태의 학습이 있다.
  ㉡ 도피학습은 특정 행동을 하게 될 경우 이미 존재하고 있는 불쾌한 자극으로부터 벗어나게 해주는 방식이다.
  ㉢ 회피학습은 특정 행동을 하지 않으면 주어지게 될 불쾌한 결과를 특정 행동을 하면 피할 수 있게 해주는 방식이다.
    예 회피학습은 특정 행동(정시출근)을 하지 않을 경우(지각) 주어지는 불쾌한 결과(잔소리)를 특정 행동(정시출근)을 하면 피할 수 있도록 한다.
③ **소거(extinction)**: 적극적 강화와 부정적 강화전략이 바람직한 행동을 강화하는 방식이라면, 소거와 벌은 바람직하지 않은 행동을 감소시키는 방식이다.
  ㉠ 보상을 통해 학습된 행동의 경우, 행동에 대한 후속적 보상이 계속해서 나타나지 않으면 그 행동이 다시 나타날 가능성은 점차 줄어들게 된다.
  ㉡ 이런 과정이 반복되면 결국에는 반응이 사라지게 되며, 이를 소거라고 한다.
  ㉢ 즉, 소거란 특정 행동을 감소·중지시킬 목적으로 기존에 제공되고 있던 긍정적 결과(후속적 보상)를 제거하는 방법이다.

📑 **개념 Plus**

결과의 법칙(law of effects)
효과의 법칙이라고도 부른다. 손다이크(Thorndike)에 의하여 주창된 학습 법칙의 하나이다. 활동의 결과가 만족할만하면 그 활동을 되풀이하는 경향이 있지만 만족할 수 없는 활동은 되도록 피하려는 경향을 의미한다.

④ 벌(punishment): 소거와 마찬가지로, 바람직하지 않은 행동의 반응을 감소하게 만드는 방식이다.
  ㉠ 특정 행동에 대한 불편한 결과를 부여하거나, 과거에는 그 행동과 관계없이 부여하던 보상을 제거하는 방식이다.
  ㉡ 효과의 법칙에 따라 보상은 행동을 강하게 만드는 반면, 벌은 행동이 약해지게 만든다.
  ㉢ 벌로 주어지는 보상의 철회 같은 경우, 그 동안에 소멸시키려는 행동과 무관하게 제공되어오던 보상의 철회이다.
  ㉣ 그러나 소거로서 주어지는 보상의 철회는 소멸시키려는 행동에 대해 제공하던 보상의 철회라는 점에서 그 차이가 있다.
  ㉤ 강화전략 유형

1차 분류	2차 분류	3차 분류	4차 분류
행위와 결과의 결합방식 (강화전략 유형)	바람직한 행위의 증가	적극적 강화 (보상의 부여)	음식, 애정, 유희
			칭찬, 봉급 인상
		부정적 강화 (불편자극 철회)	벌칙의 제거
			괴로움의 중지
	바람직하지 못한 행위의 감소	소거 (보상의 철회)	봉급 인상 철회
			파괴적 행동의 무시
		벌 (불편자극 부여)	힐책
			해고

6. 강화스케줄 ★★ 기출개념

학습효과, 바람직한 행동을 목적으로 강화를 사용하는 관리자는 강화스케줄을 선택해야 하며, 강화스케줄은 지속성의 여부에 따라 연속적 강화와 단속적 강화로 구분된다.

(1) 연속적 강화법
① 강화요인을 제공함으로써 새롭게 형성된 행동이나 불규칙하고 발생 빈도가 낮은 행동의 경우에 사용하는 것이 바람직하다.
② 연속적 강화법은 강화요인이 지속적으로 제공된다면 꾸준한 성과 향상을 기대할 수 있다고 본다.
③ 그러나 강화요인이 제거되면, 강화요인이 제공되는 동안 나타났던 반응이 급속히 사라지는 경향이 있다.

(2) 단속적 강화법
① 바람직한 행동이 나타날 때마다 강화를 하는 것이 아니라, 행동이 누적되는 것을 확인한 후에 특정 기준을 가지고 강화요인을 제공하는 기법을 말한다.
② 이러한 단속적 강화법은 부분강화법이라고도 한다.
③ 단속적 강화법은 고정적 또는 변동적 기준과 간격 또는 횟수비율 기준에 따라서 네 가지의 하위 유형으로 분류된다.

④ 단속적 강화법의 분류 및 특징

구분	내용
고정간격법	• 일정한 시간적 간격을 두고 강화요인을 제공하는 방법 • 시간급제나 일정한 기간에 지급하는 보너스, 연봉 등이 해당
변동간격법	• 시간에 따라 결정되는 방법 • 이 방법을 사용하면 종업원들은 언제 자신의 행동이 평가·보상되는지를 예측할 수 없어 항상 바람직한 행동을 하고 최선을 다하는 자세를 보이기에, 강력하고 지속적인 성과 향상의 결과를 가져올 수 있음 • 소거에 대한 저항력(강화요인이 없어진 후에도 바람직한 행동이 지속되는 성향)이 강함 예 정시 출근한 모든 종업원에게 하루를 평균으로 강화요인을 제공하기로 한 경우, 평균 하루에 한 번 칭찬하는 것
고정비율법	• 일정한 시간보다 일정한 횟수로 바람직한 행동을 보인 다음에 보상을 하는 행동 중심적 강화방법 • 1:1의 고정비율을 사용하면 행동마다 매번 보상하는 연속적 강화법과 그 방식이 동일하게 됨 예 생산량에 따라 급여가 지급되는 성과급제도(piece-rate system)는 직무 수행자가 지속적으로 열심히 바람직한 행동을 하게 하는데, 이는 수행자가 보상을 얻으려 일정한 횟수의 반응을 빠르게 보여주기 위해 노력하기 때문임
변동비율법	• 변동비율 일정은 시간보다 횟수를 기준으로 두기 때문에, 행동에 대해 변동적인 비율을 사용하여 강화요인을 제공함 • 평균적으로 n번째 바람직한 행동에 대한 반응을 강화함

⑤ 단속적 강화법의 각 기준에 따른 분류

구분	반응간격 기준	반응횟수비율 기준
고정적 적용	**고정간격법** - 일정한 시기에 따라 보상 지급 - 평균적인 성과 달성에 유리	**고정비율법** - 기대하는 결과의 일정 횟수에 따라 보상 지급 - 빠른 시간 내에 높고 안정적인 성과 달성에 유리
변동적 적용	**변동간격법** - 평균을 기준으로 변동적 시간간격에 따라 보상 지급 - 적당하고 높으면서 안정적인 성과 달성에 유리	**변동비율법** - 반응의 평균적인 횟수에 따라 보상 지급 - 매우 높은 성과 달성에 유리

⑥ 강화스케줄 중에서는 변동비율법과 변동간격법이 가장 강한 행동 수정효과를 가져온다고 알려진 반면, 고정간격법은 그 효과가 가장 미미하다고 알려져 있다.

02 행동수정

1. 행동수정의 의미
① 조직 행동 수정(Organizational Behavior Modification, OB-MOD)은 조직 내 구성원의 행동을 변화시키기 위해 행동주의 심리학의 원리를 적용하는 기법을 말한다.
② 바람직한 행동을 유도하고 부정적 행동을 감소시키기 위해 강화, 처벌, 소거 등의 방법을 사용한다.

2. 행동수정의 주요 개념 및 과정 ★★★

(1) 행동주의 심리학 원리
조직 행동 수정은 학습 이론, 특히 조작적 조건화에 기반한다. 특정 행동에 대한 결과(강화 또는 처벌)가 그 행동의 빈도에 영향을 미친다는 원리이다.
① 강화: 긍정적 강화와 부정적 강화가 있다.
　㉠ 긍정적 강화: 원하는 보상을 제공하여 행동을 증가시키는 것을 말한다.
　㉡ 부정적 강화: 불쾌한 자극을 제거하여 행동을 증가시키는 것을 말한다.
② 처벌: 긍정적 처벌과 부정적 처벌이 있다.
　㉠ 긍정적 처벌: 불쾌한 자극을 제시하여 행동을 감소시키는 것을 말한다.
　㉡ 부정적 처벌: 원하는 보상을 제거하여 행동을 감소시키는 것을 말한다.
③ 소거: 이전에 강화되었던 행동에 대한 보상을 중단하여 해당 행동의 빈도를 줄이는 방법이다.

(2) 조직 행동 수정의 적용 단계
① 목표 행동 식별: 조직에서 개선하고자 하는 구체적인 행동을 정의한다.
② 기존 행동 측정: 목표 행동의 빈도나 수준을 측정하여 변화 전의 상황을 파악한다.
③ 원인 분석: 목표 행동이 발생하는 원인이나 관련 요인을 분석한다.
④ 개입 전략 수립: 행동 변화를 유도하기 위한 구체적인 전략을 설계한다.
⑤ 전략 적용 및 평가: 설계된 전략을 적용하고, 목표 행동의 변화 정도를 측정하여 효과를 평가한다.

(3) 조직 행동 수정의 장·단점
① 장점
　㉠ 구체적인 행동 변화를 유도하여 조직의 생산성, 안전, 효율성을 높인다.
　㉡ 개인의 행동 변화를 통해 조직 전체의 성과 향상에 기여한다.
　㉢ 개인의 행동 변화 과정을 측정하고 평가한다.
　㉣ 비용 효율적인 방법으로 조직의 문제를 해결한다.

② 단점
　㉠ 개인의 자율성을 침해할 수 있다는 비판이 있을 수 있다.
　㉡ 개인의 존엄성을 훼손할 수 있다고 우려가 있다.
　㉢ 단기적인 효과는 있을 수 있지만, 지속적인 변화를 위해서는 지속적인 관리와 노력이 요구된다.

기출개념확인

01 연습 또는 경험에 기초한 비교적 영속적인 행동에서의 변화를 의미하는 것은?
① 강화   ② 학습
③ 실습   ④ 혁신

02 사회학습과정의 올바른 순서는?
① 주의-기억-재생-강화   ② 기억-재생-강화-주의
③ 재생-강화-주의-기억   ④ 강화-기억-재생-주의

03 바람직한 행동이 나타날 때마다 강화요인을 적용하는 강화방법은?
① 연속강화   ② 고정간격강화
③ 변동간격강화   ④ 변동비율강화

정답·해설

01 ② 학습은 직·간접적인 경험의 결과로 나타나는 지식 혹은 행동의 지속적인 변화를 의미한다.
02 ① 사회학습과정은 주의-기억-재생-강화 순으로 나타난다.
- 주의(Attention): 다른 사람의 행동을 주의 깊게 관찰하는 단계
- 기억(Retention): 관찰한 행동을 기억하고 내면화
- 재생(Reproduction): 관찰한 행동을 실제로 수행
- 강화(Reinforcement): 행동결과에 따라 행동의 반복 또는 회피

03 ① 연속적 강화법은 강화요인이 지속적으로 제공되는 한 꾸준한 성과향상을 기대할 수 있다.

제2장 | 실전연습문제

* 기출유형 은 해당 문제가 실제 시험에 출제된 유형임을 나타냅니다.

기출유형
01 한 사람을 다른 사람과 구별하게 해주는 퍼스낼리티를 형성하는 요인에 대한 설명 중 가장 적절한 것은?

① 부모로부터 받은 형질인 외모, 성별, 기질, 체구, 반사신경, 힘, 바이오리듬 등은 유전적 요인에 의해 결정된다.
② 자신이 자란 문화, 어렸을 때의 상황, 가족과 친구 사이에서의 관습, 우리가 경험하는 사회집단 등의 영향과 같은 환경에 의해 결정된다.
③ 퍼스낼리티는 상황에 따라 달라지지 않는다.
④ 유전, 환경, 상황 세 요인에 의해서 퍼스낼리티가 결정된다.

기출유형
02 사람은 정보처리과정을 통해 지식을 습득하며, 사회적 상황 속에서 타인들의 행동을 관찰하고 그들의 행동을 모방함으로써 새로운 행동을 학습할 수 있다는 주장의 이론은?

① 기대이론　　② 교환이론
③ 사회학습이론　④ 강화이론

기출유형
03 강화에 대한 설명과 거리가 먼 것은?

① 강화는 일반적으로 행동과 행동에 영향을 미치는 선행요인과의 상관관계로 구성되는 상황적 강화로 이루어진다.
② 강화전략 중 긍정적 강화와 부정적 강화는 바람직한 행위를 증가시키는 데 목적이 있는 반면, 소거와 벌은 바람직하지 못한 행위를 감소시키는 데 그 목적을 둔다.
③ 강화스케줄은 그 지속성의 여부에 따라 간격법과 비율법으로 나눌 수 있다.
④ 단속적 강화법은 고정적인지 변동적인지의 여부와 간격인지 비율인지에 따라 네 가지 하위 유형으로 나뉜다.

기출유형
04 다음 중 모티베이션에 대한 설명으로 보기 어려운 것은?

① 게으른 사람은 모티베이션이 없는 사람이다.
② 모티베이션이란 개인과 상황에 대한 상호작용의 결과이다.
③ 개인마다 기본적인 모티베이션을 유발하는 원인은 다 다르다고 할 수 있다.
④ 모티베이션은 목적 달성을 향한 개인의 열정, 방향, 지속적 역량의 정도를 측정하는 과정이다.

05 다음 중 모티베이션을 구성하는 요소와 가장 관련이 적은 것은?

① 얼마나 열심히 하는가를 나타내는 강도
② 조직에 이익이 되는 방향
③ 조직의 목적을 향한 역량의 유지
④ 맡은 일을 잘할 수 있다는 자신감

기출유형

06 모티베이션이론은 내용이론과 과정이론으로 구분할 수 있는데, 다음 중 과정이론은?

① Maslow의 욕구이론
② Alderfer의 ERG이론
③ Locke의 목표설정이론
④ Herzberg의 2요인이론

기출유형

07 사람들에게는 생리적 욕구, 안전의 욕구, 사회적 욕구, 존경의 욕구, 자아실현의 욕구의 5단계 욕구 계층이 존재한다는 점을 강조한 인물은?

① 매슬로우(Maslow)   ② 알더퍼(Alderfer)
③ 로크(Locke)   ④ 아담스(Adams)

08 욕구 5단계설에 대한 설명으로 잘못된 것은?

① 인간의 욕구를 생리적 욕구, 안전의 욕구, 사회적 욕구, 존경의 욕구, 자아실현의 욕구의 다섯 가지로 구분하였다.
② 경영자가 종업원의 모티베이션을 위해서는 그들의 미충족된 욕구가 무엇인지를 파악하는 데 관심을 기울여야 한다는 것을 보여준다.
③ 상위의 욕구를 충족시킬 수 있는 기회를 제공해야 한다는 점을 강조한다.
④ 하위욕구가 충족되면 상위욕구에 대한 욕망이 커지고 상위욕구가 충족되지 않을수록 하위욕구에 대한 욕망이 커진다고 보았다.

기출유형

09 인간의 긍정적인 측면을 바라보는 이론으로, 인간은 일을 놀이와 같이 자연스럽게 할 수 있으며 목표가 주어지면 자기지시와 자기 통제를 한다고 가정한 이론은?

① W이론   ② X이론
③ Y이론   ④ Z이론

기출유형

10 욕구단계이론과 ERG이론의 관계를 보여주는 그림에서 (ㄱ)에 들어갈 욕구는?

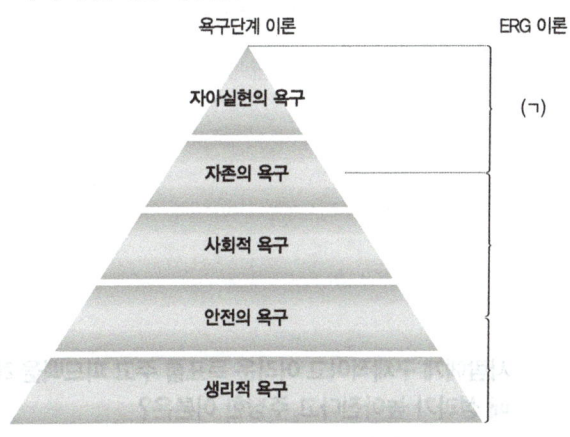

① 성장욕구   ② 존재욕구
③ 관계욕구   ④ 성취욕구

11 개인은 자신이 어떤 행동을 하면 그에 따라 특정 결과가 주어질 것이라는 기대감의 강도에 따라 다르게 행동한다는 전제하에, 자신의 욕구를 충족시킬 결과를 얻을 수 있다는 기대를 할 때 더 많은 노력을 기울인다고 주장한 이론은?

① 공정성이론 ② 기대이론
③ 인지평가이론 ④ 목표설정이론

12 자원의 분배와 교환을 어떻게 지각하는가를 설명해주며, 종업원이 불공평하게 다루어지고 있다고 느낄 때 어떻게 모티베이션시키는가를 설명하는 이론은?

① 공정성이론 ② 기대이론
③ 직무특성이론 ④ 목표설정이론

13 사람에게 구체적이고 어려운 목표를 주고 피드백을 해줄 때 성과가 높아진다고 주장한 이론은?

① 공정성이론 ② 기대이론
③ 직무특성이론 ④ 목표설정이론

14 다른 사람을 이용하거나 조작하려는 경향과 관련된 성격 특성은?

① A타입 퍼스낼리티 ② 마키아벨리즘
③ 통제의 위치 ④ 정서적 안정성

15 빅파이브(Big 5) 모델을 설명하는 것 중 바르지 않은 것은?

① 정서적 안정성은 특정 상황에서 얼마나 쉽게 흥분하고 정신적 반응을 보이는 가를 의미한다.
② 경험에 대한 개방성은 새로운 것이나 혁신적인 경험을 즐기는 성향을 의미한다.
③ 외향성은 말이 많고 자기표현을 잘하며 사람 사귀기에 능숙한 유형을 의미한다.
④ 성실성은 타인과 편안하고 조화로운 관계를 유지하며 잘 지낼 줄 아는 성향을 의미한다.

16 성격특성 A(Personality A)의 특징으로 볼 수 없는 것은?

① 경쟁적이고 조급함
② 신경질적이고 방해받으면 강하게 반응함
③ 열정적 언변
④ 작업속도가 일정

17 상동적 태도(stereotype)에 대한 설명으로 옳지 않은 것은?

① 조직에 있어서 타인을 평가할 때 범하기 쉬운 오류이다.
② 원래 인쇄공들이 쓰는 말로서 인쇄를 걸기 전에 만드는 연판을 뜻한다.
③ 리프만(W. Lippman)에 의해 처음 사용되었다.
④ 어떤 사람에 대한 호의적 또는 비호의적 인상이 다른 분야에 있어서의 그 사람에 대한 평가에 영향을 받는 경향을 말한다.

18 다음 중 학습(learning)에 대한 설명으로 옳지 않은 것은?

① 학습은 바람직한 행위를 배우는 것을 가리킨다.
② 연습이나 경험의 결과로서 발생한다.
③ 행위의 변화는 비교적 지속적이고 항구적이어야 한다.
④ 연습이나 경험에 대한 강화작용이 있어야 한다.

19 태도변화의 과정을 적절히 나열한 것은?

① 해빙-변화-재동결
② 해방-동일화-재동결
③ 순종-변화-재동결
④ 순종-동일화-재동결

20 직무 충실화를 효과적으로 실행하기 위해서 강조해야 할 사항과 관련 없는 것은?

① 책임을 부여하는 동안은 어느 정도 이상의 통제를 하지 않는다.
② 구성원에게 자신의 일에 대한 책임감을 증대시킨다.
③ 업무 수행 과정에 대한 재량권을 부여한다.
④ 개인에게 일부분의 일을 맡긴다.

제2장 | 정답·해설

01	02	03	04	05
④	③	③	①	④
06	07	08	09	10
③	①	④	③	①
11	12	13	14	15
②	①	④	②	④
16	17	18	19	20
④	④	①	①	④

01 ④

상황은 유전과 환경의 효과에 영향을 주며 개인의 퍼스낼리티는 대부분 안정적·지속적이지만 상황이 변하면 따라서 변화하기 마련인데, 이는 다른 여러 요구 상황이 다른 퍼스낼리티를 만들어낸다는 것을 의미하며 그렇기에 상황을 고려하지 않고 퍼스낼리티 패턴을 봐서는 안 된다.

02 ③

행동주의 학자들의 학습이론은 학습에 영향을 미치는 중요한 요인들을 설명하지만 인간에 대한 고려를 하지 않았기에, 반두라와 같은 학자는 행동주의 학자들이 간과한 요인을 보완하여 사회학습이론이라는 새로운 이론을 제시하였다.

> 참고

사회학습이론에서는 사회적인 상황 속에서 사람들은 타인들의 행동을 관찰하고 모방함으로써 새로운 행동을 학습할 수 있다고 봤다. 이들은 행동주의 학자와는 달리 학습을 정신적인 정보처리과정을 통해 지식을 습득하는 것으로 보고 있는 것이다.

03 ③

강화스케줄은 지속성의 여부에 따라 연속적 강화와 단속적 강화로 구분된다.

> 참고

적극적 강화와 부정적 강화전략이 바람직한 행동을 강력하게 일어나게 하는 방식이라면 소거와 벌은 바람직하지 않은 행동을 감소시킬 수 있는 방식이며, 보상을 통해 학습된 행동에 대한 후속적인 보상이 계속해서 나타나지 않으면 특정 행동이 다시 일어날 가능성은 점차 줄어드는데 이 과정이 반복되어 결국에는 반응이 사라지는 현상을 소거라 한다.

04 ①

모티베이션은 개인의 특성에 의해서만 결정되는 것이 아니라 각 개인의 특성과 상황이 상호작용하여 나타나는 결과이며, 개인마다의 기본적인 모티베이션의 유발 원인은 다를뿐더러 게으르단 이유로 모티베이션이 없다고 볼 수 없다.

05 ④

모티베이션(Motivation)이란 '목표를 달성하기 위하여 지속적으로 높은 강도의 노력을 해나가는 것'이며, 모티베이션을 구성하는 중요 요소는 노력의 강도(intensity), 방향(direction), 유지(persistence)이다.

06 ③

Locke의 목표설정이론은 과정이론이며 나머지 선택지는 내용이론이다.

> 참고 | 내용이론과 과정이론

내용이론은 모티베이션시키는 요인이 무엇인가(what)에 초점을 두는 이론이고, 과정이론은 모티베이션이 어떠한(how) 과정을 거쳐 이루어지는가에 초점을 두는 이론을 말한다.

07 ①

매슬로우에 의하면 계층적 구조의 욕구를 순서적으로 충족하는 과정에서 동기적 행동이 유발되는데, 결핍된 욕구로부터 욕구를 충족하기 위한 동기가 유발되고 하위 계층의 욕구로부터 상위계층의 욕구로 이동하며 나타난다고 한다.

08 ④

상위욕구가 충족되지 않더라도 하위욕구에 대한 욕망은 더이상 동기요인으로 작용하지 않는다는 매슬로우의 주장을 잘못 설명하고 있다.

09 ③

맥그리거는 전통적인 인간관을 X이론으로, 새로운 인간관을 Y이론으로 지칭하였다.

> 참고 **맥그리거의 X·Y이론**
> - **X이론**: 인간은 본래 일하기를 싫어하고 지시받은 일만 실행하기에 경영자는 금전적 보상을 유인책으로 사용하고 엄격한 감독과 상세한 명령으로 통제를 강화해야 한다.
> - **Y이론**: 인간에게 노동은 놀이와 마찬가지로 자연스러운 것이며 인간은 노동을 통해 자기 능력을 발휘하고 자아를 실현하고자 한다. 따라서 경영자는 자율적이고 창의적으로 일할 여건을 제공해야 한다.

10 ①

알더퍼는 매슬로우의 5단계 욕구설을 존재(existence), 관계(relatedness), 성장(growth)의 세 가지 욕구로 축소하여 설명하고 있으며, 하위욕구가 충족되면 상위욕구에 대한 욕망이 커지고 상위욕구가 충족되지 않을수록 하위욕구에 대한 욕망이 커진다고 주장하였다.

11 ②

기대이론에 관한 내용으로, 개인의 모티베이션의 강도(强度)를 성과에 대한 기대와 성과의 유의성(誘意性)에 의해 설명하며, 가치이론(Value Theory)이라고도 한다.

> 참고 **가치이론**
> 가치이론은 동기를 유발할 목적으로 동기요인이 상호작용하는 과정에 주목한 동기의 과정이론이다. 애트킨슨(J. W. Atkinson) 연구를 바탕으로 브룸(V. H. Vroom)이 완성하였으며, 라이먼 포터(Lyman W. Porter)와 에드워드 로울러(Edward E. Lawler Ⅲ) 등이 발전시켰다.

12 ①

노력과 직무만족이 업무상황의 지각된 공정성에 의해 결정된다고 보는 아담스(J. Stacy. Adams)의 이론이다.

> 참고
> 아담스는 조직 내 개인과 조직 간 교환관계의 공정성 문제와 공정성이 훼손되었을 때 나타나는 개인의 행동유형을 제시했다. 또한 구성원은 직무에 대해 자신이 조직으로부터 받은 보상을 비교하여 공정성을 지각하며, 자신의 보상을 동료와 비교하여 공정성을 판단하는데 이때 불공정성(不公正性)을 지각하면 이를 감소시키기 위한 방향으로 모티베이션이 작용하여 균형을 찾는다고 주장하였다.

13 ④

로크(Locke)의 동기이론으로 인간 행위는 본능, 욕구, 조건 형성 등이 아닌 의식적인 목표나 의도에 의해 이루어짐을 강조한 이론이다.

> 참고
> 로크는 목표가 인간 활동을 직접 조절하는 기능을 가지고, 설정된 목표는 관심과 행동의 지표를 제공한다고 보았다. 목표는 개인이 목표의 달성을 위해서 노력을 동원하고 지속하게 하며, 목표 달성 전략을 개발하도록 동기를 유발시키는 기능을 가진다고 보았다.

14 ②

마키아벨리적 성향이 강한 사람은 실리적이고 감정적 거리를 유지하며 결과를 위한 수단들을 정당화한다.

15 ④

친화성은 타인과 편안하고 조화로운 관계를 유지하며 잘 지낼 줄 아는 성향을 의미한다.

16 ④

A형 퍼스낼리티는 다음과 같은 특성을 갖고 있다.
- 경쟁적이고 조급함
- 신경질적이며 방해를 받을 때 더 강하게 반응하는 경향이 있음
- 업무처리 속도가 빠름
- 과도한 경쟁, 공격성, 시간의 압박, 열정적인 언변, 얼굴 근육의 긴장 등을 나타냄
- 양을 성공의 기준으로 함
- 여가 선용을 못함

17 ④

상동적 태도(stereotyping)는 사람에 대한 경직적인 편견을 가진 지각을 뜻하는 것으로 타인에 대한 평가가 그가 속한 사회적 집단에 대한 지각을 기초로 해서 이루어지는 것을 의미한다.

18 ①

학습(learning)은 연습이나 경험의 결과로서 발생하는 행위에 있어서의 비교적 항구적인 변화를 나타내는 것으로, 바람직한 행위의 변화는 물론이고 편견 등과 같은 바람직하지 못한 행위의 변화도 포함된다.

19 ①

K. Lewin은 태도변화가 해빙(unfreezing), 변화(changing), 재동결(refreezing)의 3단계를 통해 발생한다는 이론을 제시하였다.

20 ④

직무 충실화(job enrichment)는 직무 내용을 고도화시켜서 직무의 질을 높이는 것을 의미한다.

참고

정도의 차이는 있지만 일반적으로 종업원은 스스로에게 부과된 직무가 양적, 질적으로도 충실하며 의미 있고 책임감을 느낄 수 있는 일이라고 생각되는 경우에 도전하고 싶은 동기가 생기며, 이를 수행하면서 스스로 성장하고 싶어 하는 욕구가 발생한다. 직무 충실은 이러한 종업원의 기대에 부응해 권한이나 책임을 확대하는 직무 확충 등 직무 내용을 고도화시켜 기업 내 인재 활용에 있어서 효과의 극대화를 도모하는 것이다.

무료 학습자료 제공 · 독학사 단기합격 **해커스독학사**
haksa2080.com

무료 학습자료 제공 · 독학사 단기합격 **해커스독학사**
haksa2080.com

전문가가 분석한 출제경향 및 학습전략

3장의 주요 주제인 팀과 리더십은 조직행동의 핵심주제로 경영자뿐 아니라 성장과 성공을 준비하는 사람들의 주요 관심사이다. 따라서 리더십의 개념과 리더십 이론의 발전과정 및 현대적 리더십 이론들의 주요 개념과 특징을 학습하는 것이 중요하다. 이번 개정에서 조직행동의 주요 주제인 커뮤니케이션, 권력, 조직정치, 갈등관리 등이 새로 추가되었으므로 이에 대한 철저한 학습과 대비가 필요하다.

제3장 | 핵심 키워드 Top 10
핵심 키워드 Top 10은 본문에도 동일하게 ★로 표시하였습니다.

01	팀의 유형 ★★★	p.129
02	커뮤니케이션 유형 ★★	p.140
03	그레이프바인 ★★★	p.141
04	제한된 합리주의 모델 ★★	p.146
05	집단사고 ★★★	p.151
06	권력의 원천 ★★★	p.155
07	갈등관리 ★★★	p.161
08	조직정치의 의미 ★★	p.160
09	리더십 상황이론 ★★	p.173
10	리더십 대체이론 ★★	p.177

제3장

집단행동 영역

제1절 집단과 팀에 대한 이해와 관리
제2절 커뮤니케이션과 의사결정
제3절 권력, 조직정치, 갈등관리
제4절 리더십

제1절 집단과 팀에 대한 이해와 관리

01 집단과 팀

1. 집단과 팀의 개념 차이
집단(group)과 팀(team)은 서로 기능이 다르다. 조직에서 집단과 팀이라는 용어가 함께 사용되고 있지만 집단과 팀은 구분되어 이해되고 조직에서 운영될 필요가 있다.

(1) 집단
집단이란 2인 이상으로 구성되며, 정보를 공유하는 것이 주목적이다. 또한 구성원 각자의 책임 하에 업무를 수행한다.

(2) 팀
① 팀은 상호 보완적인 능력(기술, 지식)을 가진 2인 이상의 구성원들이 공동의 목표 달성을 위해 신뢰하고 협조하며 작업결과에 대해 상호 책임을 공유하는 과업지향적인 집단을 의미한다.
② 팀은 환경의 변화를 잘 파악할 수 있는 사람이 적절하고 신속하게 의사결정을 할 수 있도록 권한을 위양해 줌으로써 급속한 환경, 기술, 경쟁과 사회의 변화를 신속히 포착하여 대응하기 위한 집단을 말한다. 집단과 팀은 크게 목표, 의사결정, 시너지, 책임, 기술에 그 차이가 있다.

02 팀의 개념과 유형

1. 팀(team)의 정의 [기출개념]
상호보완적인 능력(기술, 지식)을 가진 두 명 이상의 구성원이 공동의 목표 달성을 위해 신뢰·협조하며 작업 결과에 대한 상호책임을 공유하는 과업지향적인 집단을 말한다.

(1) 기업 내 팀 제도의 도입
① 최근 기업들은 대내외적인 환경변화에 적응하고 조직의 유연성을 확보, 조직의 공동 목표를 달성하기 위해 팀제를 도입하고 있다.
② 팀은 일종의 과업지향적인 작업집단(task-oriented work group)을 말한다.
③ 이전부터 기업은 팀의 명칭을 사용하지는 않았지만 그와 비슷한 작업집단을 운영해왔다.

(2) 기업 내 팀 제도의 필요성

급변하는 환경변화에 따라 팀 제도의 도입이 필요한 이유로는 스피드 시대에의 부응, 인력 운용의 유연성 및 합리성 제고, 조직구성원의 욕구 충족 등이 있다.

① 스피드 시대에의 부응
  ㉠ 과거의 작업방식이 가지는 한계를 극복할 대안으로서 팀은 매우 효과적이다.
  ㉡ 조직은 급변하는 환경에 적응하고 시대의 흐름에 부응해야 생존·번영할 수 있다.
  ㉢ 따라서 기업 간의 경쟁이 심화되고 고객의 중요성이 더욱 커지는 경영환경에 빠르게 대응하기 위해서는 팀 제도를 도입해야 한다.

② 인력운용의 유연성 및 합리성 제고
  ㉠ 전통적 피라미드 조직은 의사결정의 지연, 부문주의 등으로 경영의 비효율성과 간접 비용을 증가시키고 조직의 경직성을 초래하였다.
  ㉡ 또한 관리자 수는 증가하는 데 반해 부서의 수는 늘어나지 않는 현상으로 인해 승진 적체 현상이 심화되었다.
  ㉢ 조직의 경직성과 승진 적체 현상을 해결하는 데 필요한 인력운용의 유연성과 합리성을 높이려면 팀 제도가 필요하다.

③ 조직구성원의 욕구 충족
  ㉠ 최근 들어 신세대 종업원이 기업에서 차지하는 비중이 증가하였으며 기업은 신세대의 개인주의, 탈권위적, 모험 선호, 행복한 삶 중시, 자아실현 욕구 등의 욕구를 충족해주어야 한다.
  ㉡ 팀은 욕구가 충족되는 작업환경을 조성하여 구성원을 동기부여시킬 수 있다.

2. 집단과 팀

(1) 집단과 팀의 비교

팀은 환경변화를 잘 파악하는 구성원들이 적절하고 신속하게 의사결정을 하도록 권한을 위양해주어 급속한 환경변화, 기술의 변화, 경쟁의 변화, 사회의 변화들을 신속하게 포착하고 재빨리 대응하기 위한 집단을 말한다.

집단	팀
• 2인 이상으로 구성 • 정보를 공유하는 것이 주 목적임 • 조직구성원이 각자의 책임하에서 업무를 수행하는 상태를 의미함	• 상호보완적 능력(기술, 지식)을 가진 2인 이상으로 구성 • 구성원들이 공동 목표 달성을 위해 신뢰하고 협조함 • 작업 결과에 대해 모두가 상호책임을 공유하는 과업지향적 집단을 의미함

(2) 집단과 팀의 항목별 차이

기준	집단	팀
목표	집단 구성원 간의 정보 공유	팀 업무 수행 및 생산성 향상
의사결정	다수결로 결정되거나 소수 영향권자가 결정함	모두의 의견을 반영, 합의하여 결정함
시너지	관계없음(가끔 부정적임)	긍정적임
책임	개인에게 있음	개인과 팀 모두에게 있음
기술	다양하지만 임의적(Random)	상호보완적

3. 전통적 조직과 팀 조직의 비교

(1) 전통적 조직
① 분업화 원리에 따라 조직을 수직적으로 세분화하여 부서, 과 등으로 나눈다.
② 보상 및 승진과 연계된 인사를 통해 조직의 계층 수가 지속적으로 늘어난다.
③ 권한이 최고 경영층과 관리자에게 집중되며, 조직 간의 상호 견제와 엄격한 통제 기능을 강화한다.
④ 관리자는 지시적이고 정보를 독점하며 부하직원에게 제한적인 정보를 제공한다.
⑤ 직위나 근무연수에 근거하여 보상을 한다.

(2) 팀 조직
① 수평적 조직구조로 전통적 조직의 피라미드 구조와는 거리가 멀다.
② 이 조직은 자율성이 부여된 작은 규모의 소집단으로 운영된다.
③ 상사와 부하의 관계보다 동료 간의 관계가 강조되는 수평적 조직구조로 운영되며, 자체적으로 완수해야 하는 업무 프로세스 단위를 가진다.
④ 권한은 상위 관리자로부터 팀원들에게 위임되는 분권화의 형태를 보인다.
⑤ 직무 스타일은 자율적, 가치지향적이고 팀 내에서 정보를 공유하고 참여적이며, 보상은 개인 및 팀의 성과와 능력에 따라 주어진다.

(3) 전통적 조직과 팀 조직의 비교

구분	전통적 조직	팀 조직
조직구조	수직적 계층 구조, 부, 과	수평적 팀 구조
조직화의 원리	기능 단위	업무 프로세스 단위
직무설계	분업화(좁은 범위의 단순과업)	다기능화(다차원적 과업)
권한	권한의 집중	분권화
관리자의 역할	지시, 통제	코치, 촉진자
리더십	지시적, 하향적	후원적, 참여적, 설득적
정보의 흐름	통제적, 제한적	개방적, 공유적
보상	개인, 직위, 근무연수	개인과 팀의 성과, 능력

4. 팀의 요소 ★★ 〔기출개념〕

팀은 공동의 목표와 공통의 접근방법, 소수의 인원, 상호책임, 상호보완적 기술을 가진 팀원들로 구성된다.

(1) 공동의 목표
팀은 공동의 목표를 공유하고 업무수행 목표에 몰입하는 사람으로 구성되어야 한다.

(2) 공통의 접근방법
팀은 업무수행이나 문제해결, 의사결정을 위해 공통의 접근방법을 사용한다.

(3) 소수의 인원
① 팀 구성 규모상의 특징으로, 팀 구성원은 소수의 사람으로 구성된다는 점이 있다.
② 팀 구성의 적정 규모는 과업 특성에 따라 차별적이며, 대개 7~15명 정도가 적절한 규모로 여겨지지만 경우에 따라 30명 정도가 되는 경우도 있다.

(4) 상호책임
팀의 구성원들은 팀의 업무수행 결과에 대해 상호책임감을 공유해야 한다.

(5) 상호보완적 기술
① 팀의 보유 기능상 특징으로, 구성원들이 보유한 기능은 상호보완적이어야 한다.
② 팀의 성과가 상승 효과를 가지려면 문제해결에 필요한 다양한 기능을 가진 사람들로 구성되어야 하기 때문이다.

> **핵심 Check**
>
> **팀의 요소**
> - 공동의 목표
> - 공통의 접근방법
> - 소수의 인원
> - 상호책임
> - 상호보완적 기술

5. 팀의 유형 ★★★ 〔기출개념〕

(1) 기업의 대표적인 4가지 팀 유형

① 문제해결팀(problem-solving team)
  ㉠ 문제해결팀은 감독자와 5~21명의 팀원으로 구성된다.
  ㉡ 이 팀은 연구 과제를 스스로 파악하고 실천 가능한 해결책을 개발한다.
  ㉢ 문제해결팀은 조직 내에서 비교적 장기간 유지된다.
  ㉣ 대부분의 조직이 이 팀을 이용하는데, 팀원들은 원래의 직무 외에 부가적으로 문제해결팀의 일원이 되는 복수 직무 수행의 형태로 구성된다.

② 자율관리팀(self-managed team)
  ㉠ 팀의 일상적인 일을 스스로 통제하고 나아가 팀 목표의 설정, 목표달성 방법, 팀원 충원 등에서 완전한 자율권을 가지는 작업 팀을 의미한다.
  ㉡ 자율관리팀은 영문으로 'self-directed work team', 'shared leadership team', 'self-managed work team', 'empowered team' 등으로 불리기도 한다.
  ㉢ 자율관리팀의 가장 큰 특징은 용어의 뜻처럼 일을 수행할 때 많은 자율권한이 부여되고 스스로 관리하는 책임이 주어진다는 점이다.

③ 다기능팀(cross-functional team)
  다기능팀은 팀 내에서 연구개발, 생산, 기획, 마케팅 등의 모든 기능을 수행할 수 있도록 구성한 팀 형태를 말한다.

④ 가상팀(virtual team)
  ㉠ 우리가 흔히 말하는 팀은 얼굴을 맞대고 일하는 팀이지만, 물리적으로 떨어져 있으면서 조직의 목표를 위해 컴퓨터 기술을 사용하여 같이 일하는 팀도 있다.
  ㉡ 이러한 가상팀은 네트워크, 화상 회의(video conference), 이메일 등을 사용하여 온라인상으로 일을 한다.
  ㉢ 가상팀은 보통의 다른 팀이 하는 정보공유, 의사결정, 업무처리 등 모든 일을 수행할 수 있다.
  ㉣ 가상팀을 통해 같은 조직 구성원이나 다른 조직 구성원과 함께 일할 수 있다.
  ㉤ 작업 기간은 문제 해결을 위해 며칠 동안만 함께 일할 수도 있고, 프로젝트를 수행하면 그 기간은 수 개월부터 시작해서 영구적으로도 지속될 수도 있다.

(2) 발전단계로 본 팀의 유형
팀의 유효성과 팀 성과 간의 관계를 나타내는 그래프를 팀 성과 곡선이라고 부르며, 두 가지 요소에 따라 팀의 유형이 구분된다.

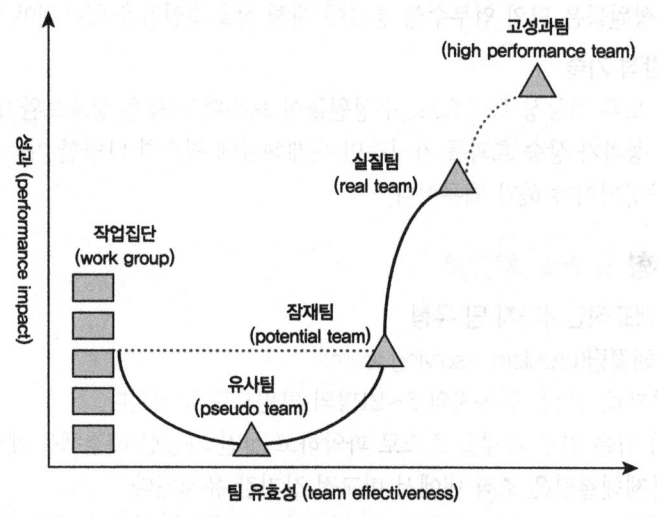

[그림 3-1] 팀 성과 곡선

① 작업집단(working group)
  ㉠ 전통적인 과·부제에 해당하는 개념이다.
  ㉡ 이 집단의 구성원은 업무수행을 위해 정보, 작업방법, 견해를 공유하며 각 개인의 책임범위 내에서 서로의 업무수행을 돕기 위해 상호접촉하지만 공동의 목표나 상호책임을 공유하지는 않는다.
  ㉢ 따라서 팀이 되기 위한 필요조건이 충족되지 않은 그룹이다.

② 유사팀(pseudo team)
  ㉠ 기존의 과·부제를 하나로 통합하여 명칭만 팀으로 바꾼 경우이다.
  ㉡ 팀이라는 명칭만 사용할 뿐 공동 목적, 업무수행 목표의 설정에는 관심이 없다.
  ㉢ 공동의 목표가 설정되지 않은 상태에서 이루어지는 빈번한 상호접촉이 구성원 개개인의 업무수행을 방해하여, 집단의 업무 수행 결과가 각 개인의 잠재능력 합보다 오히려 낮을 수 있다.
  ㉣ 팀의 장점을 살리지 못하고 전통적 조직의 효율성도 발휘되지 않기 때문이다.
  ㉤ 그러므로 모든 그룹 중에 업무수행 효과가 가장 낮다.

③ 잠재팀(potential team)
  ㉠ 팀 성립의 기본요건을 일정 정도 충족하거나 충족하기 위해 노력하는 팀으로, 오늘날의 조직에서 흔히 볼 수 있는 유형이다.
  ㉡ 공동의 목표나 작업결과가 확실하고 명확해야 하며, 공통의 작업방법 개발에 더 많은 노력을 기울여야 한다.
  ㉢ 팀의 문제해결, 의사결정 등에 관한 접근법이 타당하면 업무수행 능력은 상승하고, 업무수행 성과가 빠른 속도로 상승할 수 있다.
④ 실질팀(real team)
  ㉠ 팀이 공동으로 책임지는 공동 목적, 업무수행 목표, 공동의 책임감, 추진 방법 등에 전념하기로 한 상호보완적 기술을 가진 소수의 사람으로 구성된다.
  ㉡ 팀의 성립 요건을 모두 충족한 집단으로 팀의 성과와 능력은 개개인의 최선의 능력 합보다 훨씬 크다.
⑤ 고성과팀(high performance team)
  ㉠ 팀 효과성 측면에서 팀 조직 중 가장 앞선 유형의 팀으로, 진정한 팀의 요건을 충족한다.
  ㉡ 팀원 상호 간의 개인적 성장과 성공에 더욱 심층적으로 몰입하며 구성원의 몰입 상태가 실질팀의 상태를 초월하는 팀을 말한다.
  ㉢ 고성과팀의 팀원들은 팀을 위해 자기희생을 감수하며, 다른 모든 팀보다 현저히 높은 수준의 성과를 창출하고 팀원들에 대한 기대도 초과 달성한다.
  ㉣ '[그림 3-1] 팀 성과 곡선'의 실질팀과 고성과팀 사이의 점선은 고성과 창출에 요구되는 개인적 몰입을 의미한다.

02 팀의 유효성

1. 팀의 유효성을 높이기 위해 고려할 사항
팀의 유효성을 높이기 위해서 팀 여건, 팀 구성, 팀의 작업설계, 팀 과정이라는 네 가지 사항을 고려해야 한다.

2. 팀 여건
고성과팀을 만들려면 우선 팀 여건을 잘 마련해야 하며, 팀의 성과와 가장 관련이 있는 팀의 여건(상황적 요인)으로는 적절한 자원의 유무, 효과적인 리더십, 팀에 근거한 성과평가와 보상 시스템이 있다.

(1) 적절한 자원
  ① 모든 팀은 팀을 유지하기 위해서 조직의 자원에 의존하기 때문에, 자원의 부족은 직접적으로 팀의 작업달성 능력을 저하시킨다.
  ② 팀의 성과와 관련된 요인 중 효과적인 팀이 가진 주요 특징은 조직의 지원이다.
  ③ 조직의 지원은 적절한 정보와 기술, 적절한 인원, 격려, 행정적 지원을 포함한다.

> **핵심 Check**
>
> **팀 여건**
> • 적절한 자원
> • 리더십과 구조
> • 성과평가와 보상체계

④ 팀이 목표를 효과적으로 달성하기 위해서는 경영진이나 조직으로부터의 지원을 받는 것이 중요하다.

(2) 리더십과 구조
① 팀의 구성원들은 누가 무엇을 할 것인지 함께 합의해야 하며, 업무를 할당할 때도 모든 팀원에게 공평하게 할당해야 한다.
② 또한 팀은 어떻게 계획을 짜고 어떤 기술을 개발할 필요가 있는지 어떻게 갈등을 해결할지, 팀의 의사결정과 수정·보완은 어떻게 할지를 결정할 필요가 있다.
③ 일의 세부사항과 개개인의 기술을 통합하기 위해 이들을 어떻게 결합할 것인지에 대한 합의는 팀의 리더십과 구조를 필요로 한다.
④ 물론 이때 리더십이 항상 필요한 것은 아니다.

(3) 성과평가와 보상체계
① 고정 시간 임금제나 개인 인센티브제와 같은 개인적인 성과 평가는 고성과팀과는 맞지 않는다.
② 팀 구성원들의 개인적인 공헌에 대한 평가와 보상과 더불어 경영진은 팀의 노력과 몰입을 강화시켜 줄 수 있는, 집단에 기초한 평가와 보상을 병행해야 한다.

예 소그룹 인센티브제(small-group incentives), 이익분배제(profit-sharing), 이윤분배제(gain-sharing) 등

3. 팀 구성

① 고성과팀을 만들기 위한 두 번째 필요사항인 팀 구성은 팀원의 능력, 팀원의 성격, 팀원의 역할, 팀원의 수, 팀원의 유연성, 팀원의 선호도 등을 포함한다.
② 팀 구성의 구성요소

구분	내용
팀원의 능력	• 고성과팀이 되려면 팀원들은 전문적 기술과 문제해결·의사결정 기술, 대인관계 기술을 가져야 함 • 세 가지 기술의 개발 없이는 팀의 성과가 높아질 수 없음
팀원의 퍼스낼리티	• 직무수행에 영향을 미치는 퍼스낼리티(성격) 요인이 중요함 • 특히 중요한 점은 팀원 간 퍼스낼리티의 편차가 적어야 한다는 점임
팀원의 역할	• 높은 성과를 내려면 팀원들은 다양한 역할을 해야 함 • 팀이 다양성을 유지하고 팀 내의 다양한 역할을 충족하려면 그 역할을 수행할 수 있는 사람을 선발해야 함
팀원 수	• 가장 효과적인 팀의 인원은 적당한 정도이며 아주 적거나(4~5인 이하) 아주 많으면(12인 이상) 안 됨 • 팀원 수가 아주 적으면 다양한 시각을 갖출 수 없음 • 팀원 수가 너무 많으면 많은 일을 하는 데 어려움을 겪을 수 있음
팀원의 유연성	효과적인 팀은 자신의 직무뿐 아니라 다른 팀원의 직무까지 완수할 수 있는 유연성 있는 팀원으로 구성됨
팀원의 선호도	• 팀원을 선발할 때 능력이나 퍼스낼리티, 기술뿐 아니라 개인적 선호도 고려해야 함 • 고성과팀은 보통 일하기를 선호하는 사람들로 구성되는 경향이 있음

핵심 Check

팀 구성
• 팀원의 능력, 성격
• 팀원의 역할, 팀원 수
• 팀원의 유연성
• 팀원의 선호도

4. 팀의 작업설계

① 고성과팀을 만드는 작업설계는 직무특성모델을 이용하여 진행할 수 있다.
② 이 모델은 직무의 특징들이 직무수행자의 성장욕구 수준에 부합할 때, 직무가 큰 의미와 책임감으로 다가올 수 있고, 직무수행 결과에 대한 지식을 제공하여 직무수행자의 동기수준을 높이고 궁극적으로 높은 성과를 낳게 된다고 주장한다.
③ **직무특성모델의 5가지 차원 및 특징** `기출개념`
  ㉠ 직무특성모델의 차원으로는 기술의 다양성, 과업정체성, 과업중요성, 자율성, 피드백이 있다.
  ㉡ 핵심직무특성이론(Core Characteristics Model)으로도 알려진 모델이며, 올드햄(Greg R. Oldham)과 해크만(J. Richard Hechman)에 의해서 1970년대 후반과 1980년대 초반에 개발된 이론이다.
  ㉢ 이 이론은 직무 성과, 직무 만족과 같은 요인들이 어떻게 직무의 특성에 의해 영향을 받는지를 잘 설명해주고 있다.

5. 팀 과정

① 고성과팀을 만들기 위해서는 팀원들 간의 상호작용이 있어야 한다.
② 이를 위해 공동의 목적 설정과 더불어 목적 달성을 위한 구체적이고 측정·검증이 가능한 목표가 있어야 한다.
③ 팀이 주어진 일을 잘 수행할 수 있다는 팀 효능감과 응집성도 필요하다.
④ 적절한 팀원 간의 갈등이 필요하며 사회적인 나태는 경계해야 한다.

✓ 핵심 Check

직무특성모델의 5가지 차원
- 기술의 다양성
- 과업정체성
- 과업중요성
- 자율성
- 피드백

팀 과정
- 팀 규범 및 공동 목표
- 구체적인 목표
- 팀 효능감
- 응집성
- 갈등 수준
- 사회적 나태(social loafing)

팀 효능감(team efficacy)
효과적인 팀은 스스로에 대한 확신이 있고 자신들이 성공할 것이라 믿는데, 이를 팀 효능감이라고 부른다. 작은 성공들은 팀에게 자신감을 심어준다. 팀이 증가하는 성과목표를 달성하면 할수록, 이는 또한 미래의 노력이 성공을 이끌 것이라는 집단적 믿음을 증가시킨다.

개념 Plus

기업에서의 팀 효능감 생성
경영진은 팀 효능감을 증대시키기 위해, 구성원의 전문적 기술과 대인관계 기술을 향상시키는 훈련을 제공하는 것을 고려해야 한다. 팀 구성원의 능력이 증가할수록 팀이 자신감을 가질 수 있고, 이 자신감이나 믿음을 바탕으로 일을 실행하는 능력도 증가하게 되기 때문이다.

03 고성과팀

1. 고성과팀의 특성

① 진정한 팀의 모든 요건을 갖춘 팀으로 팀원 상호 간의 개인적 성장과 성공에 깊이 몰입하는 팀원으로 구성되며, 이 몰입상태는 보통의 팀 수준을 초월한다.
② 고성과팀은 다른 팀보다 현저히 높은 수준의 업무수행을 감당하며 그 팀원들에게 안겨진 모든 합리적인 기대를 초과 달성한다.
③ 고성과팀의 8가지 특성

> **핵심 Check**
>
> 고성과팀의 8가지 특성
> - 참여적 리더십
> - 책임감 공유
> - 목표에 대한 일체감
> - 원활한 의사소통
> - 미래 지향성
> - 업무수행에 초점
> - 창의적 능력 개발
> - 신속한 대응력

특성	내용
참여적 리더십 (participative leadership)	• 고성과팀에서 공식적인 리더는 다분히 의례용이거나 외부인사의 편의를 위한 것임 • 실제로 이 팀의 리더십은 한 사람에게만 집중되는 것이 아니라 팀원 전부에게 골고루 분담됨
책임감 공유 (shared responsibility)	• 팀원은 서로를 존중하는 마음으로 책임을 분담하고 서로를 도와서 일을 해결하며, 솔선수범하여 어려운 일을 해결함 • 이 팀의 팀원들은 모두 팀 정신(team spirit)이 충만함
목표에 대한 일체감 (alignment on purpose)	• 높은 실적을 올리는 팀의 구성원들은 동일한 목표의식을 가짐 • 그들은 팀이 해야 할 일이 무엇이며 그 일이 왜 중요한지를 알고 있음
원활한 의사소통 (high levels of communication)	• 팀원들은 커뮤니케이션을 자유롭게 함 • 따라서 두려움 없이 그들의 의견, 생각, 감정을 나눌 수 있다고 느낌
미래 지향성 (focus on the future)	• 변화를 성장의 기회로 간주하고 받아들임 • 현재 상태에 만족하지 않고 새로운 아이디어와 경험을 밑거름 삼아 지속적으로 팀의 과정과 행동의 개선을 추구함
업무수행에 초점 (focus on task)	• 팀은 효과적인 의사결정·문제해결 방법을 개발하여 최적의 결과를 얻어내며 참여의식과 창의력을 조장함 • 팀원들은 여러 일을 완수하는 것은 물론이고, 함께 일하는 과정에서 높은 기술을 개발함
창의적 능력 개발 (creative talents)	• 팀원들은 다양한 어려움을 극복하고 그들의 목표를 실현할 수 있는 팀 효능감이 높음 • 구성원은 팀 내에서 성장하고 새로운 기술을 배울 기회를 가짐 • 이 기회를 통해 집단 능력과 함께 개인별 능력이 향상됨
신속한 대응력 (rapid respond)	• 이 팀의 팀원들은 유연성(융통성)을 가지고 여러 일을 수행하도록 다양한 기능을 가짐 • 팀원들은 변화가 불가피하고 바람직하다는 점을 깨닫고 여러 변화 상황에 적응함

기출개념확인

01 팀의 구성요소로 보기 어려운 것은?
① 공동의 목표
② 공통의 접근방법
③ 상호책임
④ 비슷한 유형의 기술을 가진 팀원

02 팀의 일상적인 일을 스스로 통제하고 나아가 팀 목표의 설정, 목표달성 방법의 설정, 팀원 충원 등에서 완전한 자율권을 가지는 작업팀은?
① 가상팀
② 다기능팀
③ 문제해결팀
④ 자율관리팀

03 물리적으로 떨어져 있음에도 IT 기술을 사용해 협력하거나 함께 일하는 팀을 의미하는 것은?
① 문제해결팀
② 자율관리팀
③ 다기능팀
④ 가상팀

정답·해설

01 ④ 팀의 정의에서 볼 수 있듯 팀은 공동 목표, 공통의 접근방법, 소수의 인원, 상호책임, 상호보완적 기술을 가진 팀원으로 구성된다.

참고 **팀의 정의**
상호보완적인 능력(기술, 지식)을 가진 둘 이상의 구성원이 공동의 목표 달성을 위해 신뢰하고 협조하며 작업결과에 대해 상호책임을 공유하는 과업지향적인 집단이다.

02 ④ 자율관리팀(self-managing team)이란 팀의 일상적인 일을 스스로 통제하는 것뿐만 아니라 팀 목표의 설정, 목표 달성 방법, 팀원 충원 등에 있어서 완전한 자율권을 가지는 작업팀이다.

오답분석
① 가상팀(virtual team)이란 물리적으로 떨어져 있지만 조직 목표를 위해 컴퓨터 기술을 사용해 함께 일하는 팀을 의미한다.
② 다기능팀은 팀 내에서 연구개발, 생산, 기획, 마케팅 등의 기능을 모두 수행하도록 구성하는 팀을 뜻한다.
③ 문제해결팀(problem solving team)이란 감독자와 5~21명의 팀원들로 구성되며, 연구과제를 스스로 파악하고 실천 가능한 해결책을 개발하는 팀을 의미한다.

03 ④ 가상팀은 공동의 목표를 달성하기 위해 지리적으로 분산되어 있는 구성원들이 컴퓨터, 통신망을 이용하여 결합되어 있는 팀을 말한다.

제2절 커뮤니케이션과 의사결정

01 커뮤니케이션

1. 커뮤니케이션의 이해

(1) 커뮤니케이션의 정의와 기능
① 커뮤니케이션은 의미 있는 정보를 상호교환하고 전달하는 과정으로 의사소통이라고 한다. 커뮤니케이션의 어원은 '공통' 또는 '공유'를 의미하는 라틴어의 'communis'에서 유래한다.
② 조직행동에서 커뮤니케이션은 두 사람 이상의 사람들 사이에 언어, 비언어 등의 수단을 통하여 자신이 가지고 있는 의사, 감정, 정보를 전달하고 피드백을 받으면서 상호작용하는 과정이라고 정의할 수 있다.
③ 커뮤니케이션은 서로 다른 사람(혹은 집단)끼리 서로 의사소통하여 공동의 장에 도달하게 하는 순환과정으로 볼 수 있다. 따라서 일방적인 정보전달은 커뮤니케이션이라고 보기 어렵고 상대방이 정보를 받아들이는 측면도 함께 고려되어야 한다.
④ 일방적 설명, 지시, 전달 등은 완전한 커뮤니케이션이라고 볼 수 없다. 즉, 쌍방향적 커뮤니케이션이 이뤄져야 한다.
⑤ 조직행동에서 주로 관심을 두는 분야는 개인과 개인, 집단과 집단 구성원들 사이의 상호작용 등을 포함하는 대인간 커뮤니케이션이지만 궁극적인 목적은 조직커뮤니케이션의 활성화를 돕기 위한 것으로 볼 수 있다.

(2) 조직에서 커뮤니케이션이 담당하는 기능 ★★★
① **통제기능**: 커뮤니케이션은 구성원의 행동을 통제하는 기능을 한다. 조직은 권한위계구조와 구성원들이 따라야 하는 공식적 규범이 있다. 구성원들이 직무관련 고충을 상사와 커뮤니케이션하거나 기업정책에 순응하는 것 등이 커뮤니케이션의 통제기능이라 할 수 있다.
② **동기부여 기능**: 커뮤니케이션은 성과기준에 따라 구성원의 성과를 칭찬하고 목표를 부여함으로써 구성원의 동기를 촉진하는 기능을 한다.
③ **감정표현 기능**: 커뮤니케이션은 구성원들의 만족, 흥분, 불만 등의 감정을 표현하게 하는 기능을 한다.
④ **정보전달 기능**: 효율적인 의사결정을 위해 필요한 정보들을 주고받는 기능을 한다. 이러한 네 가지 기능이 모두 중요하며 일상적으로 조직에서 발생하는 커뮤니케이션은 이러한 네 가지 기능 중의 하나 또는 그 이상의 기능을 수행하여 조직목표를 효과적으로 달성하는 데 도움을 준다.

2. 커뮤니케이션의 요소

(1) 커뮤니케이션의 과정

① 커뮤니케이션은 하나의 프로세스로 이해될 수 있으며 어떤 메시지로 표현된 것을 발신자로부터 수신자에게로 전달되고 이해되는 과정을 의미한다.

② 커뮤니케이션 과정은 발신자에게서 메시지를 상징적인 기호 형태로 기호화되어 매체나 경로에 의해 수신자에게 전달되고 수신자는 기호화된 내용을 원래의 메시지로 해석하는 단계로 이루어진다. 이러한 커뮤니케이션 과정을 거쳐 전하고자 하는 의미가 발신자에게서 수신자에게로 전달된다.

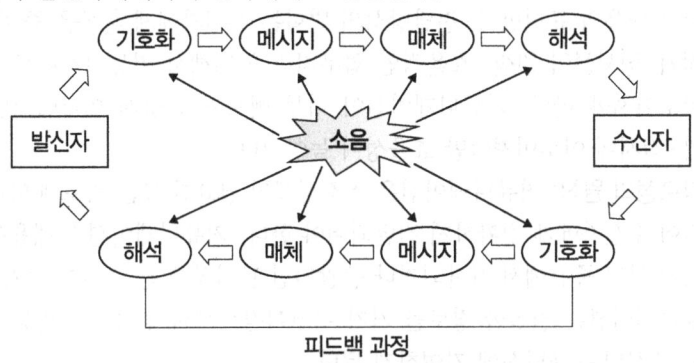

[그림 3-2] 커뮤니케이션 과정

③ 커뮤니케이션은 발신자가 전달하고자 하는 기초정보인 정보원이 발생하면 발신자, 기호화, 메시지, 매체, 수신자, 및 피드백의 과정을 거치게 된다.

㉠ **발신자**: 다른 사람에게 구두, 문서, 기호 또는 비언어적 방법으로 메시지, 아이디어, 및 정보의 제공 등과 같은 의사전달을 시도하는 사람을 말한다. 따라서 발신자의 전달의도가 커뮤니케이션의 출발점이 된다.

㉡ **기호화**: 기호화 과정에서는 발신자의 의사를 반영해 줄 수 있는 적절한 매개수단이 필요한데, 기호화의 대표적 형태는 언어와 비언어적인 매개수단이 사용된다.

㉢ **메시지 및 매체**: 메시지란 발신자가 수신자에게 전달하려는 목적이나 아이디어의 내용이며 의사소통과정의 핵심이다. 메시지의 전달에 있어 메시지의 명확성, 수신자의 관심 그리고 메시지의 복잡성과 길이가 영향을 미친다. 또한 매체는 기호화된 의사가 수신자에게 전달되는 커뮤니케이션의 경로에 해당된다.

㉣ **해석 및 수신자**: 해석 단계에서부터 메시지는 발신자 영역에서 수신자 영역으로 넘어간다. 커뮤니케이션의 과정이 완전히 끝이 나려면 메시지가 수신자에 의해 정확히 해석되고 제대로 이해되어야 한다. 이때 해석과정에서 수신자는 자신의 과거 경험이나 준거체계 등에 근거하여 기호화된 메시지를 해석하게 된다.

㉤ **피드백**: 피드백은 발신자의 메시지에 대한 수신자의 반응이다. 발신자의 일방적인 커뮤니케이션은 전달하려는 내용과 수신자가 받아들이는 내용 사이에 왜곡이 일어날 가능성이 높다. 수신자의 피드백이 없다면 발신자의 내용전달이 올바로 이해되었는지를 확인할 수 없게 된다. 그러므로 효과적인 커뮤니케이션이 이루어지기 위해서는 반드시 피드백이 있어야 한다.

⑪ 소음: 소음은 원활한 커뮤니케이션을 방해, 내지는 주의를 산만하게 하는 요소로서 이를 제거하지 않으면 원활한 커뮤니케이션이 이루어지기 어렵다.

(2) 커뮤니케이션의 원칙 ★★★
커뮤니케이션이 효율적으로 이뤄지기 위해서는 몇 가지 기본원칙이 필요하다.
① 명료성의 원칙: 의사나 정보를 전달하는 데 있어서 발신자가 전달하고자 하는 것을 수신자가 정확하게 이해하는 것이 중요하다. 따라서 수신자가 분명하게 이해할 수 있도록 의사나 정보를 간단명료하게 전달되어야 한다.
② 일관성의 원칙: 발신자가 전달하는 내용은 일관성이 있어야 한다. 전달하는 내용이나 내용의 표현방식·전달방식의 변화는 수신자에게 혼동을 줄 수 있다.
③ 적기·적시성의 원칙: 효율적인 업무처리를 위해서 커뮤니케이션은 때를 맞추어 이루어져야 한다. 커뮤니케이션이 너무 빠르거나 늦게 이루어지면 안 되고, 적기·적시에 이루어져야만 효율성이 높아진다.
④ 경로성의 원칙: 커뮤니케이션은 조직전체의 필요한 모든 경로에 따라 적절히 배분되어 수신자에게 정확하게 전달되어야 한다. 커뮤니케이션의 내용이 제대로 전달되지 않고 중간에서 차단되거나 증발되면 관리상에 큰 혼란이 야기될 수 있다. 커뮤니케이션은 일정한 경로를 거쳐 이루어짐으로써 정상적인 활동을 가능하게 하고 조직의 목표달성에 기여하게 된다.
⑤ 적정성의 원칙: 커뮤니케이션은 수신자가 무리 없이 수용할 수 있는 정도의 것이어야 한다. 커뮤니케이션의 내용이 수신자가 수용하기 어려울 정도가 되면 효과적인 커뮤니케이션은 기대할 수 없다.
⑥ 적응성의 원칙과 통일성의 원칙: 커뮤니케이션의 내용은 독자적인 개별성을 지니면서도 현실성이 인정되어야 한다. 또한 이는 조직구성원 전체를 대상으로 할 때 통일된 정책의 표현이 되어야 한다.
⑦ 관심과 수용의 원칙: 커뮤니케이션은 수신자의 관심을 끌면서 수용되어지는 것이 바람직하다. 발신자는 수신자의 관심 속에서 커뮤니케이션이 이뤄지도록 노력해야 한다. 발신자 위주의 커뮤니케이션은 커뮤니케이션의 효과성을 저하시킨다.

3. 커뮤니케이션의 방법
의사전달에는 구두 또는 기록에 의한 언어적 커뮤니케이션 방법과 몸짓, 표정과 같은 비언어적 커뮤니케이션의 방법 등이 주로 활용된다.

(1) 언어적 커뮤니케이션
① 언어적 커뮤니케이션(verbal communication)은 말에 의한 커뮤니케이션과 문서에 의한 커뮤니케이션으로 나뉜다.
② 말에 의한 커뮤니케이션은 효율성과 즉각성의 장점 이외에도 자기 생각을 직접적으로 더 많이 표현할 수 있기 때문에 오해의 소지가 적다고 볼 수 있다. 반면에 표현의 정확성이 필요할 때, 수신자가 가까이 없을 때, 기록으로 보관해 놓을 필요가 있을 때에는 문서에 의한 방법이 효과적이다.

(2) 비언어적 커뮤니케이션

① 비언어적인 커뮤니케이션(nonverbal communication)은 언어를 제외한 신체언어, 즉 자세, 몸짓, 의상, 인상, 표정 등으로 상호작용하는 방식을 말한다. 비언어적인 커뮤니케이션의 일반적인 목적은 메시지에 담겨진 감정을 표현하기 위한 것으로 언어적 커뮤니케이션을 보완하는 역할을 한다.

② 어떤 연구에 의하면 일상 대화의 70% 이상이 언어보다는 비언어적 커뮤니케이션에 의해 행해진다고 한다. 고개를 끄덕이는 것에서부터 앉아있는 자세에 이르기까지 비언어적 커뮤니케이션은 매우 다양하게 나타난다.

　㉠ 물리적 환경(environment): 커뮤니케이션이 이루어지는 환경에는 사무실의 규모, 자동차의 종류, 또는 업무적 거래나 회의를 위해 선택된 식당이나 호텔 등이 포함될 수 있다. 이러한 메시지가 교환되는 물리적 환경은 상당한 의미를 전달하게 된다.

　㉡ 몸의 위치 및 거리(body language): 커뮤니케이션은 상대방과의 떨어진 거리에 따라 전달효과가 다를 수 있다. 대개의 사람들은 멀리 떨어진 것보다는 가까이 하는 것이 상대방에 더 많은 관심을 가지고 있다는 신호로 이해한다. 따라서 몸의 위치나 거리를 통해 상대방에게 관심이 있다는 것 또는 좋아한다는 것을 말로 하지 않고 알려줄 수 있다. 그러나 지나치게 가까이 접근하는 것은 개인의 사적공간을 침해하는 것으로 지각될 수 있고 이는 메시지 전달을 어렵게 하는 요인으로 작용할 수 있다.

　㉢ 자세(posture): 다른 사람을 향해 몸을 기울인다든지 신체적으로 기대는 것은 메시지에 대한 호의적 태도를 보이는 것이다. 이와 달리 뒤로 젖히는 자세는 비호의적인 커뮤니케이션을 의미한다.

　㉣ 제스처(gesture): 어떤 사람의 신체움직임이나 손동작들을 관찰하는 것만으로도 그 사람의 생각을 어느 정도 알아낼 수 있다. 즉, 고개를 좌·우로 젓는 제스처 등에는 반대한다는 메시지가 담겨있다. 그러나 문화가 다를 때는 의미가 불분명하거나 오해를 살 수 있는 것들이 있어 주의할 필요가 있다.

　㉤ 얼굴표정(facial expression): 얼굴표정에도 많은 정보와 의미가 담겨있다. 때에 따라서 말보다 더 정확한 표현수단이 될 수 있다. 얼굴에 나타나는 구체적인 표정과 움직임은 만족불만족 또는 신뢰와 불신 등의 다양한 메시지를 의미할 수 있다.

　㉥ 눈 맞춤(eye contact): 얼굴표정과는 별도로 눈 맞춤은 상당히 많은 것을 전달하는 매체이다. 관심이 많을수록 상대를 응시한다든가 놀란 표정, 슬픈 표정, 무관심한 표정, 혼내는 표정이 모두 눈에 나타난다. 말하는 상대의 눈을 회피하는 것은 무관심, 순종, 거짓, 또는 사죄 등의 표현이 되기도 한다.

　㉦ 이미지(image): 전체적으로 풍기는 이미지와 외양은 역시 커뮤니케이션 수단이 된다. 신체크기, 말하는 태도, 입은 옷의 모양이나 종류, 넥타이 색깔까지도 그의 말을 듣고 있는 사람에게 발신자의 의도가 있건 없건 간에 무엇인가를 전달해주고 있는 것이다.

◎ 준언어(paralinguistics): 언어적 커뮤니케이션에 동반되는 음성적 효과로 대화의 의미를 보완하고 의미를 전달하는 수단을 의미한다. 말의 속도, 소리의 높낮이나 크기, 한숨, 침묵 등이 준언어라 할 수 있다.

(3) 전자 커뮤니케이션
① 오늘날 정보기술의 발전은 조직이나 작업현장에서 대인간 의사소통의 질적 및 양적인 면에서 크게 영향을 미치고 있다. 전자 커뮤니케이션(electronic communication)은 이메일, 스카이프, 동영상 회의, 음성인식시스템, 소셜 네트워크 서비스를 통해서 메시지를 전송하고 소통하는 것을 의미한다. 이러한 전자 커뮤니케이션의 발전은 커뮤니케이션 형태를 빠르게 변화시키고 있다. 즉, 조직 내 커뮤니케이션에 있어서 이동전화, 팩스, 전자게시판 등 각종 전자 커뮤니케이션으로 인하여 직접대면대화, 서류보고, 지시전달 및 회의 등의 형태가 빠른 속도로 바뀌고 있다.
② 오늘날의 기업들이 사용하고 있는 다양한 전자 커뮤니케이션 방식은 공간적 시간적 제약을 받지 않는 과업수행을 가능하게 한다.
③ 그러나 전자 커뮤니케이션은 기술적인 문제, 사생활 파기, 오해의 여지 등이 문제로 지적된다. 특히 부정적인 뉴스를 전달하는 경우에 문서화된 전자 커뮤니케이션은 감정을 표현하는 데에는 적절하지 못한 수단이다.

4. 커뮤니케이션의 유형 ★★
조직 내에서 일반적으로 활용되는 커뮤니케이션 유형은 커뮤니케이션의 공식성 또는 비공식성을 기준으로 공식적 커뮤니케이션과 비공식적 커뮤니케이션으로 구분된다.

(1) 공식적 커뮤니케이션의 의미
① 공식적 커뮤니케이션(formal communication)이란 조직의 공식적 경로를 통한 커뮤니케이션을 의미한다. 공식적 커뮤니케이션은 의사나 정보가 정확하고 전달체계가 명확하다.
② 또한 발신자와 수신자가 분명하기 때문에 책임소재가 명확한 것이 장점이라 할 수 있다. 일반적으로 업무와 관련된 공식적 커뮤니케이션은 그 경로의 방향에 따라 수직적·수평적 커뮤니케이션과 대각적 커뮤니케이션으로 이루어진다. 수직적 커뮤니케이션은 그 방향에 따라 다시 상향적·하향적 커뮤니케이션으로 구분된다.

(2) 공식적 커뮤니케이션의 종류
① 수직적 커뮤니케이션
  ㉠ 상향적 커뮤니케이션
    ⓐ 상향적 커뮤니케이션(upward communication)은 하의상달식으로 하향적 의사소통과는 반대로 하위계층으로부터 상위계층에게 메시지가 전달되는 것을 의미한다. 이것은 경영층이 구성원들로부터 업무상황, 직무에 대한 계획 및 필요한 자원지원 요청 등 하위계층의 구성원으로부터 의견이나 보고를 받는 것 등이 해당한다.

ⓑ 그러나 경영층이 구성원의 의견이나 아이디어를 무시하는 경우 또는 보고 내용이 좋지 않은 경우 보고를 피하려는 경향이 있어 활용이 미흡한 경우도 있다. 상향적 커뮤니케이션을 활성화하기 위해서 경영자와 관리자들은 구성원들과의 정기적 대화의 시간을 가질 필요가 있고 특히 문호개방 정책(open-door policy)의 공식화를 통해 구성원이 중간관리자를 거치지 않고 그들의 고충이나 불만을 경영자가 직접 주의나 관심을 갖고 들을 수 있게 하여야 한다.

ⓒ 하향적 커뮤니케이션
  ⓐ 하향적 커뮤니케이션(top-down communication)은 상의하달식으로 조직의 권한계층에 따라 상사가 부하에게 의견을 제시하거나 또는 업무지시 및 회사의 주요 정보를 제공하는 데 목적이 있다.
  ⓑ 그러나 하향적 의사소통은 상위계층이 일방적으로 정보를 전달함으로써 구성원의 피드백이 부족할 수 있다는 것이 약점이 될 수 있다. 그럼에도 불구하고 하향적 의사소통은 경영자가 반드시 수행해야 할 통제관리 기능의 일부라 할 수 있다.

② 수평적 커뮤니케이션
  ㉠ 수평적 커뮤니케이션(horizontal communication)은 조직 내 같은 지위에 있는 구성원 간의 커뮤니케이션을 의미하며 동등한 부서 간의 커뮤니케이션도 이에 해당한다.
  ㉡ 수평적 커뮤니케이션은 정보의 제공뿐 아니라 지원요청이나 직무활동의 상호조정을 위해서도 필요하다. 수평적 커뮤니케이션이 원활하지 못한 경우 구성원 간의 정보공유가 미흡하여 작업계획이나 일정에 차질이 발생할 수 있다.

③ 대각적 커뮤니케이션
  대각적 커뮤니케이션(diagonal communication)이란 조직 계층의 지위가 다르고 직속 상사나 부하의 관계에 있지 않은 구성원 사이의 일어나는 커뮤니케이션을 말한다.

(3) 비공식적 커뮤니케이션의 의미 ★★
① 조직구성원은 조직에서 규정한 커뮤니케이션 경로에만 의존하는 것이 아니라 의사소통의 상당부분이 비공식적으로 이루어진다. 비공식적 커뮤니케이션(informal communication)은 조직 내 각 부서, 팀과 구성원 간에 일상적인 형태로 정보를 공유하는 것을 의미한다.
② 그레이프바인(grapevine) ★★★
비공식적 커뮤니케이션을 통해 구성원들은 서로 자유롭게 소통하고 관계를 형성하며 의견을 교환하고 있다. 이렇게 조직 내에는 구성원간의 개인적 필요에 의해 자생적으로 형성된 비공식적 커뮤니케이션 체계가 존재한다. 이러한 비공식적 커뮤니케이션 체계를 포도넝쿨과 같이 얽힌다는 의미로 '그레이프바인(grapevine)'이라고 한다.

③ 그레이프바인은 종종 부정적인 소문이나 험담을 옮길 때 주로 사용되어지며, 조직 내에서 정보나 의사가 원래의 뜻과는 다르게 전달되는 것을 나타낸다. 그러나 그레이프바인은 의도적으로 특정 목적을 가지고 정보를 유포하기 위하여 사용되기도 한다. 예컨대, 경영자가 조직변화의 필요성을 경고한다든지, 또는 구성원들의 업무성과가 오르지 않을 경우 중대한 변화가 나타날 수 있다는 메시지 등을 그레이프바인을 통하여 전달함으로써 구성원들에게 자극을 주고 동기부여 효과를 가져 올 수 있다.

5. 커뮤니케이션 네트워크 ★★★

(1) 커뮤니케이션 네트워크의 의미
커뮤니케이션 네크워크란 조직 내에서 구성원들이 누구와 커뮤니케이션을 하고 있는가를 보여주는 조직커뮤니케이션 형태를 말한다. 즉, 조직 내에서 이루어지는 각 구성원간 커뮤니케이션 경로의 구조를 의미한다.

(2) 커뮤니케이션 네트워크의 기본형태
커뮤니케이션 네트워크의 기본형태는 아래 그림과 같이 다섯 가지로 나누는 것이 보통이다. 즉, 사슬형, Y형, 수레바퀴형, 원형, 완전연결형 등이 있다. 커뮤니케이션 네트워크 형태에 따라 의사소통의 속도나 정확도, 구성원의 만족도, 권한의 집중 등의 차이가 난다.

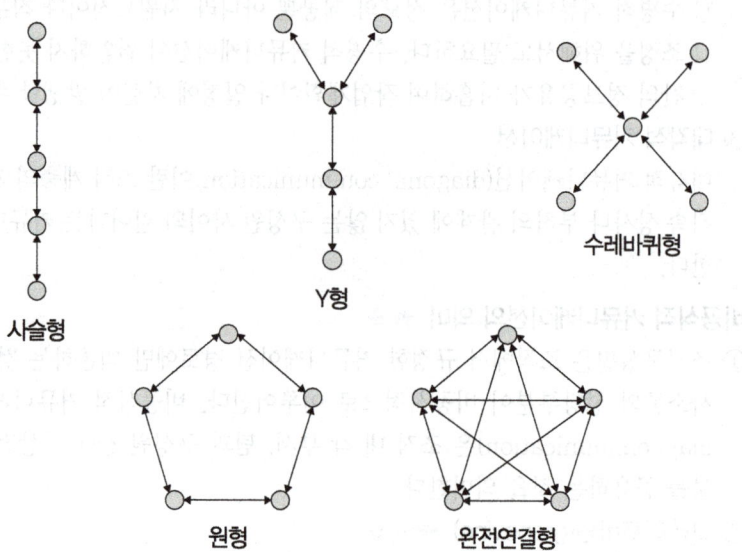

[그림 3-3] 커뮤니케이션 네트워크 유형

(3) 커뮤니케이션 네트워크의 유형
① 사슬형(chain type)
  ㉠ 상사와 바로 아래 부하 간의 커뮤니케이션이 이루어지는 형태이다. 사슬 상에서 맨위와 아래, 즉 양극단에 놓은 사람들은 오직 한 사람하고만 커뮤니케이션 할 수 있다.
  ㉡ 수직적 계층제가 확립된 조직에서 전형적으로 나타나는 방식이다.

ⓒ 사슬형은 정보수집과 문제해결이 비교적 느리며 중간에 위치한 구성원을 제외하고는 주변에 위치한 구성원들의 만족감이 비교적 낮다.
② Y형(Y type)
ⓐ 비교적 중심적 역할을 하는 한 사람을 통해 커뮤니케이션이 이루어지는 형태이다.
ⓑ 사슬형 네트워크와 수레바퀴형 네트워크가 혼합된 형태라고 볼 수 있다.
ⓒ Y형은 확고한 중심인은 존재하지 않아도 대다수의 구성원을 대표하는 리더가 존재하는 경우에 나타나는 유형이다.
③ 수레바퀴형(wheel type)
ⓐ 주변을 둘러싸고 있는 부하들이 가운데에 있는 상사를 중심으로 커뮤니케이션을 하는 유형이다.
ⓑ 주변에 놓여있는 부하들 간에는 직접적인 커뮤니케이션이 이루어지지 않고 가운데에 있는 상사를 통해 간접적으로 커뮤니케이션이 이루어진다. 일반적인 업무그룹에서 주로 나타나는 방식이다.
④ 원형(circle type)
ⓐ 자신의 양 옆에 있는 동료하고만 커뮤니케이션이 이루어지고 그 밖의 동료들과는 커뮤니케이션이 이루어지지 않는다.
ⓑ 주로 태스크포스나 위원회에서 전형적으로 나타나는 방식이다.
ⓒ 원형은 집단구성원간에 사회적 서열이나 신분관계가 뚜렷하게 형성되지 않은 경우에 볼 수 있는 커뮤니케이션 유형으로 중심인물이 없는 상태에서 커뮤니케이션의 뚜렷한 목적과 방향이 없이 구성원들 사이에 정보가 전달된다.
⑤ 완전연결형(all channel type)
ⓐ 모든 조직 구성원이 자유롭게 서로의 의견이나 정보를 교환하는 형태이다. 따라서 완전연결형은 가장 바람직한 커뮤니케이션 유형으로서 구성원 사이의 정보교환이 완전히 이루어지는 패턴이다.
ⓑ 커뮤니케이션 네트워크에 따라 조직 내 구성원의 행동, 만족도 및 분위기뿐만 아니라 커뮤니케이션의 신속도, 정확도 등 의사소통의 유효성이 달라진다.

기준 \ 유형	사슬형	Y형	수레바퀴형	원형	완전연결형
커뮤니케이션 속도	중간	빠름	빠름	빠름	빠름
커뮤니케이션 정확도	높음	높음	높음	중간	중간
리더에의 권한집중	보통	높음	높음	낮음	극히 낮음
구성원 만족도	보통	낮음	낮음	높음	높음

특정한 커뮤니케이션 네트워크 유형이 항상 좋은 방법이 되지는 않는다. 커뮤니케이션의 속도, 정확성, 리더의 권한집중, 구성원의 만족도 등을 고려하여 상황에 따라 이에 적절한 커뮤니케이션 네트워크를 활용하는 것이 중요하다.

02 의사결정

1. 의사결정의 정의
① 의사결정이란 현재의 문제점과 기회요인을 확인하고 바람직한 결과를 산출하기 위해 문제해결 방법을 선택하는 과정이다.
② 따라서 의사결정은 일반적으로 여러 가지 대안 중에 하나 이상의 대안을 선택하는 것으로, 전통적인 관리의 기능과 밀접한 관련을 가지고 있다.

2. 의사결정의 과정 기출개념
효과적인 의사결정을 위해서는 문제에 대한 정확한 인식과 진단이 선행되어야 한다.

(1) 문제 인식 및 진단
① 문제는 현재의 상태(existing state)와 원하는 상태(desired state) 사이에 차이가 있을 때 발생한다.
② 바람직한 의사결정을 위해 이러한 문제를 조기에 인식하는 것은 매우 중요하다.
③ 조직 성공의 열쇠는 바로 문제의 조기인식에 있다.
④ 문제인식 단계에서 주의할 점은 의사결정자 간에 문제에 대한 인식 차이가 있을 수 있다는 점인데, 이는 개인차나 입장 차이로 인해 문제를 바라보는 시각이 다를 수 있음을 의미한다.
⑤ 이 단계에서 인식 차이를 고려해야 하고, 문제 인식에도 오류가 있을 수 있는데, 이때 오류는 잘못된 정보로 인한 오류와 잘못된 인식으로 인해 발생하는 오류가 있다.
⑥ 이러한 오류는 의사결정의 질을 떨어뜨리는 요인이 되므로 각별히 유의해야 한다.

(2) 의사결정 목표 설정
① 문제 인식과 동시에 의사결정 목표를 설정하게 된다.
② 목표의 설정은 의사결정을 하는 데 있어 경영의 목적과 방향을 제시하고 대안을 평가하는 하나의 기준이 된다.
③ 또한 목표는 동기유발의 요인으로, 개인 목적을 조직 목적과 일치시키는 기능을 수행한다.
④ 따라서 목표는 조직에서의 임무와 개인적 욕구를 동시에 성취할 수 있는 수단을 제공하기도 한다.

(3) 선택 대안의 개발과 발견
① 이 단계는 대안을 찾기 위한 정보수집 단계이다.
② 문제 해결에 필요한 대안이 무엇인지를 파악하기 위해 필요한 정보들을 수집하는 단계이다.
③ 따라서 다양하고 충분한 정보의 수집이 필수적으로 요구된다.

(4) 대안의 평가 및 선택
① 이 단계에서는 의사결정을 할 때 소요되는 각종 비용, 장단점, 실천 후의 문제까지 고려해야 한다.

핵심 Check

조직의 의사결정
조직의 모든 분야에서 의사결정과 관련되지 않는 분야는 찾아보기 어렵다. 조직의 목표 수립부터 목표를 달성하기 위한 일련의 구체적 행위에 이르기까지 모든 조직 활동에 의사결정이 필요하다.

의사결정과정
· 문제 인식 및 진단
· 의사결정 목표 설정
· 선택 대안의 개발과 발견
· 대안 평가
· 대안 선택
· 선택된 대안의 실행
· 사후 평가

개념 Plus

정보와 비용의 관계
대안 탐색은 시간·비용의 제약을 받기에 정보와 비용의 관계를 항상 고려해야 한다. 탐색 활동에서 얻은 정보는 항상 불완전하여 대안의 수가 제한되어 있고, 정보의 완벽을 기하는 데 소요되는 비용은 산술적으로 증가하지만 정보의 부가 가치는 어느 점을 지나면 급격히 떨어지기 때문이다.

② 이 단계에서 의사결정자가 문제해결을 위한 여러 정보 중에 바람직한 대안을 평가하고 선택하게 된다.
③ 이때 문제의 성격과 의사결정 상황의 조건은 대안의 탐색 방향과 범위를 크게 좌우한다.
④ 문제가 일반적·정형적인 경우는 대개 기존의 정책과 선례를 따르는 범위 내에서 대안을 탐색하지만, 문제가 예외적·비정형적일 때는 대안 탐색범위가 넓어진다.
⑤ 대안 선택 시 경영자의 창조적 능력, 가치, 위험에 대한 수용태도 등으로부터 많은 영향을 받게 된다.

(5) 선택된 대안의 실행
① 선택된 대안은 반드시 실행되어야 한다.
② 아무리 훌륭하고 안정된 대안이라도 실행하지 않으면 아무 소용이 없다.
③ 무엇보다도 대안의 실천이 중요하다는 것이다.

(6) 사후 평가
① 실행에 옮긴 의사결정은 결과가 의사결정 당시의 목표와 일치되어야 한다.
② 의사결정자는 기대 목표와 실제의 성과를 측정, 비교함으로써 결정의 성공 여부를 평가해야 한다.
③ 또한 실시된 내용을 사후 변경·조정할 필요가 있을지도 판단해야 한다.

3. 의사결정모델 기출개념

(1) 의사결정모델의 분류
의사결정모델은 크게 세 가지로 분류되며, 그밖에 쓰레기통 모델과 정치적 의사결정 등도 존재한다.
① 합리적 모델 또는 경제적 모델은 가장 최적화된 의사결정을 내리는 경우이며, 이 모델은 의사결정 시 완벽한 정보의 수집에 근거하여 의사결정을 내리는 가장 합리적인 모델이다.
② 제한된 합리주의 모델은 의사결정자가 최적화된 의사결정을 내리는 것이 아니라, 제한적이면서 가장 만족할만한 의사결정을 내리는 모델이다.
③ 비합리적 모델은 의사결정자가 비합리적인 절차와 목적을 가지고서 의사결정을 내리는 모델이다.
④ 쓰레기통 모델은 복잡한 정보와 자료들이 쓰레기통 속과 같이 복잡하고 혼란스러운 상태에 놓인 채 의사결정이 이루어진다고 보는 경우이다.
⑤ 정치적 의사결정은 의사결정자가 스스로 의도한 의사결정을 합리화하기 위해 다른 대안을 고려하지 않는 경우를 의미한다.

(2) 합리적 모델
합리적 모델은 문제 해결을 위한 대안과 대안으로부터 기대되는 결과에 대한 분석을 통해 논리적·순차적으로 의사결정에 접근하는 것을 전제로 한다.
① 전통적인 이론에서는 의사결정자를 적용 가능한 모든 대체안과 그 결과를 확실히 알고 전형적이며 예측 가능한 환경에서 활동하는 경제인으로 가정한다.
② 이는 의사결정자가 완전한 합리성에 근거하여 의사결정 행동을 함을 의미한다.

> **개념 Plus**
>
> **합리적 의사결정 모델(rational model of decision making)**
> - 의사결정이라는 것이 완전히 합리적이고 논리적으로 이루어져야 한다고 규정한다.
> - 최고의 능력을 지닌 경제인이 모든 정보를 파악한 후 가장 최선의 대안을 선택하는 방식으로 의사결정이 진행되어야 한다는 것이다.
> - 가장 이상적인 의사결정을 보여주는 규범적 모델이지만 실제 현실 세계의 의사결정 과정을 보여주지 못한다는 단점을 지닌다. 사이먼은 이러한 단점을 지적하면서 제한된 합리성 모델을 제안했다.

③ 따라서 합리적 의사결정모델을 경제적 합리성 모델이라고도 하며, 의사결정자가 합리적이기 위해서는 다음의 가정을 필요로 한다.
④ 합리적 모델의 4가지 가정
  ㉠ 최선의 대안을 선택함으로써 결과를 최적화한다.
  ㉡ 의사결정자는 최적의 대안을 선택할 수 있는 능력을 가지고 있다.
  ㉢ 의사결정자가 모든 대안에 대한 정보를 가지고 있다.
  ㉣ 의사결정자는 각 대안의 성공 가능성에 대해 예측할 수 있다.
⑤ 이 모델은 의사결정자가 완전한 정보를 가지고 기대 가치의 극대화를 꾀한다는 가정에 기초한다.
⑥ 경제인으로서의 의사결정자는 경제적인 여러 대안을 신중히 검토해서 가장 높은 이익·효용을 가져다주는 대안을 선택한다는 것이다.
⑦ 합리적 모델에 대한 비판
  ㉠ 의사결정자는 이 모델의 가정과 달리 사실상 완전한 정보를 가질 수 없다.
  ㉡ 합리적 모델은 설명적이라기보다는 규범적인 모델이다. 즉, 실제로 인간이 어떻게 의사결정을 하는가를 설명하는 대신 경영자가 어떻게 해야 하는가를 설명하는 규범적 모델이라고 볼 수 있다.
⑧ 합리적 모델에 대한 지지
  ㉠ 이 모델은 실제적 이용성의 측면에서 가치가 있다.
  ㉡ 사람은 완전하게 합리적이지 않지만 이 모델을 적용하는 것이 관리인 모델을 적용하는 것보다는 훨씬 용이하다.
  ㉢ 시장경제, 가격과 같이 종합적인 행위나 현상을 예측하는 데 최적인 모델이다.
  ㉣ 개인이 완전한 정보를 가지지 못하고 기대이익을 계속 극대화하지 못하더라도 개인들의 집합체는 이러한 방식으로 움직인다고 가정할 수 있다고 본다.

(3) 제한된 합리주의 모델 ★★ 기출개념

제한된 합리주의(bounded rationality)는 의사결정자가 최적의 대안을 찾고자 하지만 현실적으로는 많은 제약이 따른다는 전제를 가진 이론이다.

> **개념 Plus**
>
> **제한된 합리성 (bounded rationality)**
> 1978년 노벨경제학상 수상자인 사이먼(Simon, H)이 제시했던 의사결정모형이며 이는 관리자(administrative man)이론으로 불리기도 한다.

① 합리적 모형의 비현실성에 대해, 사이먼(Simon)은 여러 가지의 가정에 근거하여 의사결정자는 완전한 합리성에 의해 움직이지 않고 제한된 합리성에 기초하여 의사결정을 행한다고 주장했다.
② 제한된 합리주의 모델의 4가지 가정
  ㉠ 의사결정자는 최적의 대안이 아니라 가장 만족스러운 대안을 선택한다.
  ㉡ 의사결정자는 인간의 대안 선택에 있어서의 제한성을 인정한다.
  ㉢ 의사결정자는 모든 대안을 고려하기보다는 손쉬운 대안을 찾아 의사결정을 한다.
  ㉣ 의사결정자는 주먹구구식의 편법과 단순 사고에 따라 의사결정을 한다.
③ 따라서 제한적 합리주의 모델은 네 가지 가정하에 최적화보다는 만족을 추구한다.
④ 의사결정자는 자신이 세운 최저 기준을 충족하거나 초과하는 대안을 선택한다.
⑤ 제한적 합리주의 모델에서 제시된 중요한 요소로는 합리성의 한계 또는 제한된 합리주의라는 개념이 있다.
⑥ 제한된 합리성은 완전한 합리성과는 대비되는 개념으로 지식의 불안전성, 예측의 곤란성, 가능한 대체안의 제약 등으로부터 기인한다.

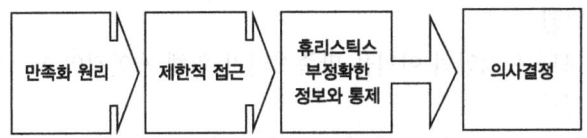

[그림 3-4] 제한된 합리주의 모델

(4) 합리주의 모델과 제한적 합리주의 모델의 차이점
① 합리주의 모델은 특정 목적을 극대화하는 과정에 공식적·단계적인 방법을 이용하는 합리적 접근법을 사용하고, 제한적 합리주의 모델은 의사결정 시 아이디어를 무작위로 검토한 후 특정 목적에 맞는 만족스러운 해답을 찾는 방식을 취한다.
② 합리주의 모델은 정형화된 문제해결에 뛰어나며 제한적 합리주의 모델은 비정형화된 문제해결에 적합하다.

(5) 쓰레기통 모델(garbage can model)
쓰레기통 모델은 조직 내의 의사결정이 비체계적이고 불규칙적으로 이루어진다는 전제의 이론이다.
① 쓰레기통 모델은 합리주의 모델로는 사람이 의사결정을 하는 실제 행동을 설명할 수 없기 때문에 제시된 이론이다.
② 현대 조직이 겪는 상황은 혼돈처럼 불확실한 상태이므로 제한된 합리주의 시각으로는 문제조차 파악할 수 없다.
③ 이 모델은 사람들이 의사결정 행동 시 단계적 순서를 밟지 않으며 쓰레기통이라고 불릴 정도로 복잡하고 불투명한 방식으로 의사결정 행동을 한다고 보았다.
④ 쓰레기통 모델의 4가지 조건

구분	내용
문제	문제는 대안, 해결방안과는 별개의 것임
해결방안	전통적 모델과는 반대로 해결책이 문제를 낳고 그 문제가 다시 해결책을 만들게 됨
참여자	시간적 제약이 의사결정 참여자들의 몰입을 제한함
기회의 선택	어떤 기회는 규칙적으로 발생하는 반면 다른 기회들은 위기상황, 특수한 상황에서 비롯되기 때문에 불규칙적으로 발생함

⑤ 쓰레기통 모델에서는 문제, 대안, 의사결정자, 결정시점의 네 가지 독립적 요인이 쓰레기통(의사결정 상황)에서 복잡하게 상호작용하다가 최종안을 만들어 내놓기 때문에 문제와 해결책은 서로 관련이 없을 수도 있다.
⑥ 이에 따라서 결정된 해결책이 존재하지도 않는 문제에 대한 해답인 경우도 있다.
⑦ 또한 우연한 아이디어가 좋은 해결책이 되기도 하고 문제는 존재하지만 해결책이 없는 경우도 많다.

(6) 정치적 선택모델

정치적 선택모델은 개인의 이익을 만족시키기 위해 개인적인 욕구를 반영하는 의사결정을 의미한다.

① 자신 또는 자기편의 이익만을 충족하려는 입장에서 대안을 선택하는 경우이다.
② 개인은 자신의 이익을 만족시키는 대안을 의사결정 과정 초기에 결정하며 새로운 정보를 얻게 되어도 선택을 바꾸지 않는다.
③ 사실상 대안의 발견이나 평가는 자신이 이미 선택한 대안을 강화하는 목적으로 이루어진다.
④ 따라서 자신이 선호하는 대안의 경쟁 상대가 될 수 있는 대안들의 결점을 찾아내 부각하는 데 개인의 노력이 모아진다.
⑤ 이 과정에서 정보 왜곡, 속임수 등 비윤리적인 방법이 사용되는 경우도 있다.
⑥ 의사결정자의 3가지 대안선택 전략
　㉠ 첫 번째 방법은 분석도구를 사용하는 방법으로 대안을 평가하여 순서를 매기고 계산기나 PC 등을 이용하여 각 대안의 손익을 따져본다.
　㉡ 두 번째 방법은 특별한 도구를 사용하지 않는 경우인데, 대안을 평가하고 분석하되 도구는 사용하지 않고 자신의 생각이나 머리만 사용하는 경우이다.
　㉢ 세 번째 방법은 분석 단계가 없는 경우로 대안을 평가하지도 않고 동전 던지기나 과거 습관대로 택한다.
　㉣ 이와 같이 대안선택 전략은 의사결정자 특성, 의사결정 사안의 특성, 의사결정 환경의 상황에 따라 적절한 방법이 선택된다.

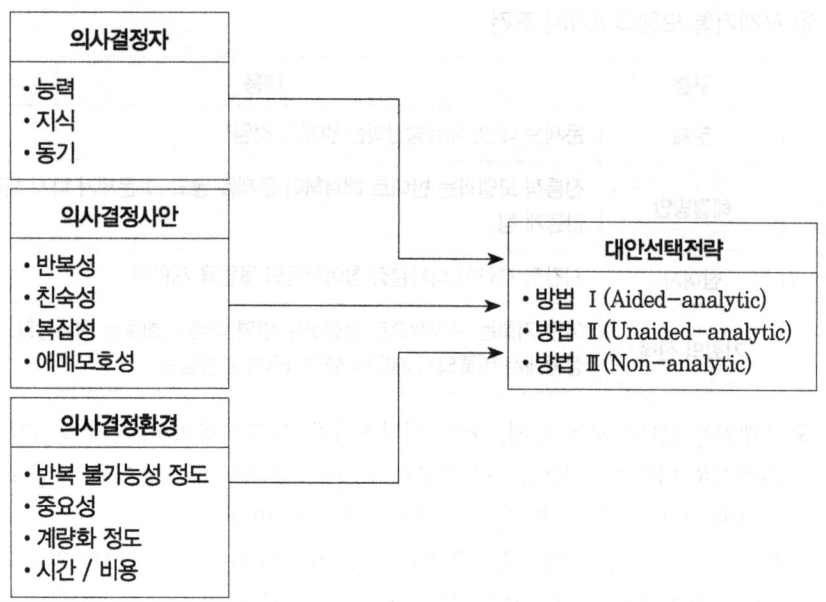

[그림 3-5] 대안선택을 위한 상황모델

4. 의사결정의 유형

의사결정의 유형은 구조화된 의사결정(programmed decisions)과 비구조화된 의사결정(nonprogrammed decisions)으로 구분할 수 있다.

(1) 구조화된 의사결정
① 구조화된 의사결정은 이미 설정되어 있는 대안을 기준으로 이루어지는 의사결정을 의미한다.
② 의사결정 내용이 비교적 반복적이고 잘 정의되는 편이다.
③ 문제해결에 관한 구체적인 절차가 있는 의사결정 유형이다.
④ 구조화된 의사결정은 주로 조직 내에서 일상적으로 이루어지는 업무와 관련된 의사결정인 경우가 많다.

(2) 비구조화된 의사결정
① 비구조화된 의사결정은 사전에 알려져 있는 대안이 없는 경우에 이루어지게 되는 의사결정이다.
② 이 의사결정은 내용이 비교적 새롭고 쉽게 정의할 수 없다.
③ 문제해결에 관한 구체적인 절차가 없다.
④ 주로 전략적, 창의적 업무와 관련된 의사결정이라 할 수 있다.

(3) 구조화된 의사결정과 비구조화된 의사결정의 비교

구분	구조화된 의사결정	비구조화된 의사결정
특징	반복적이고 잘 정의되어 있으며, 절차가 있음	새롭고 쉽게 정의할 수 없으며, 절차가 없음
과업유형	단순, 일상적	복잡, 창의적
조직정책 의존성	과거 의사결정으로부터 상당히 자극을 받음	과거 의사결정에 의존하지 않음
전형적 의사결정자	하위계층 담당자	최고경영자급

5. 의사결정자의 유형

(1) 개인의사결정 [기출개념]

개인의사결정은 개인이 혼자 판단, 선택, 결정하는 과정을 대상으로 한다.
① 의사결정 내용에 따라 타인에게 정보를 얻기 위한 행동도 개인의사결정의 범주에 포함시킬 수 있다.
② 의사결정자가 혼자 결정할 것인가 아니면 집단을 구성하고 함께 판단하여 결정할 것인가는 의사결정자의 선택사항이다.
③ 개인의사결정에 영향을 주는 요인은 스키마, 창의성, 정보처리능력, 휴리스틱스, 개인 특성 등이 있다.

구분	내용
스키마	• 스키마는 과거 경험에 의해 형성된 개인의 인지 구조로 정의할 수 있음 • 개인이 어떤 문제를 개념화, 판단, 선택하는 과정에 영향을 줌

구분	내용
창의성	• 비범한 대안을 찾아낼 수 있는 능력 • 과거의 방식이나 상식적인 대안과 비교하고, 보다 많은 혜택을 주는 대안을 찾아낸 후 그 대안을 효율적으로 현실화시킬 수 있는 능력
정보처리능력	명확한 상황 판단과 문제 파악을 위해 정보의 중요성을 정확하게 평가하여 신속히 처리할 수 있는 능력
휴리스틱스	• 카네만(Kahneman)과 트버스키(Tversky)가 제시한 개념 • 의사결정자가 결정·판단할 때 단순 사고와 주먹구구식 방법으로 판단하는 경향이 있는 경우를 의미 • 이용성, 대표성, 고착 및 조정 등 세 가지 형태로 구분
개인 특성	• 개인의사결정에 영향을 미치는 요인 • 개인 특성인 개인의 가치관과 성격이 대표적인 예

④ 휴리스틱스의 유형
  ㉠ **이용성**: 빈번하게 일어나고 극단적이며, 최근에 일어난 사건이나 원인을 과대평가하는 경향이 있다.
  ㉡ **대표성**: 빈번하게 발생하는 사건은 고려하지 못하는 반면, 보기 드문 사건들은 지나치게 과대평가하는 경향이 있다.
  ㉢ **고착과 조정**: 최초에 선택되는 값인 앵커가 너무 높거나 낮은 값을 가지는 경우 부적절한 의사결정을 한다.

(2) **집단의사결정** 기출개념

두 명 이상의 사람이 모여서 과업을 해결하기 위해 의사결정을 수행하는 것을 말한다.

① 집단의사결정의 특징
  ㉠ 집단의사결정은 문제 해결에 있어 개인보다는 올바른 판단을 내리는 편이다.
  ㉡ 따라서 오류가 적고 오류를 빨리 발견할 수 있다.
  ㉢ 집단적 예측이나 판단은 개인 판단보다 정확도가 높고 분업을 할 수 있으므로 개인보다 좋은 아이디어가 많이 나올 가능성이 높다.
  ㉣ 구성원들이 집단의 목표에 열성적일 때 더 만족스러운 결과를 얻을 수 있다.
  ㉤ 그러나 개인의사결정에 비해 많은 시간이 요구되고 상황의 변화에 대해 신속하게 대처할 수 없다.
  ㉥ 또한 집단의사결정 시 책임 소지가 불분명하다는 단점도 있다.
  ㉦ 집단의사결정은 개인보다 위험부담이 큰 결정을 많이 내리는 문제도 가진다.

② 집단의사결정의 장점과 단점

장점	단점
• 구성원에게서 다양한 정보를 얻을 수 있음 • 문제에 다각도로 접근이 가능함 • 구성원의 합의에 의한 의사결정으로 수용도와 응집력이 높아짐 • 의사결정에 참여한 구성원들의 교육효과가 높게 나타남	• 집단 내 힘이 작용함 • 의사결정 시간이 지연됨 • 서로의 의견에 대해 비판 없이 동의하는 경향이 있음 • 차선책을 선택하는 오류를 범함 • 집단사고의 함정에 빠질 수 있음

③ 집단의사결정과 개인의사결정의 비교
  ㉠ 집단의사결정은 개인의사결정에 비해 문화적 가치관의 영향을 많이 받는다.
  ㉡ 의사결정 중 어떤 의사결정은 개인의사결정에 적합하고, 또 어떤 의사결정은 집단의사결정에 적합하다.
  ㉢ 개인의사결정은 정형적인 의사결정 유형에 적합하다고 할 수 있다.
  ㉣ 집단의사결정은 비정형적인 의사결정 유형에 적합하다고 할 수 있다.
  ㉤ 문제해결에 창의성이 특별히 요구되는 비정형적인 의사결정 시에는 집단적인 의사결정이 적합하다고 할 수 있다.

④ 집단의사결정의 부정적 영향 요인 ★★★

구분	내용
집단사고 (Group think)	• 응집력이 높은 집단구성원들이 의사결정을 위한 정보를 명확히 수집하지 않은 상황에서 만장일치로 의사결정을 내리는 경우 • 지나치게 응집력 높은 집단에서 발생할 수 있는 잘못된 의사결정 형태
과거 의사결정에 대한 집착 (Escalation of commitment)	결국 실패할 것이 자명함에도 과거의 의사결정에 집착하여 인적·물적 자원을 계속 제공하는 경우
애쉬효과 (Ash Effect)	• 솔로몬 애쉬의 실험에서 유래됨 • 집단의사결정이 개인의 판단과 태도에 영향을 미친다는 개념 • 집단 내 다수의 잘못된 의사결정이 특정 개인의 정확한 의사결정에도 영향을 미칠 수 있음을 의미
집단 양극화 (극단적 의사결정)	• 집단 구성원 간에 극단적인 집단의사결정을 내리는 성향을 의미 • 위험감수성향, 보수주의적 성향 등 두 가지 유형이 있음 • 개인의사결정보다 더 극단적인 의사결정을 내리는 집단의사결정의 사례가 이 경우에 해당함

⑤ 집단의사결정의 기법 [기출개념]
  집단을 최대한 활용하여 양질의 의사결정을 이끌어내려면 집단의사결정의 장점을 극대화하고 단점을 극소화할 방안을 모색해야 하는데, 많은 학자가 연구를 거듭한 끝에 다양한 기법이 개발되었다.
  ㉠ 브레인스토밍 기법(Brainstorming Technique)
    새로운 아이디어를 자발적으로 부담 없이 제시하여 의사결정을 진행하는 기법으로 이 기법의 주역할은 많은 의사결정 대안을 제시하는 데 있다.
  ㉡ 명목집단 기법(Nominal Group Technique)
    명목집단 기법은 의사결정 문제와 관련하여 많은 정보를 만들어내는 절차이며 이 기법은 의사결정에 있어 구조화된 접근방법을 사용하여 의사결정 대안을 만들고 평가하고 선택하는 데 유용하게 쓰인다.
  ㉢ 델파이 기법(Delphi Technique)
    불확실성이 크고 가치개입 정도가 높은 의사결정을 하는 경우 사용되는 구조화된 기법으로, 집단 구성원들이 지리적으로 떨어져 있을 때도 사용이 가능하다.
    예 델파이 기법이 적용될 수 있는 사례로 미래사건예측, 공공정책의 의제화 등이 있다.

📑 개념 Plus
집단 양극화(극단적 의사결정)

구분	내용
위험 감수 성향	성공은 불확실하지만 새로운 기회의 확보를 위해 많은 자원을 동원
보수 주의적 성향	불확실성을 감수하지 않으려 새로운 기회를 위한 노력을 하지 않는 성향

📑 개념 Plus
브레인스토밍 기법의 4가지 기본규칙
• 모든 구성원이 자유롭게 참여한다.
• 어떤 경우에도 아이디어를 비평하지 않는다.
• 많은 아이디어가 제시될수록 바람직하다.
• 모든 아이디어가 제시된 후, 제시된 아이디어를 통합·발전하도록 구성원들을 유도한다.

ⓔ **지명비판자 기법(Devil's Advocacy Technique)**
   지명비판자 기법은 특정 의사결정 대안을 지지하는 의사결정자가 자신의 대안을 강력하게 주장하고, 또 다른 사람이 현재의 대안을 비판하는 역할을 수행하면서 의사를 결정해 나가는 기법이다.

ⓕ **변증법적 논의 기법(Dialectical Inquiry Technique)**
   변증법적 논의 기법은 다양한 의사결정 대안을 검증하는 구조화되고 논리적인 분석기법이다.

기출개념확인

01 H. A. Simon이 주장한 관리인 모형(administrative model)에 대한 다음 설명으로 옳지 않은 것은?

① 최적 의사결정보다 만족스러운 의사결정을 추구한다.
② 제한된 합리성 또는 주관적 합리성을 가정한다.
③ 매우 복잡한 현실세계를 가정하고 의사결정을 한다.
④ 지식의 불완전성, 예측의 곤란성, 가능한 대안의 제약 등을 가정한다.

02 한 문제에 대해 전문가들의 독립적인 의견을 우편으로 수집해서 일반적인 합의가 이루어질 때까지 피드백을 계속하는 기법은?

① 델파이 기법 ② 브레인 스토밍
③ 명목집단 기법 ④ 고든법

03 다음의 communication network 형태 중 이론적으로 가장 이상적인 것은?

① 쇠사슬형 ② 수레바퀴형
③ Y형 ④ 완전연결

정답 · 해설

01 ③ 복잡한 현실세계를 다루는 경제인 모형과는 달리 관리인 모형에서는 단순화된 가정에 입각하고 있다.

02 ① 델파이 기법(Delphi technique)은 한 문제에 대해 몇 명의 독립적인 전문가들의 의견을 우편으로 수집하고, 이 의견들을 요약하여 전문가들에게 배부한 다음, 일반적인 합의가 이루어질 때까지 서로의 아이디어에 대해 논의하게 하는 방법이다.

03 ④ 완전연결(all channel)형은 grapevine과 같은 비공식적인 커뮤니케이션 네트워크로서, 이론적으로는 일상적인 업무는 수레바퀴형으로, 복잡한 경우는 원형으로 경로를 바꿀 수 있는 등 가장 이상적인 것으로 알려져 있다.

제3절 권력, 조직정치, 갈등관리

01 권력

1. 권력의 개념

① 권력이란 A가 B의 행위에 영향을 미쳐서, A가 원하는 대로 행동하도록 하는 능력, 즉, 상대방의 의지와 관계없이 자신의 의지와 뜻을 상대방에게 관철시킬 수 있는 능력을 말한다.

② 권력은 효과적이고 의존적인 관계가 실현되지 않을 수도 있는 능력, 즉 잠재성을 포함하고 있다. 권력은 가지고 있지만 사용되지 않을 수도 있기 때문이다.

③ 의존성이란 B가 요구하는 어떤 것을 A가 가지고 있을 때의 A에 대한 B의 관계를 말한다. 권력의 가장 중요한 측면은 의존성의 기능을 한다는 것이다. 즉, B의 의존성이 클수록, A의 권력은 커지는 것이다. 이러한 의존성은 A가 통제하는 대안에 대한 B의 지각과 대안에 대한 중요성에 기초를 두고 있다.

④ 조직에서 권력을 가진 관리자는 어려움에 처한 구성원을 대신해서 문제를 조정하거나 해결해 주며, 구성원들의 재능과 능력에 맞는 역할을 부여하고, 필요에 따라 예산을 초과하는 지출에 대해서도 승인을 해준다. 또한 그들은 정책 회의에서 의사결정 의제를 결정하고, 최고경영층을 위해 신속한 의사결정을 하며, 최고경영층과 정기적인 미팅을 하고 있다. 그리고 조직 내 주요 정책 결정사안에 대해서 정보를 빨리 획득한다.

⑤ 반대로 조직 내에서 구성원들에 대해 무관심하고 냉정하고 거만한 태도를 보인다. 또한, 구성원들의 신뢰를 저버리고, 지나치게 권력에 집착하며, 팀원에게 위임을 하지 않는다. 그리고 그들은 영향력 있는 상사에게 너무 지나칠 정도로 의존하는 경향이 있는 관리자는 권력을 상실하게 된다.

⑥ 개인이 가지고 있는 권력의 정도와 성과와는 관계가 있는데, 충분한 권력을 가지고 있을 때 성과가 높다. 권력이 불충분하면 권력이 부족하고, 반대로 권력이 과도하게 많으면 권력의 남용으로 개인의 성과가 비효과적이기 때문에 구성원들에 자신의 의지를 관철시킬 수 있을 만큼의 충분한 권력이 있어야 성과가 효과적이다.

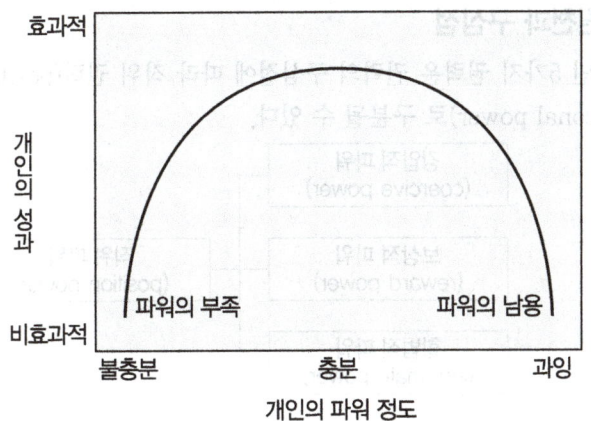

[그림 3-6] 권력과 성과와의 관계

2. 권력의 원천 ★★★

(1) 권력의 원천
조직 내에서 개인이 가지고 있는 권력은 균등하지 않다. 어떤 사람은 다른 사람보다 더 많은 권력을 가지고 있다. 이러한 권력의 불균등이 발생하는 이유에 대해서는 5가지의 권력 유형을 통해 설명하면 다음과 같다.

(2) 권력의 유형
① 강압적 권력(coercive power): 해고나 위협에 기반을 둔 권력이다. 조직 내에서 상급자가 강압적 권력을 갖기 위해서 부하들을 해고하거나, 원하지 않는 부서로 발령을 내는 등 원하지 않는 불이익을 주는 경우가 있다.

② 보상적 권력(reward power): 상급자가 부하에게 보상을 해 줄 수 있는 능력을 갖고 있을 때 발생하는 권력이다. 상급자가 부하에 대하여 보상적 권력을 갖기 위해서는 부하는 상급자가 긍정적 가치가 있는 보상을 제공할 수 있는 능력이나 보상에 대해 상급자의 통제력이 있다고 지각하고 있어야 한다.

③ 합법적 권력(legitimate power): 공식적 지위, 업무할당, 또는 사회적 규범 등에 기반한 권력이다. 따라서 합법적 권력은 권한이라고 볼 수 있다.

④ 전문적 권력(expert power): 전문적인 지식이나 기술에 기반을 둔 권력이다. 상급자가 전문적 권력을 갖기 위해서는 부하는 상급자가 소유하고 있는 전문지식이 필요해야 하며, 부하는 그 전문지식을 상급자로부터 얻기를 원하여야 한다.

⑤ 준거적 권력(referent power): 개인적 특성에 기반을 둔 권력이다. 준거적 권력이 높은 상급자는 그의 개인적 특성 때문에 부하들에게 호감을 주고 존경을 받는다. 호감과 존경에 기반을 둔 준거적 권력은 부하들에게 영향을 미치게 된다.

3. 권력의 원천과 구심점

권력의 원천인 5가지 권력은 권력의 구심점에 따라 직위 권력(position power)와 개인적 권력(personal power)로 구분될 수 있다.

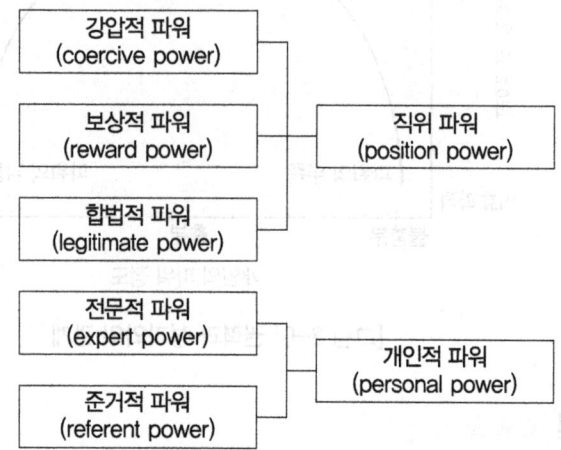

[그림 3-7] 권력의 5가지 원천과 파워의 구심점과의 관계

(1) 직위 권력

① 직위 권력은 조직중심적 권력으로 직무를 맡은 사람과는 관계없이 그 직위 자체로 인해 부여 받은 권력을 말한다. 조직, 지위, 공식집단 등과 밀접한 관련성이 있으며 권력의 원천 중에서 강압적 권력, 보상적 권력, 합법적 권력이 여기에 해당된다고 볼 수 있다.

② 직위 권력은 중심성, 유연성, 가시성, 관련성 등의 4가지에 의해 결정된다. 예를 들어, 조직 내 커뮤니케이션 네트워크에서의 정보의 원천으로서의 역할을 수행하고(중심성), 직위상 자유재량권이 높고(유연성), 조직에서 영향력 있는 구성원(최고경영자나 상사)과의 공식적인 접촉 기회가 빈번하며(가시성), 조직의 핵심 목표와 문제를 다루는 활동을 중심적으로 수행(관련성)할 때 발생한다. 따라서 중심성(centrality) 향상을 위해서는 커뮤니케이션 대상의 확대와 핵심 정보의 원천자가 되며 중요 정보의 제공자 역할을 한다.

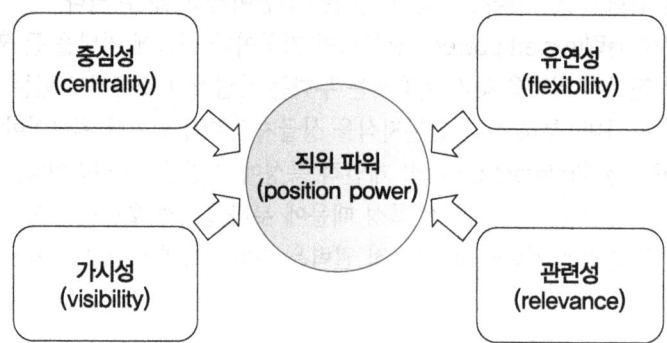

[그림 3-8] 직위 파워의 결정요인

③ 직무영역과 유연성(flexibility)을 증대하기 위해서는 일상적이고 반복적인 직무수행을 줄이고, 과업 다양성과 새로운 직무 경험을 축적하며, 새로운 아이디어를 제안하고, 새로운 프로젝트에 참여하며, 초기 의사결정단계에 참여하고, 반복적이고 유지지향적인 과업보다는 새롭고 설계지향적인 업무를 수행한다.

④ 직무성과의 가시성(visibility)을 높이기 위해서는 상사와의 접촉기회를 늘리고, 문서에 의한 보고보다는 구두를 통해 보고를 하며, 문제 해결 과업팀에 참여한다. 또한, 성과달성에 대해 상사의 확인을 직접 받고, 유용한 정보나 상사에 대한 개인적 축하를 한다.

⑤ 조직과 수행하고 있는 과업과의 관련성(relevance)을 높이기 위해서는 내부 조정가나 외부 대표 역할을 맡고, 다른 부문(팀)에 서비스나 정보를 제공한다. 또한, 부서 내 활동을 모니터하고 평가하며, 작업영역을 확대하고, 조직에서 강조하고 있는 활동에 적극 참여한다. 그리고 새로 들어온 구성원(부하나 동료)의 멘토나 후원자 역할을 함으로써 관련성을 높일 수 있다.

(2) 개인적 권력

① 개인적 권력은 조직 내의 직위와 관계없이 그 개인 자체로 인해 발생하는 권력으로 개인의 독점적 정보, 전문능력, 개인의 스타일에 의해 발생한다. 따라서 권력의 원천 중 준거적 권력과 전문적 권력이 개인적 권력과 관련이 있다.

② 주요 개인적 권력의 결정요인으로 전문성, 개인적 매력, 노력, 합법성을 들 수 있다. 과업관련 지식과 경험이 많고(전문성), 사교적인 성격으로 부하들과 잘 어울리며(개인적인 매력), 업무수행과 관련하여 지속적인 노력(노력)과 조직의 목표달성을 위한 적극적인 행동(합법성)을 함으로써 개인적 권력을 가지게 된다.

③ 따라서 조직 내 개인적 권력을 강화하기 위해서는 전문적인 지식과 스킬을 개발하고, 친밀감이나 존중을 표현함으로써 개인적 매력을 형성하며, 신뢰할 만한 사람이라는 인상을 형성하고, 조직의 핵심 가치와 일치하는 행동과 의사결정을 한다.

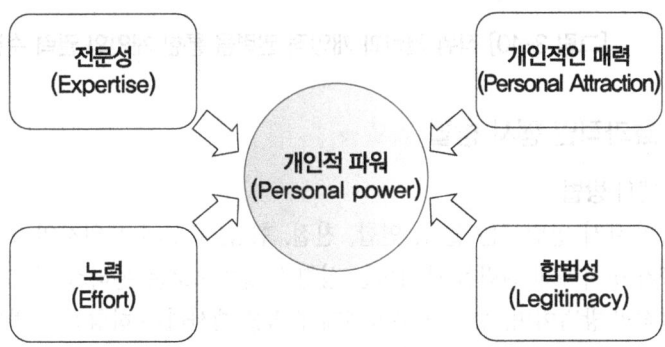

[그림 3-9] 개인적 파워의 결정요인

④ 개인적 권력의 결정요인 중 하나인 개인적 매력을 지닌 관리자의 특성은 다음과 같다.
  ㉠ 부하-상사와의 관계에서 개방성, 정직, 진실한 관계 형성을 강조한다.
  ㉡ 정서적으로 서로 의지할 수 있는 친밀한 관계형성을 위해 노력한다.
  ㉢ 부하에 대한 긍정적인 태도와 인정을 보인다.
  ㉣ 부하를 위해 자신의 희생을 기꺼이 감수한다.
  ㉤ 부하의 입장에서 생각하고 이해하려고 한다.
  ㉥ 신뢰할 수 있는 부하-상사간의 관계를 형성하고 유지하기 위해 노력한다.

(3) 직위 권력과 개인적 권력의 상호작용

① 아래의 그림은 전반적인 권력의 크기를 결정하는 데 직위 권력과 개인적 권력이 어떻게 상호작용하고 있는 지를 보여주고 있다. 그림에서 보듯이 직위 권력과 개인적 권력 모두를 많이 갖고 있는 구성원은 전반적인 권력이 가장 강하다.
② 또한 직위 권력과 개인적 권력 어느 것도 많지 않은 구성원의 전반적인 권력은 가장 약할 것이다.
③ 그리고 두 가지 권력 중 하나의 권력은 많이 가지고 있지만 다른 권력을 적게 가진 구성원은 중간 정도의 권력을 가지게 된다는 것을 알 수 있다.

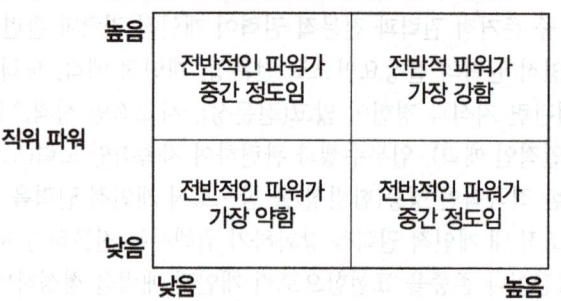

[그림 3-10] 직위 권력과 개인적 권력을 통한 개인의 권력 수준

4. 권력의 효과적인 행사 방법 ★★★

(1) 권력의 행사 방법

① 권력의 행사 방법에는 설득, 연합, 친절, 협상, 주장과 상위자의 도움 등이 있다.
② 부하가 상사에게 권력을 행사하는 상향적 방법으로는 논리적 설득과 연합이 가장 일반적인 방법이며, 상사가 부하에게 권력을 행사하는 하향적 방법에는 논리적 설득과 주장이 가장 일반적이다.

구분	상향적	하향적
일반적 ↑↓ 비일반적	설득 연합 친절 협상 주장 상위자의 도움	설득 주장 친절 연합 협상 상위자의 도움 재가

〈권력의 행사 방법〉

③ 관리자들은 조직구성원들을 통해 업무를 수행할 수 있기 때문에 관리자들은 조직구성원에게 효과적으로 권력을 행사하기 위해서 권력 사용에 대한 전략을 개발해야 할 필요가 있다. 이에 대해 권력을 효과적으로 행사하기 위한 지침은 다음과 같다.

(2) 효과적인 권력 행사 지침

① **윤리적 방법으로 권력을 사용**

사람들은 권력의 사용에 대해 어떠한 가정을 하고 있다. 권력을 윤리적인 방법으로 사용하는 방법은 조직 내외의 사람들에게 이익이 주는지(공리주의), 모든 구성원들의 권리를 보호하고 있는지(개인의 권리), 그리고 공정하고 공평하게 처우되고 있는 지(분배 공정성)를 고려해 보는 것이다.

② **다양한 유형의 권력을 이해하고 활용**

성공적인 관리자들은 상황을 진단하고 또한 관련된 사람들을 이해하여 권력을 행사하는 다양한 방법 중에서 가장 효과적이고 적절한 방법을 선택한다.

③ **권력 사용 기술을 개발할 수 있는 직무를 추구**

중요한 사건이나 문제에 초점을 맞출 수 있는 직무가 무엇인가를 찾아 그 직무를 맡음으로써 권력 행사기술을 개발한다.

④ **자기통제를 통해 권력을 행사**

권력 자체는 목적이 될 수 없다. 따라서 권력을 자신의 부나 지위의 증대를 위한 수단으로 사용해서는 안 된다.

⑤ **타인에게 영향력을 행사하는 것은 관리직에 있어서 중요하다는 사실을 인식**

권력은 "어떤 일을 수행한다"는 것을 의미하므로 권력 그 자체가 부정적인 의미가 있는 것은 아니다. 권력을 획득하고 적절하게 사용한다는 것은 경영자로서 성공요인이다.

02 조직정치

1. 조직정치의 의미 ★★

① 조직정치는 개인이나 집단이 자신들의 이해관계를 추구하기 위해서 취하는 일련의 의도적인 행동을 의미한다. 즉, 조직정치는 개인들이 자신을 위해 본인이 가지고 있는 영향력을 행사하는 것이다.
② 권력 획득을 위한 수단으로서 조직정치는 조직구성원의 개인적 성향과 조직 차원에서의 문제와 관련된다. 즉, 조직정치행동에 영향을 미치는 개인적 성향으로는 외부환경에의 적응성이 높은 셀프모니터(self-monitor), 자신의 운명이나 성공은 내적인 요인에 의해 결정된다는 신념을 갖고 있는 내재론자(internal locus of control), 성공에 대한 높은 기대감을 갖고 있거나 목표달성을 위해서는 수단과 방법을 가리지 않는 마키아벨리즘이 강한 성향을 둘 수 있다.
③ 그리고 조직차원에서의 조직정치행동에 영향을 미치는 영향요인으로는 할당될 자원의 희소성과 적은 승진기회, 낮은 신뢰 문화, 역할모호성과 명확하지 않은 성과평가시스템 등을 들 수 있다.

2. 조직정치의 유형

① 조직정치이론에서는 개인을 자신의 이익을 위해 환경에 따라 능동적으로 대응하는 전략적인 행위자(strategic actor), 또는 자율성을 추구하는 개체(autonomy seeking entity)로 보고 있다.
② 조직정치에 관련된 연구들은 개인들의 정치행동들을 다음과 같은 네 개의 유형으로 나누었다.
  ㉠ 합리적 조직정치(Rational reasoning): 개인의 논리성을 바탕으로 한 합리적 설득전술
  ㉡ 우회적 조직정치(upward-appeal tactics): 직속상사가 아닌 다른 사람을 통해 직속상사에게 영향을 미치는 조직정치
  ㉢ 우호적 조직정치(ingratiation): 일보다는 사람중심의 행동을 바탕으로 한 소프트전술(soft tactics)
  ㉣ 단언적 조직정치(assertiveness): 직위적 권력이나 권위를 사용한 하드전술(hard tactics)

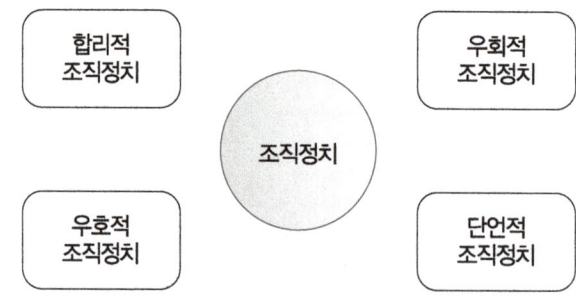

[그림 3-11] 조직정치의 4가지 유형

03 갈등관리 ★★★

1. 조직 내의 갈등

(1) 갈등의 의미

① 갈등(conflict)이란 개인이나 집단이 가지고 있는 정서나 목표가 충돌하여 긴장이 유발되는 상황으로 이해할 수 있다. 보통 갈등은 둘 또는 그 이상의 당사자들이 상호배타적인 목표, 가치관 또는 사건들을 지각할 때 나타난다.

② 조직 내의 갈등은 상사와 부하 간의 갈등, 파벌 간의 갈등, 라인과 스탭의 갈등, 부서간의 책임소재에 따른 갈등 등 다양한 형태로 나타나고 있다. 갈등에 관한 선행연구는 갈등의 원천과 갈등을 해결하기 위한 다양한 방법 등에 대해 관심을 갖고 연구가 수행되었다.

③ 갈등에 대한 관점은 다음과 같이 세 가지로 구분할 수 있다.

   ㉠ **전통적 관점**: 갈등은 조직에 악영향을 끼치는 것으로 피해야만 하는 것으로 파악한다. 따라서 갈등을 발생시키는 구성원은 문제아로 여긴다.

   ㉡ **인간관계적 관점**: 모든 조직과 집단에서 갈등은 필연적으로 생기는 것으로 완전히 제거할 수 없다고 본다. 또한 경우에 따라서는 집단의 성과를 향상시킬 수 있다고 본다.

   ㉢ **상호 주의적 견해**: 갈등은 조직의 효과적 업무수행을 위해 필수적인 요소가 될 때가 있고, 업무수행에 방해가 되는 역기능적 역할을 할 때도 있다. 따라서 적정수준의 갈등을 유지하고 관리해야 한다고 보는 시각이다.

(2) 갈등의 유형 ★★

갈등의 유형은 크게 성격, 단위, 방향 등에 의해 구분될 수 있다.

① **성격에 따른 갈등 유형**

   ㉠ 갈등이 건설적일 때 성과를 높이고 구성원들의 커뮤니케이션을 활성화시킬 수 있다. 이러한 기능적 갈등은 개인과 개인의 관계 또는 집단 관계에서 나타나는 생산적이며 건전한 논쟁이라 할 수 있다.

   ㉡ 반면에 역기능적 갈등은 개인과 조직에 부정적 영향을 주는 논쟁과 불일치를 말하며 조직성과를 떨어뜨리게 된다.

   ㉢ 갈등이 기능적으로 작용하느냐 역기능적으로 작용하고 있느냐를 분석하기는 쉽지 않다. 경영자는 갈등의 문제, 갈등 상황 그리고 관련된 당사자들을 신중히 분석하여야 한다. 경영자가 당면한 갈등상황을 분석하기 위하여 다음과 같은 의문을 가질 필요가 있다.

   - 구성원들은 갈등에 대해 적대적 감정을 가지고 접근하는가?
   - 갈등결과는 조직에 부정적 영향을 미칠 것인가?
   - 구성원의 잠재적 손실이 잠재적 이득을 능가하고 있는가?
   - 목표달성에 필요한 조직의 에너지가 분산되는가?

이러한 질문에 '그렇다'라고 대답했다면, 갈등은 역기능적으로 작용하고 있는 것이다. 따라서 경영자는 갈등을 분석하고 갈등을 촉진시킬 것인가 아니면 억제할 것인가를 결정하여야 한다.
ⓔ 경영자가 갈등을 촉진하여야 하는 상황의 예를 들면 집단의사결정에서 집단사고 현상이 의심되는 경우이다. 집단 구성원들이 의사결정시 신중히 검토하지 않고 사고가 정체되어 있다면 비판자 지명을 통해 갈등을 유발하고 이는 활발한 토의에 도움을 줄 것이다.

구분	기능적 갈등	역기능적 갈등
정의	목표달성에 도움이 되고 조직성과를 높이는 데 기여하는 건설적인 갈등	개인, 집단과 조직성과를 떨어뜨리는 부정적 갈등
결과	• 새로운 아이디어 유도 • 창의성 유발 • 변화 촉발 • 조직 활성화 • 문제해결 능력 향상 • 개인과 조직의 일체감 강화	• 업무로부터의 에너지 분산 • 심리적 안정 저해 • 자원낭비 • 부정적 조직분위기 • 집단응집력 파괴 • 적대심과 공격적 행동

② 단위에 따른 갈등 유형
단위에 따르는 갈등 유형은 크게 세 가지로 나눌 수 있다.
㉠ **개인 내 갈등**: 역할 간 갈등과 역할 내 갈등으로 분리하여 볼 수 있다. 둘 혹은 그 이상의 역할을 수행하는 역할 담당자에게 서로 양립되지 않는 행위에 대한 기대를 가질 때 발생하는 것을 역할 간 갈등이라고 한다. 역할 내 갈등은 하나의 동일한 역할을 수행하는 역할 담당자에게 상이한 행동을 기대할 때 발생한다.
㉡ **개인 간 갈등**: 둘 또는 그 이상의 개인들이 목표, 태도, 가치관 또는 행동에 있어서 상대방과 상반된다고 지각할 때 발생하는 갈등이다. 즉, 개인 간 갈등은 집단이나 조직목표를 달성하기 위한 과정에서 개인들이 서로 다른 방안을 선호함으로써 발생한다. 또한 개인 간 갈등은 조진 내에서 개인의 욕구수준과 성과수준 차이에서도 발생하는데 이들의 차이가 크면 클수록 갈등은 더욱 증폭된다. 이러한 개인 간 갈등은 5가지 갈등해결 전략을 통해서 해소될 수 있다.
㉢ **집단 간 갈등**: 조직 내의 집단과 집단 사이에 일어나는 갈등을 의미한다. 집단 간 갈등은 조직의 규모가 커지고 기능이 다양해질수록 집단 간의 관계가 더욱 복잡해지고 집단 간 갈등유발 가능성도 더욱 커진다.

③ 방향에 따른 유형
방향에 따른 갈등 유형에는 수평적, 수직적, 대각적 갈등이 있다.
㉠ **수평적 갈등**: 기능 간 갈등이라고도 하며, 각각 다른 기능을 수행하는 부문 간에서 발생되는 갈등을 의미한다. 상호 의존관계가 있는 부서가 자신의 부서 목표 달성이 다른 부서가 자신의 부서 목표 달성이 다른 부서에 의해 방해받는다고 지각될 때 발생한다.

ⓒ **수직적 갈등**: 상·하 계층 간에 발생하는 갈등으로 계층 간 갈등이라고도 한다. 조직의 상·하 계층간에 발생되는 갈등으로 이러한 갈등은 권한의 행사과정에서 나타나기도 하고 보상과 관련되어 유발되기도 한다. 수직적 갈등에는 상위관리층과 하위관리층과의 갈등, 경영층과 조직구성원 간의 갈등 등이 포함된다.

ⓒ **대각적 갈등**: 수평적 갈등과 수직적 갈등의 혼합 형태로 다른 부서의 상위(또는 하위)계층과의 갈등을 의미한다.

④ **기타 유형**

갈등의 기타 유형으로는 라인과 스탭 간의 갈등과 공식집단과 비공식집단 간의 갈등이 있다.

㉠ 라인과 스탭 간의 갈등은 실무라인 부서와 전문 스탭 부서가 특정 사안에 대하여 의견 차이가 일어날 때 나타나는 갈등을 말한다.

㉡ 공식·비공식 집단간의 갈등은 공식조직의 규범과 비공식조직의 규범 간에 마찰이 발생한 경우, 공식조직이 비공식조직의 활동을 규제하려 할 때 나타나는 갈등을 말한다.

(3) 갈등과 성과 간의 관계 ★

① 갈등이 별로 없는 집단은 상호 간의 무관심, 창의력의 결핍, 우유부단 그리고 업무 태만 등의 문제들로 시달리는 경향이 있다.
② 무사안일이 만연하고 환경변화에 적절한 대응하지 못하며 매너리즘에 빠져 혁신하지 못함으로써 생존이 위협받게 되는 경우가 많다.
③ 특히 과거에 별 어려움 없이 성장·발전하여 온 조직의 경우 환경변화에 대응하지 못하고 과거의 성공에 도취되어 어려움을 겪는 경우를 흔히 본다.
④ 반면에 극단적인 갈등을 겪고 있는 집단은 집단 내의 권력의 획득을 목적으로 한 정치적인 분쟁, 불만족, 팀워크의 상실 그리고 이직 등을 유발하고 혼란을 유발하여 성과를 떨어뜨린다.

	갈등수준	갈등의 기능	조직성과
상황 I	낮거나 없음	역기능적	낮음
상황 II	이상적	기능적	높음
상황 III	높음	역기능적	낮음

〈갈등과 성과 간의 관계〉

⑤ 따라서 집단의 성과를 높이기 위해서는 갈등의 적절한 수준이 필요하다. 적절한 수준의 갈등 하에서는 목표를 향한 적극적인 도약, 혁신과 변화, 문제해결 탐색, 창의적 노력, 환경변화에 대한 신속한 적응 등을 함으로써 성과가 높다. 그렇기 때문에 상황 I 에서는 갈등촉진 기술을 사용함으로써 갈등의 정도를 높이고, 상황 Ⅲ에서는 갈등해결 기술을 사용하여 갈등을 줄임으로써 적정 수준의 갈등을 유지할 수 있다.

2. 갈등의 해결 과정

(1) 갈등 해결 과정의 의미

① 갈등의 해결 과정은 지속적인 과정이다. 갈등은 지속적인 관계나 사건 속에서 당사자들의 사고, 지각, 기억 및 감정들이 관련되어 있다. 따라서 조직 내 갈등 현상을 이해하기 위해서는 여러 가지 요인들을 고려해야 한다.

1단계	잠재적 반대	• 커뮤니케이션 • 구조 • 개인적 변수
2단계	인지와 내면화	갈등인식
3단계	해결전략	경쟁, 협력, 타협, 회피, 수용
4단계	행동	• 갈등표출 • 당사자 행동 • 타인 반응
5단계	결과	집단 성과

〈갈등 해결 과정〉

② 상대방 때문에 자신의 이익이 타격을 받거나 어떠한 안건이나 사건에 대하여 커다란 의견의 차이를 갖고 있다고 인식될 때 갈등은 인식된다. 이러한 인식은 갈등심리를 자극하여 개인은 갈등상황과 관련하여 자신의 정당성을 확신하며 이에 대한 자신의 대처방안을 고려하고 갈등해결을 위한 여러 가지 의도가 형성되게 된다.

③ 이러한 의도는 곧 행동으로 이어지고 개인의 이러한 행동에 대해 상대방은 어떠한 반응으로든지 반응을 보일 것이다. 이러한 행동 후 갈등의 결과가 나타난다.

④ 갈등 해결을 위해 갈등관리 유형 진단지 등과 같은 도구를 이용하여 갈등 관리 유형을 평가한다. 그리고 실제 갈등상황에서 나타나는 갈등행동이 주는 영향을 파악하며 이후 갈등 해결을 위한 다양한 기법을 활용하여 갈등을 해결한다.

(2) 갈등 해결 과정의 3단계

① 1단계: 갈등 관리 유형 평가

갈등상황에 어떻게 대응하는 지에 대한 갈등관리 유형을 평가, 진단하여 사람들의 갈등스타일을 평가한다.

② 2단계: 갈등 행동 규명

갈등상황에서 어떠한 영향을 미치는 행동을 하는지를 파악한다. 이때 부정적 영향을 미치는 행동, 긍정적 영향을 미치는 행동으로 구분할 수 있다.

⊙ 긍정적 행동: 적극적 경청, 감정이입, 흥분 가라앉히기 등
  ⓒ 부정적 행동: 지배, 방어, 빈정거림, 악의의 유머, 감정의 억압, 권리의 주장, 완고함, 비난
③ 3단계: 갈등 해결 기법 사용
 갈등을 해결하는 여러 가지 기법을 사용하여 갈등을 해결한다.
  ⊙ 적극적 경청: 상대방의 입장에 서서 그 말의 의미와 배경에 있는 감정을 읽어 내고자 적극적으로 경청해야 한다.
  ⓒ 감정 이입: 상대방의 관점에서 세계를 보고 타인이 느끼고 있는 감정을 파악할 수 있도록 해야 한다.

1단계	갈등관리 유형 평가	갈등관리 유형 평가 진단
2단계	갈등행동 규명	• 긍정적 행동 • 부정적 행동
3단계	갈등해결 기법 사용	적극적 감정 이입

〈갈등해결 3단계 모델〉

3. 갈등 관리 전략

(1) 갈등 관리 유형 ★★★

킬만(Kilmann)과 토마스(Thomas)는 갈등을 다루는 5가지 유형을 제안하였다. 다음 그림과 같이 자기 자신의 관심을 만족시키고자 하는 독단성의 차이와 타인들의 관심을 만족시키고자 하는 협조성의 차이들의 조합에 기초하여 갈등관리 스타일을 구분할 수 있다.

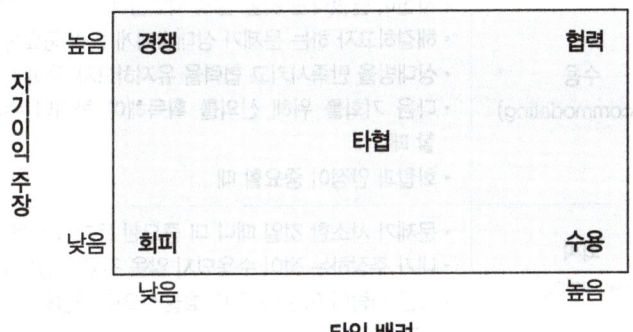

[그림 3-12] 갈등 관리 유형

① 경쟁형: 상대방의 희생을 대가로 해서 자신의 관심사를 획득하거나 우위에 두고자 하는 열망이다. 경쟁지향적인 사람은 자신은 이기고 상대방을 패배시키는 힘의 투쟁을 하려는 경향이 강하다. 즉, 자신의 갈등해소 방법으로 승-패 방식을 취한다.
② 수용형: 자신의 관심사를 돌보지 않고 타인의 관심사를 만족시키려는 것이다. 이러한 경향을 가진 사람은 단지 어떤 관계를 유지시키고자 해서 관대하고 자기희생적이다. 그래서 이러한 사람은 갈등해소의 방법으로 패-승 방식을 취한다.

③ 타협형: 양 당사자 모두가 만족하지는 못하지만 적당한 수준에서의 타협을 선호하는 것으로 어떤 한 쪽도 만족할 만한 결과를 얻지 못했다는 점에서 모두가 패하는 패-패 방식이라고 할 수 있다.
④ 협력형: 다른 방식들과는 대조적으로 당사자 모두의 욕구를 충분히 만족시키고자 하는 의지를 반영하고 있다. 이러한 유형은 갈등이 해결되어진 후에 양편 모두가 가치 있는 어떤 중요한 것을 획득하여야 한다는 신념인 승-승의 상생 철학이 깔려있다.
⑤ 회피형: 어느 편의 관심에도 무심하여 갈등의 원인을 이해하거나 시정하려는 시도를 전혀 하지 않는 경우를 말한다. 이러한 회피에 해당하는 사람은 실제로 보면 갈등으로부터 회피하거나 운명에 맡길 가능성이 있다.

갈등 관리 유형	적절한 상황 예시
경쟁 (competing)	• 빠르고 결단력 있는 의사결정이 중요할 때 　(예: 위급상황) • 사람들이 좋아하지 않는 문제에 대해 중요한 결정을 해야 할 때 　(예: 비용 삭감, 규칙 시행, 원칙 만들기) • 회사의 복지 정책에 관한 이슈 • 경쟁성 없는 행동으로부터 이익을 취하는 타인을 상대로 자신의 원리를 보호해야 할 때
협력 (Collaborating)	• 양측이 입장이 타협하기에는 너무 중요해서 통합적인 방법을 찾아야 할 때 • 당신의 목적이 배우는 것일 때 • 다양한 관점으로부터의 통찰력을 습득하고자 할 때 • 합의를 통하여 상대방의 헌신을 얻고자 할 때
수용 (Accommodating)	• 자신이 틀렸다는 것을 알게 되었을 때 • 해결하고자 하는 문제가 상대방에게 훨씬 중요한 것일 때 • 상대방을 만족시키고 협력을 유지하고자 할 때 • 다음 기회를 위해 신의를 획득해야 하거나 손해를 최소화해야 할 때 • 화합과 안정이 중요할 때
회피 (Avoiding)	• 문제가 사소한 것일 때나 더 중요한 문제가 있을 때 • 내가 주장하는 점이 수용되지 않을 것을 알았을 때 • 다른 사람이 이 문제를 더 효율적으로 해결할 수 있을 때
타협 (Compromising)	• 목표가 중요하긴 하지만 공격적인 자세로까지 할 필요는 없을 때 • 복잡한 사안에 대하여 단기적인 해결책을 원할 때 • 시간이 제한된 상황 하에서 편리한 결론에 도달하고자 할 때

〈갈등 관리의 5가지 유형〉

4. 갈등 관리 기법

갈등 관리 기법에는 갈등 해결 기술과 갈등 촉진 기술이 있다.

(1) 갈등 해결 기술

갈등이 일정 수준을 넘어서면 갈등은 역기능을 가져오게 된다. 즉, 조직의 안정성, 조화성, 통일성을 깨뜨리고 권력의 획득을 목적으로 한 정치적인 분쟁, 불만족, 팀워크의 상실, 그리고 이직 등을 유발하고 혼란을 유발하여 성과를 떨어뜨리게 된다. 따라서 이때는 갈등 해결 기술을 사용하여 적정 수준의 갈등을 유지해서 갈등의 기능적 역할(목표를 향한 적극적인 도약, 혁신과 변화, 문제해결 탐색, 창의력, 환경변화에 대한 신속한 적응 등)을 하게 해야 한다.

① **문제 해결**: 갈등을 일으키고 있는 당사자들이 직접 대면하여 갈등의 원인이 되는 문제를 공동으로 해결하게 하는 방법이다.

② **상위 목표의 제시**: 갈등을 일으키고 있는 당사자들이 공동적으로 추구해야 할 상위 목표를 제시함으로써 갈등을 완화시킬 수 있다. 또한 공동의 적을 제시하는 방법도 상위 목표의 제시와 비슷한 효과를 거둘 수 있을 것이다.

③ **자원의 확대**: 희소한 자원에 공통적으로 의존하는 행동 주체들은 서로 더 많은 자원을 차지하려고 할 때 갈등이 발생하므로 자원을 확대함으로써 양 당사자가 모두 승자가 될 수 있게 한다.

④ **회피**: 단기적으로 갈등을 완화할 수 있는 방법으로 갈등을 야기할 수 있는 의사결정을 보류 또는 회피하거나 갈등 상황에 처한 당사자들이 접촉을 피하도록 하는 것으로 갈등 행동을 억압하는 것 등이 회피의 방법에 해당한다.

⑤ **완화**: 갈등 당사자들에게 유사성이나 공동 이익을 강조함으로써 갈등을 해소시켜 보려는 방법이다.

⑥ **타협**: 당사자들이 대립되는 주장을 부분적으로 양보하여 공동의 결정에 도달하도록 하는 방법이다.

⑦ **공식권한**: 공식적 권한에 근거한 상위 계층의 관리자의 명령으로 해소하는 방법으로 갈등의 원인을 제거하지 않고 표면화된 갈등 행동만을 해소시키는 방법이다.

⑧ **교육훈련**: 갈등을 일으키거나 일으킬 가능성이 있는 사람들에게 교육이나 훈련을 통해 태도 등을 변화시킴으로써 갈등을 예방 또는 해소시키는 방법이다.

⑨ **조직구조의 변경**: 구조적 요인의 변화를 야기함으로써 갈등을 보다 근본적으로 해소시키는 방법이다.

(2) 갈등 촉진 기술

갈등이 적정 수준에 도달하지 않아도 역기능(환경변화에 대한 느린 적응, 변화의 부재, 창의적 아이디어 결핍, 무관심, 지지부진 등)을 가져오게 된다. 따라서 이러한 역기능을 해결하기 위해서는 갈등 촉진 기술이 필요하다.

① **불분명한 커뮤니케이션**: 표준화된 공식적 및 비공식적 의사 전달 통로를 의식적으로 변경하거나, 모호하고 위협적인 메시지를 전달함으로써 갈등을 조장한다. 또한 정보 전달을 억제하거나 과다한 정보를 전달함으로써 갈등을 조장할 수 있다.

② **외부인사 영입**: 배경, 가치관, 태도, 경영 스타일 등이 다른 사람을 영입함으로써 갈등을 촉진할 수 있다.

③ **리스트럭쳐링**: 작업집단의 재배치, 규칙과 규율의 변경, 상호의존성의 증가, 변화를 위한 구조 변경 등을 통해 갈등을 유발시킨다.
④ **비판자 지명**: 고의적이고 일부러 반대의견을 제시하는 역할을 하도록 지명함으로써 경쟁을 유발시킨다.

기출개념확인

01 다음 중 집단 간 갈등의 원인으로 볼 수 없는 것은?

① 상호의존성　　② 역할모호성
③ 경쟁적인 보상관계　　④ 자원의 분산화

02 조직정치를 관리하기 위한 방안으로 보기 어려운 것은?

① 시스템의 불확실성을 줄인다.
② 경쟁을 줄인다.
③ 정치적 세습을 타파한다.
④ 승진기회를 줄인다.

03 다음 중 역할 갈등(role conflict)의 원인이 아닌 것은?

① 성과에 대한 기대가 분명하지 않을 때
② 둘 이상의 상급자의 지시를 받을 때
③ 윤리상 수행하기 곤란한 업무가 주어질 때
④ 외부의 역할과 상충될 때

정답·해설

01 ④　집단 간 갈등의 원인으로 ①, ②, ③ 외에도 한정된 자원에의 의존성, 개인적 목표의 차이, 지각의 차이 등 여러 가지가 있을 수 있다. 한편 자원의 분산화는 상호 간의 의존성을 감소시킴으로써 갈등을 줄일 수 있다.

02 ④　승진기회의 부족이 조직정치를 유발하는 요인이 될 수 있다.

03 ①　역할 갈등(role conflict)은 한 개인에게 서로 모순되는 역할이 주어졌을 때 그 과업을 동시에 수행할 수 없음으로써 느끼는 부담을 말하며, 역할 모호성(role ambiguity)은 개인에게 주어진 역할에 대해 충분한 정보가 주어지지 않을 때 느끼는 혼란을 가리킨다.

제4절 리더십

01 리더십의 개념

1. 리더십의 정의 [기출개념]
① 리더십은 타인으로 하여금 공동의 목표 달성을 위해 노력하도록 영향력을 행사하는 과정이라고 정의할 수 있다.
② 회사의 전략적인 역량을 효과적으로 사용하고 조직 목표를 달성하는 데 영향력을 행사할 수 있는 능력을 의미하기도 한다.
③ 효과적인 리더가 되기 위해서는 두 가지의 중요한 과제가 있다.
   ㉠ 첫째, 회사가 달성하려는 목표를 정확히 설정하고 그것을 명확히 표명해야 한다.
   ㉡ 둘째, 종업원들이 스스로 의사결정을 할 수 있는 참여적 분위기를 이끌어내어 그들이 결정된 업무사항을 잘 수행할 수 있는 환경을 만들어야 한다.

2. 리더와 매니저의 차이점 [기출개념]
① 조직행동에서는 리더십(leadership)과 매니지먼트(management)의 개념을 구분하는 것이 매우 중요하다.
② 조직 내에서 일어나는 큰 변화 중 70~90%가 리더십으로 인한 것이고 10~30%만이 매니지먼트로 인한 것으로 볼 수 있기 때문이다.
③ 또한 리더와 매니저는 선발, 채용, 교육훈련 등에 있어 차이를 보이며 그 차이를 이해하고 있어야 한다.
   ㉠ 리더는 전략적, 장기적, 중요 사건, 부가가치적 역할·역량에 초점이 맞춰지는 반면에, 매니저는 수행지향적, 일상적, 예측 가능한 업무, 구체적 기술사항과 관련된 역할·역량에 초점이 맞추어진다.
   ㉡ 매니저와 그 부하들은 자신의 업무에 있어서 확실히 가치를 창출하지만 자신의 업무와 관련된 사항에 한해서만 가치를 창출할 뿐이다.
   ㉢ 리더는 자신의 업무를 초월하여 조직 전체 차원에서의 가치를 창출한다.
④ 코터(John P. Kotter)는 리더와 매니저의 차이점을 비전·전략 수립, 비전·전략 달성을 위한 네트워크 형성, 수행, 결과 등의 네 가지 차원으로 구분한다.

⑤ 코터의 리더와 매니저 차이점

측면	리더	매니저
비전·전략 수립	• 방향설정 − 미래 비전 개발 − 비전 달성을 위한 변화 전략 개발	• 계획과 예산 − 구체적인 단계와 스케줄 작성 − 필요한 자원 할당
비전·전략 달성을 위한 네트워크 형성	• 동조시키기 − 말과 행동을 통해 협력이 필요한 사람들과 직접적으로 의사소통 − 비전·전략을 이해하고 수용하는 연합체 또는 팀 구축	• 조직화하기 − 필요한 계획 및 인력배치 설정 − 지휘 방침, 절차, 모니터링 방법, 시스템 제공
수행	• 동기부여 및 분위기 고취 − 기본적인 욕구를 충족시켜줌으로써 변화장벽을 극복할 에너지 제공	• 통제 및 문제해결 − 결과 대 계획의 구체적 모니터링 − 결과를 확인하여 계획과의 차이점 발견 후 계획 수정
결과	• 변화 창출 − 매우 유용한 변화의 잠재성 제공	• 질서 및 예측가능성 형성 − 이해당사자들에 의해 기대되는 주요한 결과 달성

02 리더십 이론

1. 특성이론(Trait Theory) ★ 기출개념

① 리더와 일반인을 구별 짓는 특성이 존재한다는 발상에 근거한다.
② 20세기 초반에 들어서서 조직행동학자들은 어떠한 개인적·육체적 특성이 리더와 일반인을 구별 짓는지 밝혀내기 위해 과학적인 방법을 사용하였다.
③ 이러한 연구 경향은 수십 년 동안 리더십 연구의 중심을 이루었다.
④ 1940년대 후반에 이루어진 문헌연구 결과를 통해 소수의 특성만이 일관되게 효과적인 리더와의 상관관계를 가질 뿐이며 대부분의 특성이 일관된 상관관계를 가지지 않는다고 밝혀져 학계의 관심으로부터 멀어지게 되었다.

2. 행위이론(Behavioral Theory) ★★★ 기출개념

(1) 행위이론의 등장배경

1940년대 후반에 들어서면서 리더십 연구학자들이 리더의 특성보다 행동에 초점을 두기 시작했기 때문에, 과업과 관련하여 리더가 어떠한 행동을 해야 하는가, 어떻게 종업원이 과업수행을 잘 하도록 관리할 것인가에 연구의 초점이 모아졌다.

(2) 과업 중심적 리더십과 종업원 중심적 리더십

① 1947년 미시건 대학의 리커트(Likert) 연구팀은 만족스러운 생산목표 달성을 할 수 있도록 각 개인의 노력을 관리할 최선의 방법을 밝혀내고자 연구를 시작했다.

② 이 연구팀은 리더와 종업원을 대상으로 인터뷰를 실시하여 두 가지 유형의 리더십 스타일인 과업 중심적 리더십과 종업원 중심적 리더십으로 구분했다.

리더십 유형	내용
과업 중심적 리더십	• 과업의 수행에 초점을 둔 만큼 밀착 관리를 함으로써 종업원들이 구체적인 절차를 통해 과업을 수행하도록 함 • 이 유형의 리더들은 종업원의 행위 또는 성과에 영향을 미칠 목적으로 강압, 보수, 합법적인 권한을 사용함
종업원 중심적 리더십	• 과업을 수행하는 종업원에 초점을 두어, 종업원에 대한 신뢰를 바탕으로 의사결정 권한을 종업원에게 위임하고 지원적 작업환경을 조성함으로써 종업원들의 욕구를 충족시켜 줌 • 이 같은 방식으로 종업원들이 과업 수행을 할 수 있도록 도와줌

(3) 구조주도형 리더십과 배려형 리더십
2차 세계대전 이후 개발된 리더십 연구 프로그램 중 가장 주목받은 프로그램에 속한 것으로 오하이오 주립대학에서 착수한 프로그램이다.

① 이 프로그램은 리더십 2요인이론을 개발했는데, 이 이론은 미시건 학파 이론과 달리 과업 중심적 리더십과 종업원 중심적 리더십이 공유될 수도 있다는 주장을 제기했다.

② 오하이오 학파의 리더십 이론에서는 두 가지 유형의 리더십 스타일을 구조주도형 리더십과 배려형 리더십으로 구분했다.

리더십 유형	내용
구조주도형 리더십	• 이 리더십 유형 리더는 그룹 내에서 관계를 조직하고 잘 정의된 패턴과 의사소통 채널을 확립하며 과업이 잘 이루어질 수 있는 방식을 개발함 • 높은 구조주도 경향을 가진 리더는 목표와 결과에 더욱 초점을 둠
배려형 리더십	• 이 유형의 리더는 리더와 추종자 간의 우정, 신뢰, 존경, 온정, 친밀성을 내포하는 행위를 포함함 • 높은 배려 경향을 가진 리더는 구성원의 자유로운 의사소통과 참여를 지원함

③ 이 이론은 리더가 구조주의형 리더십과 배려형 리더십을 동시에 갖출 수 있다는 가정하에 연구되었다.

④ 또한 효과적인 리더는 구조주도형 리더십과 배려형 리더십을 모두 다 높게 가진 리더라고 주장했다.

⑤ 오하이오 학파의 이론은 이론의 단순함, 일반화의 결여, 리더십 효과성 측정 시에 설문 대답에 의존하는 한계점 때문에 비판의 대상이 되고 있다.

⑥ 이러한 한계점에도 불구하고 이 이론은 효과적인 리더십 행위를 이해하는 데 있어 상당히 큰 역할을 해주었다.

⑦ 특히 기존의 전통적이고 이론적 견해였던 리더는 과업과 사람 중 하나의 요소에만 초점을 두어야 한다는 고정관념을 타파했다는 점에서 큰 의의가 있다.

(4) 관리격자모형(managerial grid) ★★★ 기출개념

① 블레이크(Robert R. Blake)와 무튼(Jane S. Mouton)은 리더십 관리격자이론을 정립하였다.
② 이들은 사람에 대한 관심(concern for people)과 생산성에 대한 관심(concern for production)을 주축으로 한 리더십 관리격자모형을 제시하였다.
③ 관리격자모형의 매니저 유형

매니저 유형	내용
무관심형 매니저	생산성과 직원 모두에게 낮은 관심을 보임(1, 1)
과업형 매니저 (task management)	생산성에 높은 관심을 보이고, 직원들에게는 낮은 관심을 보임(9, 1)
컨트리 클럽형 매니저 (country club style)	생산성에 낮은 관심을 보이고, 직원들에게는 높은 관심을 보임(1, 9)
중간형 매니저	생산성과 직원 모두에게 중간 정도의 관심을 보임(5, 5)
이상형 매니저	• 생산성과 직원 모두에게 높은 관심을 보임(9, 9) • 팀을 이끌어가는 데 있어 이상적인 매니저 유형

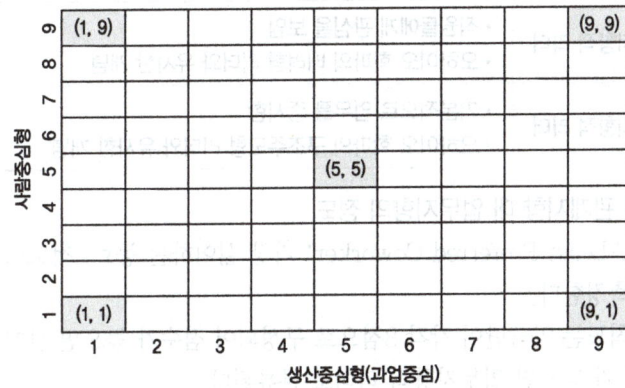

[그림 3-13] 관리격자모형

3. 리더십 상황이론 ★★ 기출개념

(1) 피들러(Fiedler)의 리더십 상황이론

① 리더십 스타일과 조직의 상황을 포괄적인 리더십 이론으로 통합하려는 광범위한 노력이 피들러와 그의 동료들에 의해 이루어졌다.
② 그들의 리더십 이론에 대한 기본적인 발상은 아주 간단했다.
③ 그들은 상황에 가장 적합한 리더를 만드는 것이 최선의 방법이라는 명제를 기반으로 연구하였다.
④ 이에 따라 리더십 접근과 조직의 상황 진단을 통해 가장 적합한 조합이 이루어질 수 있다는 것이 피들러의 리더십 상황이론의 출발점이 되었다.

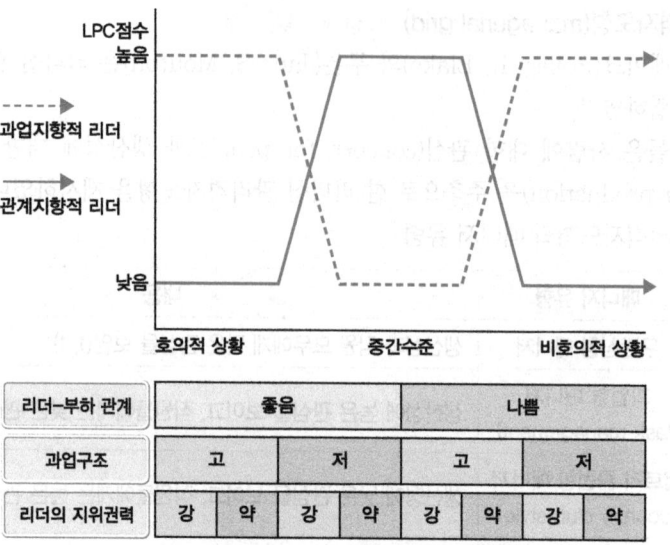

[그림 3-14] 피들러의 리더십 상황이론

⑤ 리더십 상황이론은 리더를 관계지향적 리더와 과업지향적 리더로 구분했다.

리더 유형	내용
관계지향적 리더	• 직원들에게 관심을 보임 • 오하이오 학파의 배려형 리더와 유사한 개념
과업지향적 리더	• 기본적으로 업무를 중시함 • 오하이오 학파의 구조주도형 리더와 유사한 개념

⑥ 리더의 관계지향 대 업무지향의 정도
  ㉠ LPC(Least Preferred Coworker; 가장 싫어하는 동료) 척도로 구성된 설문으로 측정한다.
  ㉡ 이 척도는 양극단이 각각 8점으로 구성되어 점수가 높으면 관계지향적 리더로, 점수가 낮으면 업무지향적 리더로 분류된다.

⑦ 리더십 상황

리더-구성원 관계(leader-member relationship), 과업구조(task structure), 직위 권한(position power)을 기준으로 리더십 상황을 정의할 수 있다.

요인	정의
리더-구성원 관계	• 리더에 대한 구성원들의 태도와 리더를 받아들이는 데 있어서의 그룹 분위기를 의미함 • 부하들이 리더를 신뢰하고 존경하면 리더와 구성원 간의 관계가 좋아짐
과업구조	• 그룹이 수행하는 과업이 일정 정도 잘 정해져 있는지를 의미함 • 구체적 절차와 명확하고도 간결한 목표의 유무가 판단기준이 됨 • 명확하고 간결한 목표가 존재하고 목표 달성을 위한 구체적인 절차가 있으면 과업구조가 잘 짜였다고 봄
직위 권한	• 리더가 부하들에 대해 가지는 공식적인 권위의 정도를 의미함 • 부하들에게 지시하고, 그들의 과업수행 결과를 평가·보상할 수 있는 권한이 주어지면 직위 권한이 강력하다고 볼 수 있음

⑧ 피들러의 상황이론 응용 시 알아두어야 할 사항

피들러의 상황이론을 실제 상황에 응용하기 위해서는 두 가지 사항을 알아야 한다.
㉠ 첫째, 리더 스스로 관계지향적 리더인지 과업지향적 리더인지 파악해야 한다.
㉡ 둘째, 자신이 속한 조직의 상황을 진단하고 리더-구성원 관계와 과업 구조, 직위 권한이 우호적인지 아닌지를 결정해야 한다.
㉢ 파악한 두 가지 사항을 기반으로 리더십 스타일을 적용한다면 보다 효과적인 리더가 될 수 있다고 보았다.

(2) 하우스(House)의 경로 – 목표이론

상황이론 중 널리 알려진 이론으로, 동기이론 중 하나인 기대이론을 바탕으로 제시된 로버트 하우스의 경로 – 목표이론이 있다.

① 이 이론에서는 리더의 행위가 추종자들의 동기부여, 만족, 성과에 미치는 영향을 설명한다.
② 경로 – 목표이론은 네 가지의 주요 리더십 유형으로 구성된다.

리더십유형	내용
지시적 리더십	권위적인 리더로 부하들의 참여가 전혀 없음
지원적 리더십	리더는 우호적이고 접근 가능한 존재이며 부하들에게 진정한 관심을 보임
참여적 리더십	의사결정을 할 때 부하들과 상의하고 그들의 제안을 수용하기도 하지만 궁극적인 의사결정은 리더가 함
성취지향적 리더십	부하들이 추구할 도전적인 목표를 설정하고, 그 목표를 잘 달성할 수 있다는 확신을 보여줌

③ 경로 – 목표이론은 동일한 리더가 상황에 따라 다양한 리더십을 구사할 수 있다는 주장을 제시하고 있다.
④ 이 이론에서 확인된 상황적 요인으로는 두 가지가 있다.
㉠ **부하들의 개인적 성향**: 부하가 리더의 행위를 얼마나 즉각적인 원천으로, 또는 미래 만족의 수단으로 여기는지에 따라서 리더의 행위를 받아들이는 정도가 달라진다.
㉡ 부하들이 직면하게 되는 **상황적 압박과 요구**: 부하들이 효과적인 성과를 달성했을 때, 그들의 요구를 만족시켜주면 리더의 행위는 더욱 부하의 동기부여를 고취시키게 된다.
⑤ 두 가지 상황적 요인에 따라 네 가지 유형의 리더십 스타일을 적용함으로써 리더는 부하들의 인식에 영향을 미치고 동기부여하게 된다.
⑥ 경로 – 목표이론은 리더가 '추종자들의 욕구와 가치'와 함께 '특정 과업 상황이 요구하는 조건'을 만족시키는 방식으로 행동할 경우 추종자들에게 더욱 인정받고 리더 자신의 역량도 더욱 훌륭히 발휘할 수 있게 될 것이라고 주장한다.
⑦ 이 주장은 리더십의 복잡한 과정을 보다 잘 설명할 수 있도록 도움을 제공한다.

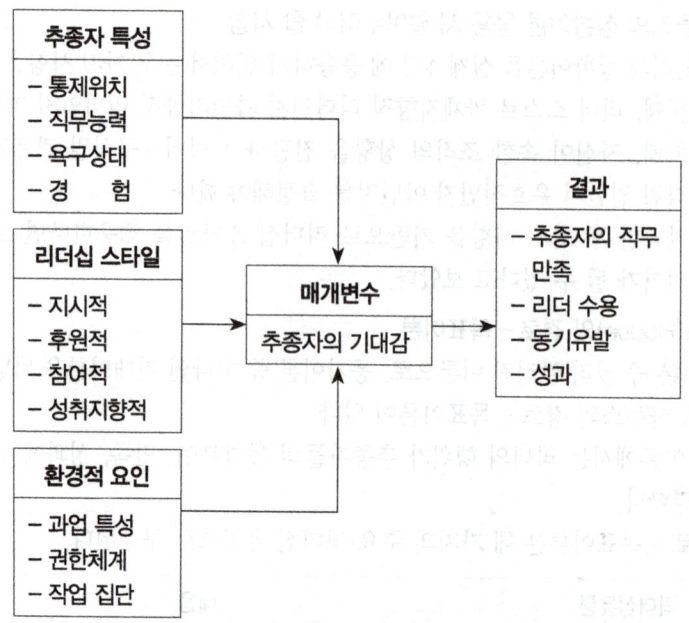

[그림 3-15] 하우스의 경로-목표이론

(3) 허시-블랜차드의 수명주기이론 〔기출개념〕

허시(Hersey)와 블랜차드(Blanchard)는 효과적인 리더십이란 종업원의 성숙도와 상황적 요구라는 두 가지 요소에 달려 있다는 점을 전제로 한 상황적 리더십 이론을 수립했다.

① 상황적 리더십의 수명주기이론에서는 리더가 여러 상황에 맞는 리더십 스타일을 발휘해야 한다고 주장한다.
② 이론의 요소들 중에서 종업원의 성숙도는 종업원이 업무를 수행하는 능력이나 의지의 정도를 나타낸다.
③ 리더십 스타일(상황적 리더십)은 과업행동과 관계행동의 중심에 위치한다.
  ⊙ 과업행동(task behavior): 교육, 지시하는 것을 의미한다.
  ⊙ 관계행동(relationship behavior): 감정적 지원, 인간적 지원을 해주는 것을 의미한다.
④ 리더는 종업원들이 직무를 수행하는 성숙도에 따라 행동해야 한다.
⑤ 허시와 블랜차드의 이론 모델을 통해 네 가지 리더십 스타일을 알아볼 수 있다.

리더십 스타일	내용
지시형 (telling) - S1	명확한 지시를 내림
설득형 (selling) - S2	의사결정을 설명하여 이해할 수 있는 기회를 줌
참여형 (participating) - S3	아이디어를 공유하고 의사결정을 용이하게 도와줌
위임형 (delegating) - S4	의사결정과 실행의 책임을 위임함

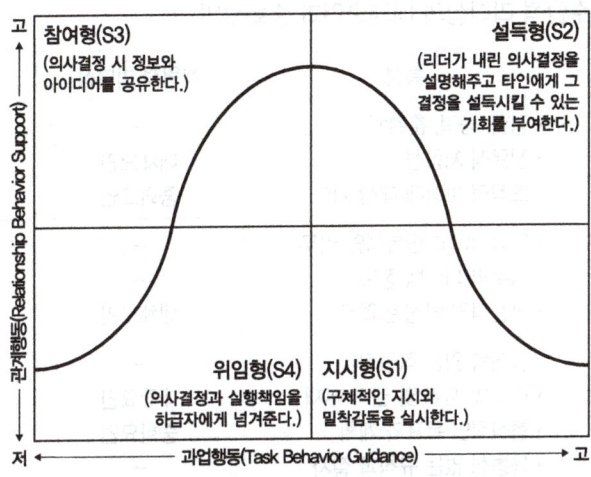

[그림 3-16] 허시-블랜차드의 수명주기 이론

⑥ 수명주기 이론의 4가지 리더십 스타일
  ㉠ 지시적 리더십(S1): 종업원들에게 직무를 수행할 능력과 의지가 없는 경우에 필요한 스타일이다.
  ㉡ 설득형 리더십(S2): 종업원들이 직무를 수행하는 데 다소 부족한 능력과 의지를 가지고 있는 경우에 필요한 스타일이다.
  ㉢ 참여형 리더십(S3): 종업원들이 보통의 능력과 의지를 가진 경우에 필요한 스타일이다.
  ㉣ 위임형 리더십(S4): 종업원들이 높은 수준의 능력과 강한 의지를 가진 경우에 필요한 스타일이다.

4. 리더십 대체(substitute for leadership)이론 ★★ 기출개념

(1) 리더십 대체이론의 정의 및 요인
① 리더십이 특정한 상황에서는 필요하지 않을 수 있다는 이론이다.
② 이때의 요인으로는 부하직원의 능력, 교육, 경험 등을 들 수 있다.
③ 훌륭한 리더가 없어도 어떤 그룹 또는 팀이 업무를 성공적으로 잘해내는 사례가 이러한 상황적 요인을 잘 설명해준다.
④ 리더십의 대체를 가능하게 하는 변수로는 대체요인과 중화요인이 있다.
  ㉠ 리더십 대체요인: 리더십을 불필요하게 만드는 요인들이다.
  ㉡ 리더십 중화요인: 리더십 스타일을 방해하거나 리더가 특정한 방식의 행동을 못하게 만드는 상황변인들이다.

⑤ 지원적·수단적 리더십의 대체요인과 중화요인

구분	특성	지원적 리더십	수단적 리더십
부하	• 경험, 능력, 훈련치 • 전문적 지향성 • 조직적 보상에 대한 차이	- 대체요인 중화요인	대체요인 대체요인 중화요인
직무	• 일상적이고 반복적인 업무 • 직무의 피드백 정도 • 본질적인 안정된 업무	- - 대체요인	- 대체요인 대체요인
조직	• 응집력 있는 작업집단 • 리더의 지위 및 권력 부재 • 형식적인 목표와 계획 • 융통성 없는 규칙과 절차 • 리더와 부하 간의 물리적 거리	- 대체요인 중화요인 - 중화요인	대체요인 중화요인 대체요인 중화요인 중화요인

5. 리더-멤버 교환이론(LMX 이론) ★★★ 기출개념

(1) 리더-멤버 교환이론의 정의 및 특징

리더-멤버 교환이론은 리더의 행동이 부하직원들에게 영향을 미치고 부하직원이 의사결정에 참여한다는 측면에서 기존 리더십 연구와 유사하나, 새로운 접근방법을 제시했다는 점에 특성이 있는 이론이다.

① 이 이론은 리더와 부하직원 간에 질적으로 다른 연계·관계가 있다고 정의한다.
② 동일한 상사라도 어떠한 부하직원과는 나쁜 대인관계나 업무관계를 가질 수 있고, 또 다른 부하직원과는 신뢰 있고 믿음직한 관계를 가질 수도 있다.
③ 리더는 각 팀 또는 개인을 내집단(in-group)과 외집단(out-group)으로 나눈다.
  ㉠ 내집단의 부하직원은 의사결정에 참여할 권리와 책임감이 주어지기도 한다.
  ㉡ 외집단에게는 재량권을 거의 주지 않고 굳은 태도로 대한다.
  ㉢ 내집단으로 분류된 부하직원은 외집단 직원보다 여러 면에서 다양한 기회를 부여받고 혜택을 누리며 의사결정에 참여할 기회도 많아진다.
  ㉣ 내집단에 속한 부하직원은 높은 직무 만족도와 헌신도, 낮은 이직률을 보인다.

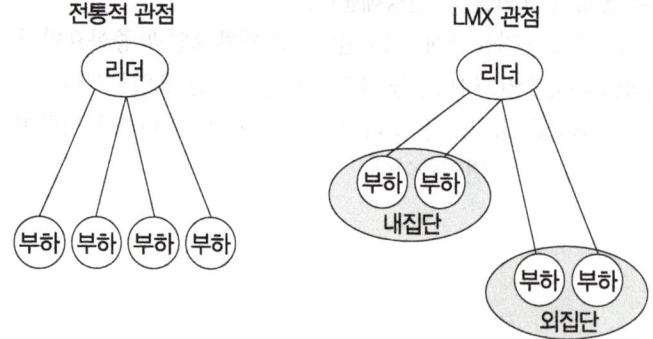

[그림 3-17] 리더-부하 관계의 대조적인 관점

④ 리더 – 부하 관계의 대조적인 관점
  ㉠ [그림 3-17]은 리더가 부하직원을 인식하는 형태로, 전통적 관점에서 상사는 모든 부하직원을 똑같이 대하고 모두에게 동등한 대우를 하고 의사결정 시에도 동등한 영향권, 정보교환, 동일한 리더와의 사회적 거리를 부여한다.
  ㉡ LMX 관점에서는 각기 다른 수직적인 관계를 보여주는데 이때 외집단의 직원보다 내집단에 속한 직원이 리더와 더 가까운 관계를 유지함을 알 수 있다.
  ㉢ LMX 관점에서 각 직원과 다른 관계를 형성하는 것은 리더가 직원들을 직무관계, 영향력, 권력, 정보에의 접근 용이성의 측면에서 다르게 대하기 때문이다.

6. 거래적 리더십(transactional leadership) ★★ 기출개념

① 거래적 리더십은 리더와 부하 사이의 관계를 변화시키는 것에 초점을 맞춘다.
② 리더는 역할과 업무의 필요성을 명확히 하고 부하들이 그 업무를 성취할 수 있게 자신감을 북돋아주며, 부하들이 미리 약속한 목표에 도달할 수 있도록 도와준다.
③ 거래적 리더십의 두 가지 주요 특성으로 '상황적인 보상'과 '예외적인 관리'가 있다.
  ㉠ **상황적인 보상**: 리더의 긍정적 또는 부정적 영향력의 사용을 의미하며 리더가 어떤 영향력과 어떤 보상을 사용할 것인지는 부하의 성공적인 업무 수행 여부에 달렸다.
  ㉡ **예외적인 관리**: 부하들의 성과가 기대에 못 미쳤을 경우에만 적용되며, 이때 리더가 어떤 행동을 취하는 것을 의미한다.
④ 거래적 리더의 특성
  ㉠ 부하들이 그들의 업무로부터 무엇을 얻고자 하는지 알고 있다.
  ㉡ 부하들이 성과를 보여주면 그들이 원하는 것을 준다.
  ㉢ 노력과 성과를 위해서 보상을 약속하고, 사용한다.
  ㉣ 부하가 업무를 완수할 때 느끼는 개개인의 보람에 초점을 맞춘다.

7. 변혁적 리더십(transformational leadership) ★★★ 기출개념

① 변혁적 리더는 근시안적이고 자기흥미적인 목표보다 관념적인 목표를 제시하고, 안정적보다는 현실적이고 부하들이 스스로 성취감을 느낄 수 있도록 리더십을 발휘한다.
② 거래적 리더십의 특별한 케이스로 주목받은 변혁적 리더십은 종업원들의 보상을 내재적인 것으로 본다는 특성을 가진다.
③ 비전을 표현하는 데 있어서, 변혁적 리더는 계획된 목표를 성취하기 위해 열심히 노력하도록 종업원들을 잘 설득한다.
④ 변혁적 리더의 비전은 종업원 스스로의 내재적인 보상을 위해 자발적으로 열심히 일하도록 동기부여시킨다.
⑤ 거래적 리더는 각 상황에만 맞는 목표와 방향, 미션을 보여주지만 변혁적 리더는 그들의 비전을 성취하고자 보다 큰 그림을 그리고 통합적인 관점에서 회사 또는 사업부의 미션, 인사 부서, 사업방향을 변화시킨다.
⑥ 따라서 변혁적 리더는 기업철학, 시스템, 조직문화를 철저하게 분석한다.

개념 Plus

거래적 리더십의 기초
1985년에 등장하여 리더십을 단일 선상의 연속체로 설명한 배스(Bass, B. M.) 연구에 제시된 구성요소 중에 하나이다. 이 연구 이전에도 정치학자 번즈(Burns, J. M.)가 리더십을 거래적 리더십과 변혁적 리더십 유형으로 분류해서 제시한 바가 있다.

거래적 리더십의 특징
일반적으로 거래적 리더들은 조직 목표 달성에만 초점을 둔 경향이 있고, 구성원을 전인체(whole person)가 아닌 일차원적 욕구 수준에 머무르는 존재로 여긴다. 따라서 구성원들의 욕구를 개별화하지 않고 이들의 개인적 성장, 발전에 큰 관심이 없다. 이러한 특징에도 불구하고 거래적 리더십이 영향력을 발휘하는 이유는, 구성원들의 관점으로 볼 때 리더가 원하는 대로 움직이는 것이 이익을 최대로 얻는 방법이기 때문이다.

핵심 Check

거래적 리더십
거래적 리더십은 리더와 구성원 간의 교환(또는 협상) 관계에 기반을 둔다. 리더는 구성원이 가치 있게 여기는 것을 제공하고, 그에 대한 대가로 바람직한 행동이나 성과를 유도해낸다. 다시 말해, 거래적 리더십에서의 리더는 구성원들에 대한 보상과 처벌을 이용하여 자신이 기대하는 목표나 성과를 달성한다.

⑦ 배스(Bass)는 연구에서 변혁적 리더를 구분하는 다섯 가지 요소를 제시하였다.
  ㉠ 카리스마, 개별적 고려, 지적 자극은 변혁적 리더의 특징을 나타내는 것이다.
  ㉡ 상황적인 보상, 예외적인 관리는 거래적 리더의 특징을 나타내는 것이다.

구분	내용
카리스마	리더는 가치의 의미, 존중, 프라이드, 명확한 비전을 주입시킬 수 있음
개별적 고려	리더는 부하들이 개별적으로 성장할 수 있도록 종업원 개개인의 니즈를 알고 의미 있는 과제를 부여해야 함
지적 자극	리더는 부하가 상황을 분석하는 이성적인 사고를 할 수 있도록 도와주고, 창조적인 사고를 할 수 있도록 용기를 북돋아주어야 함
상황적인 보상	리더는 부하에게 그들이 원하는 보상을 받으려면 어떠한 행위를 해야 하는지를 알려줌
예외적인 관리	리더는 적당한 시간과 비용을 들였지만 목표가 성취되지 않은 경우에도 종업원의 업무에 끼어들지 않고 일을 계속할 수 있도록 허락함 (즉, 예외적 사건이 발생했을 때에만 간섭함)

⑧ 카리스마는 변혁적 리더의 가장 중요한 특성 중 하나지만 카리스마만 있다고 해서 성공적인 변혁적 리더가 될 수는 없다.
⑨ 변혁적 리더는 카리스마 외에도 평가능력, 커뮤니케이션 스킬, 타인에 대한 감성을 지녀야 한다.
⑩ 따라서 카리스마는 변혁적 리더십의 필수요소지만 이것만으로 변혁적 리더십을 완성하기엔 부족하다.
⑪ 리더의 행동(카리스마, 영감, 지적 자극, 개별적 고려)과 부하의 행동(리더와 동일시, 리더의 비전과 동일시, 임파워먼트 고양)이 만나면 그 결과로 부하의 높은 수준의 노력, 부하 만족도 증가, 집단 응집성 제고 등의 긍정적 작용이 일어난다.

8. 카리스마 리더십(charismatic leadership)

카리스마는 'gift(신이 주신 재능)'를 의미하는 그리스어에서 유래하였으며, 미래 사건을 예측하거나 기적을 일으키는 능력과 같이 신이 부여한 영적인 재능을 의미한다.

(1) 카리스마 리더십의 등장
  ① 카리스마를 사회과학 개념에 처음 적용한 사람은 1920년대의 막스 베버로, 이는 1980년대에 들어서 리더십의 새로운 개념으로 본격적으로 연구되기 시작하였다.
  ② 콩거(J. conger)와 카눙고(R. Kanungo)는 카리스마 리더십으로 분류되는 리더의 행위를 분석하여 카리스마 리더가 가지는 공통적인 특징을 정리하였다.

(2) 카리스마 리더의 공통적인 특징
  ① 미래의 비전(future vision)
    ㉠ 카리스마 리더는 미래의 비전을 제시한다.
    ㉡ 이때의 비전은 미래에 달성하기를 원하는 이상적인 목표를 말한다.
    ㉢ 비카리스마적 리더는 현 상태를 지지하거나 점진적인 변화만을 주장하는 반면, 카리스마적인 리더는 현 상태를 적극적으로 변화시키려고 노력한다.

② 상황의 정확한 판단(accurate assessment of the situation)
  ㉠ 카리스마 리더는 상황을 정확히 평가한다.
  ㉡ 리더가 조직을 둘러싼 환경을 정확히 평가하고 비전을 성취할 때 구성원들은 이 리더를 카리스마 리더로 받아들인다.
③ 기존 관념에 얽매이지 않는 행위(unconventional behavior)
  ㉠ 카리스마 리더는 기존 관념에 얽매이지 않는 방법을 사용하여 현재의 질서를 초월한다.
  ㉡ 이상적인 목표를 달성하기 위해 카리스마 리더는 기존의 방식으로부터 탈피한 방법을 사용하여, 구성원들에게 그 리더가 높은 수준의 전문성을 갖추었다고 느끼게 한다.
④ 분명한 표현(articulation)
  ㉠ 카리스마 리더는 제시한 비전의 성취에 자신감을 가지며 이를 조직구성원에게 분명히 표현한다.
  ㉡ 카리스마 리더는 현재의 상태를 부정적이고 참을 수 없는 것으로 보고 미래의 비전은 가장 매력적이고 달성 가능한 대안으로 설명한다.
  ㉢ 단호한 행위, 자신감, 전문 지식을 보여줌으로써 구성원을 동기부여시킨다.
⑤ 개인적 권력의 이용(use of personal power)
  ㉠ 카리스마 리더는 개인적 권력을 이용한다.
  ㉡ 비카리스마적 리더가 공식적 권한이나 참여적 의사결정에 의존하는 것에 비해 카리스마 리더는 모범적인 행동과 기업가적인 행위를 통하여 개인적인 권력을 행사한다.

9. 서번트 리더십(servant leadership)

(1) 서번트 리더십의 정의 및 특성

이 리더십은 최근 등장한 개념이 아니며, 1977년 AT&T에서 경영관련 교육과 연구를 담당한 로버트 그린리프(Robert K. Greenleaf)가 저술한 『Servant Leadership』에서 처음으로 제시되었다.

① 경영학계로부터 별다른 주목을 받지 못하다가 1996년 4월 미국의 경영 서적 전문 출판사인 조시-배스(Jossey-Bass)사가 『On Becoming a Servant-Leader』를 출간한 것을 계기로 많은 경영학자의 관심을 받게 되었다.
② 그린리프는 서번트 리더십을 '타인을 위한 봉사에 초점을 두며, 종업원, 고객, 커뮤니티를 우선으로 여기고 그들의 욕구를 만족시키기 위해 헌신하는 리더십'으로 정의한다.
③ 미국의 서번트 리더십을 위한 그린리프 센터(Greenleaf Center for Servant Leadership)의 소장인 래리 스피어즈는 서번트 리더의 열 가지 특성을 제시한다.

> **핵심 Check**
>
> **서번트 리더십**
> 리더십 분야의 연구가들은 21C 지식 시대에 기업이 계속해서 생존·발전하기 위해서는 새로운 리더십 패러다임이 필요하다고 말한다. 최근 경영학계에서는 전통적 리더십 모델에 대한 대안의 하나로 서번트 리더십을 제시하고 있다.

④ 래리 스피어즈의 10가지 서번트 리더 특성

특성	내용
경청 (listening)	• 상대방을 존중하고 수용적 태도로 이해하는 것을 의미함 • 이러한 사고를 통해 적극적·능동적인 경청이 이루어져야 상대방이 바라는 욕구를 명확히 알 수 있음
감정이입 (empathy)	• 차원 높은 이해심으로 볼 수 있음 • 타인의 감정을 이해하고, 이해로써 타인에게 필요한 것을 알아내고 리드(lead)해나가는 것을 의미함
치유 (healing)	• 다른 사람이 가장 필요로 하는 것을 주고 있는가를 확인하는 것임 • 다른 사람을 이끌어가며 치료해주어야 할 상처가 있는가를 살피는 것을 의미함 • 따라서 서번트 리더는 문제에 직면하면 불안해하지 않고 객관적으로 문제를 분석·해결해야 함
자각 (awareness)	• 자각은 자신의 강·약점과 상황을 인지하는 것을 포함하며 사물 또는 사건을 현실적으로 바라보는 능력으로 정의됨 • 자각은 다른 사람이 업무수행에 어려움을 겪을 때 이를 해결해 줄 수 있는 지식의 공유 형태로 나타남
설득 (persuasion)	• 타인에게 영향력을 행사하거나 의사결정을 할 때 강압·강제보다는 설득을 사용한다면 자발적으로 따라올 것임 • 설득은 부하의 자율성을 인정하기에 부하가 리더를 존경하여 자발적으로 따라오게 하는 것을 의미함
개념화 (conceptualization)	• 서번트 리더는 단기적 목표 달성뿐만 아니라 조직의 비전과 미션을 가지고 조직의 장기적 목표 달성을 위해 노력해야 함 • 조직의 비전과 미션 달성을 위해 더 많은 시간을 들여 노력해야 함
선견지명 (foresight)	• 과거의 교훈에 대한 이해와 현재 상황, 미래에 대한 예측을 포괄한 내용임 • 선견지명은 과거와 현재를 통합해서 미래를 내다보는 것을 의미함
봉사자 (stewardship)	• 우리가 믿는 것을 어떻게 아끼고 활용하는가에 대한 내용임 • 서번트 리더는 다른 사람의 일을 위임받은 것이기에 다른 사람 또는 자원을 자기 자신과 마찬가지로 여기고 봉사해야 한다는 것을 의미함
사람의 성장을 위한 헌신 (commitment to the group people)	봉사자로서의 실천과 관계가 깊은 것으로, 다른 사람에게 개인적 성장, 정신적 성숙, 전문적 성장의 기회와 자원을 제공하는 것을 의미함
공동체 형성 (building community)	• 일에 대한 사랑과 조직 일원이라는 자부심을 느낄 수 있는 공동체를 만들어주는 것임 • 다시 말해, 조직구성원이 상호존중하며 서로 봉사하는 진정한 의미의 공동체를 만들어가는 것을 의미함

⑤ 그린리프는 리더십이 원래 진정한 봉사자에게 주어지는 것으로 보았으며 기업을 공동체로 생각하고 자기 자신보다 종업원과 타인의 이해관계를 우선시하며 부하와 권력을 공유하려는 것을 기본 정신으로 하는 서번트 리더십이야말로 진정한 리더십이라고 주장했다.

10. 전략적 리더십(strategic leadership)

(1) 전략적 리더십의 정의
바이어드(Byrd)는 전략적 리더십을 "미래를 예견하고 비전을 만들고 조직의 유연성을 유지시키며 전략적 변화가 가능하도록 부하들에게 임파워먼트를 시킬 수 있는 능력"이라고 정의한다.

(2) 전략적 리더십 모델의 6가지 구성요소
최근 텍사스 A&M 대학 교수 히트(Hitt)와 그 동료들은 전략적 리더십 관련 연구를 종합하여 "전략적 리더십 모델"을 제시하였는데 이는 여섯 가지 요소로 구성된다.

① 전략적 방향(strategic direction) 제시

전략적 방향을 제시하는 것은 장기적인 비전을 수립하는 것을 의미하고, 비전에 근거하여 조직 내부자원과 핵심역량을 동원하는 전략적 의도(strategic intent)를 가지는 것을 말한다.

② 핵심역량(core competence) 개발 및 유지

핵심역량은 한 기업의 비교우위 달성에 필요한 자원과 능력을 의미하는데, 이는 곧 기업의 생산기술, 자금조달능력, 마케팅, R&D 등의 분야에 타 기업이 쉽게 모방하지 못하는 그 기업만의 고유한 기술과 능력이 있는지를 말한다.

③ 인적자원(human capital) 개발

㉠ 인적자원은 조직구성원들의 지식과 기술로, 조직구성원을 가치 있는 자원으로 보는 것을 의미한다.

㉡ 기업의 비교우위를 유지하는 주요 원천이 사람임을 깊이 인식하여 조직구성원의 능력을 개발·활용하는 것이 최고경영자가 해야 하는 가장 중요한 역할이자 의무라는 것을 강조하고 있다.

④ 유효한 기업문화 유지

㉠ 기업문화는 조직구성원 대부분이 공유하는 핵심적인 가치를 의미한다.

㉡ 많은 학자가 바람직하고 효과적인 기업문화를 연구했는데, 바니(Barney) 등의 경영학자들은 기업문화를 조직의 성패를 결정하는 사회적 에너지로 보았다.

⑤ 윤리적 경영(ethical practice)

윤리적 경영이 기업문화에 완전히 정착되도록 기업의 경영시스템을 재설계해야 함을 의미한다.

⑥ 전략적 통제(strategic control)의 확립

전략이 기업이 원하는 적절한 결과를 얻는 방향으로 제대로 실행이 되고 있는지를 분석하고 모니터하는 것을 의미한다.

기출개념확인

01 효과적인 리더십을 위해서는 종업원의 능력이나 의지의 정도에 따라 네 가지의 리더십 스타일을 상황에 맞게 발휘해야 한다고 주장한 리더십 이론은?

① Fielder의 상황이론
② House의 경로 – 목표이론
③ Hersey – Blanchard의 Life – cycle 리더십 이론
④ 오하이오 주립대학의 이론

02 그린리프가 헤르만 헤세의 「동방으로의 여행(Journey to the East)」에서 기본적 아이디어를 얻어서 타인을 위한 봉사에 초점을 두고 종업원, 고객, 커뮤니티를 우선으로 여기며 그들의 욕구를 만족시키기 위해 헌신해야 한다고 주장한 것과 연관된 리더십 유형은?

① 변혁적 리더십
② 수퍼 리더십
③ 서번트 리더십
④ 전략적 리더십

03 거래적 리더의 특성으로 보기 어려운 것은?

① 거래적 리더는 부하들이 그들의 업무로부터 무엇을 얻고자 하는지 알고 있다.
② 거래적 리더는 부하들이 성과를 보여준다면 그들이 원하는 것을 준다.
③ 거래적 리더는 노력과 성과를 위해서 보상을 약속하고 사용한다.
④ 거래적 리더는 가치의 의미, 존중, 자부심, 명확한 비전을 제시한다.

정답·해설

01 ③ 허시(Hersey)와 블랜차드(Blanchard)는 효과적인 리더십이 종업원의 성숙도와 상황적 요구라는 두 가지 요소에 달린다는 사실을 전제로 한 상황적 리더십 이론을 수립하였으며, 이때 종업원의 성숙도는 그들이 업무를 수행할 수 있는 능력이나 의지의 정도를 나타낸다.

참고
상황적 리더십의 수명주기 이론에서는 리더가 각 상황에 맞는 리더십 스타일을 발휘해야 한다고 주장한다. 이 이론은 리더십 스타일을 네 가지로 구분하였으며, 지시형(Telling), 판매형(Selling), 참여형(Participating), 위임형(Delegating)이 있다.

02 ③ 그린리프에 따르면 서번트 리더십은 '타인을 위한 봉사에 초점을 두며 종업원, 고객 커뮤니티를 우선으로 여기고 그들의 욕구를 만족시키기 위해 헌신하는 리더십'이라 정의할 수 있다.

참고
그린리프는 서번트 리더십의 기본 아이디어를 헤르만 헤세(Herman Hesse)의 작품인 「동방으로의 여행(Journey to the East)」으로부터 얻었다고 한다.

03 ④ 가치의 의미, 존중, 자부심, 명확한 비전의 제시는 변혁적 리더의 특성이라 할 수 있다.

제3장 | 실전연습문제

* 기출유형 은 해당 문제가 실제 시험에 출제된 유형임을 나타냅니다.

01 진정한 팀의 요건을 충족하고 팀원 간의 개인적 성장과 성공에 깊숙이 몰입하며 구성원의 몰입상태가 실질팀의 상태를 초월하고, 팀원이 팀을 위하여 자기희생을 감수하는 팀의 형태는?

① 고성과팀 ② 다기능팀
③ 문제해결팀 ④ 자율관리팀

02 사람에 대한 관심과 생산성에 대한 관심을 기준으로 하여 매니저(관리자)를 5가지 스타일로 구분한 것은?

① 관리격자이론 ② 경로 – 목표이론
③ 리더십 상황이론 ④ 직무특성이론

03 피들러와 그의 동료들은 리더십 접근과 조직의 상황을 진단함으로써 가장 적합한 조합의 리더십이 만들어질 수 있다고 주장하였는데, 이 이론과 관련된 개념 중 성격이 다른 것은?

① 부하 성숙도 ② 리더 – 구성원 관계
③ 과업구조 ④ 직위권한

04 리더십에 대한 설명 중 바르지 못한 것은?

① 리더십은 부하와 상사의 상호인정이 요구된다.
② 리더십은 하나의 이벤트라고 볼 수 있다.
③ 타인에 대한 영향력을 행사하는 과정이다.
④ 강제적 힘으로 타인을 움직이는 것이 아니다.

05 리더십의 중요성을 설명하고 있는 것은?

① 리더십은 조직성과를 결정하는 중요한 변수이다.
② 리더는 선천적으로 타고나는 것이다.
③ 리더십과 개인의 성공과는 관련성이 적다.
④ 리더십은 행동이 아니라 스타일이다.

06 리더십의 특성을 잘못 설명하고 있는 것은?

① 효과적 리더십 없이는 조직이 발전할 수 없다.
② 리더십은 팀워크가 중요하다.
③ 다른 사람에게 긍정적인 영향을 주어야 한다.
④ 리더는 최고위층에만 존재한다.

07 조직에 리더십이 필요한 이유에 해당하지 <u>않는</u> 것은?

① 조직의 내부 역학
② 조직구성원의 특성
③ 조직설계의 불안정성
④ 환경의 안정성

08 피들러의 상황 적합적 리더십 이론에 대한 설명 중 <u>틀린</u> 것은?

① 리더의 주요 특성은 관계지향적인지 과업지향적인지에 관한 성격적 요인이다.
② 리더 특성은 LPC(가장 덜 선호하는 작업동료 척도)에 의해 측정된다.
③ 상황요인으로 리더-부하 관계, 과업구조, 리더의 지위 권력 등을 사용한다.
④ 상황의 호의성에 관계없이 리더 특성의 효과성은 달라지지 않는다.

[기출유형]
09 관리격자모형에서 나타나지 <u>않는</u> 리더십 스타일은?

① 팀형   ② 무관심형
③ 컨트리클럽형   ④ 종업원 중심형

10 경로-목표모형에 대한 설명 중 <u>틀린</u> 것은?

① 과업이 모호한 경우는 지시적 리더십이 유효하다.
② 리더의 행위는 부하의 자각 여부에 따라 동기유발, 만족이 달라진다.
③ 의사결정 시 부하와 상의하여 결정하는 리더십을 참여적 리더십이라고 한다.
④ 부하의 욕구, 관심, 관계를 중시하는 리더십 유형을 후원적 리더십이라고 한다.

11 리더십 이론의 발전과정을 순서대로 정리한 것은?

〈보기〉
ㄱ. 특성이론   ㄴ. 행위이론
ㄷ. 상황이론   ㄹ. 현대적 리더십 이론

① ㄱ-ㄴ-ㄹ-ㄷ   ② ㄷ-ㄴ-ㄱ-ㄹ
③ ㄱ-ㄴ-ㄷ-ㄹ   ④ ㄷ-ㄱ-ㄹ-ㄴ

[기출유형]
12 리더와 구성원 간 관계를 내집단과 외집단으로 구분하여 설명하는 리더십 이론은?

① 리더십 특성이론   ② LMX 이론
③ 서번트 리더십 이론   ④ 변혁적 리더십 이론

13 개별적 배려, 분발 고취, 카리스마, 지적 자극을 중요한 리더의 행동으로 보는 리더십 유형은?

① 변혁적 리더십 ② 수퍼 리더십
③ 서번트 리더십 ④ 전략적 리더십

16 집단의사결정을 통해 얻을 수 있는 이익이라고 보기 어려운 것은?

① 집단사고를 통해 질 높은 의사결정을 할 수 있다.
② 다각도로 문제에 접근할 수 있다.
③ 구성원으로부터 다양한 정보를 얻을 수 있다.
④ 구성원의 합의에 의한 것이므로 수용도와 응집력이 높아진다.

[기출유형]
14 의사결정자는 최적의 대안을 찾고자 하지만 현실적으로 많은 제약이 따르므로, 자신이 세운 최저기준을 충족하거나 초과하는 대안을 선택함으로써 최적화보다 만족을 추구한다는 주장의 대안선택 모델은?

① 경제적 모델 ② 제한된 합리주의 모델
③ 쓰리기통 모델 ④ 합리적 모델

[기출유형]
17 집단의 유형에 대한 설명 중 바르지 못한 것은?

① 명령집단은 상사와 직속 부하로 이루어진 집단이다.
② 과업집단은 업무수행을 위해 함께 일하는 집단이다.
③ 이해집단은 각자 관심 있는 특정 목표를 달성할 목적으로 구성된 집단이다.
④ 우호집단은 친밀한 관계에 있는 개인들이 과업을 수행하기 위해 모인 집단이다.

15 의사결정자가 단순사고와 주먹구구식 방법에 의해 결정·판단하여, 복잡한 문제를 단순화하는 편의성을 가지는 대신 잘못된 의사결정을 내릴 수 있는 오류를 범할 수 있다는 내용을 다룬 개념은?

① 스키마 ② 애쉬효과
③ 집단사고 ④ 휴리스틱스

18 팀 내에서 연구개발, 생산, 기획, 마케팅의 기능을 모두 수행할 수 있도록 구성한 팀 형태를 의미하는 것은?

① 다기능팀 ② 가상팀
③ 자율관리팀 ④ 고성과팀

19 집단의 특징으로 보기 어려운 것은?

① 집단 구성원들 간에 정보를 공유한다.
② 다수결 또는 소수의 영향권자가 의사결정한다.
③ 시너지 효과가 없거나 부정적인 효과가 나타난다.
④ 상호보완적 기술을 사용하여 목표를 달성한다.

20 혼자서 일할 때보다 집단에서 공동으로 일할 때 개인이 노력을 덜 하는 현상을 의미하는 것은?

① 사회적 나태(social loafing)
② 대비효과(contrast effect)
③ 투사(projection)
④ 역할 갈등(role conflict)

제3장 | 정답·해설

01	02	03	04	05
①	①	①	②	①
06	07	08	09	10
④	④	④	④	①
11	12	13	14	15
③	②	①	②	④
16	17	18	19	20
①	④	①	④	①

01 ①

고성과팀은 팀의 효과성 면에서 팀 조직 중 가장 앞선 유형의 팀으로 진정한 팀의 요건을 충족하고, 팀원 상호 간의 개인적 성장과 성공에 더욱 깊이 몰입하며 구성원의 몰입상태가 실질팀의 상태를 초월하는 팀을 말한다.

02 ①

블레이크와 무튼(R. Blake & J. Mouton, 1964)은 관리격자이론을 정립함으로써, 관리자가 목적을 달성하는 데 필요한 요인을 제시하고 생산과 인간에 대한 관리자의 관심이 중요하다고 강조한다.

> 참고 관리격자모형의 기준 요소 및 유형
> - 생산성에 대한 관심이란 직무중심적 행동, 구조중심적 행동과 유사한 것으로, 과업중심적인 감독자의 태도를 말한다.
> - 인간에 대한 관심은 목표 달성을 위한 개인 몰입의 정도를 의미하며, 복종보다는 신뢰에 기초하는 책임감과 대인관계에 대한 만족도를 나타낸다.
> - 생산에 대한 관심, 인간에 대한 관심의 정도가 낮으면 1점, 높으면 9점으로 표현하여 점수에 따라 조합되는 지도자의 유형이 격자의 형태를 이루고, 총 81가지 유형이 형성된다.
> - 사람에 대한 관심과 생산성에 대한 관심을 주축으로 한 리더십 관리격자모형에 따라 두 가지 영역에서 모두 낮은 점수(1,1)를 받은 매니저를 무관심형 매니저라 하고, 두 영역 모두에서 높은 점수(9,9)를 받은 매니저를 이상형 매니저라 부른다.

03 ①

부하(종업원)의 성숙도는 허시와 블랜차드의 수명주기이론에 해당한다. 상황적 리더십의 수명주기이론에 따르면, 리더는 다양한 상황에 맞추어 리더십 스타일을 발휘해야 한다고 주장하는데, 이때 종업원의 성숙도는 그들이 업무를 수행할 수 있는 능력이나 의지의 정도를 나타낸다.

> 참고 상황적 리더십 이론
> 허시(Hersey)와 블랜차드(Blanchard)는 효과적인 리더십이 종업원들의 성숙도와 상황적 요구라는 두 가지 요소에 달려 있다는 사실을 전제로 한 상황적 리더십 이론을 만들었다.

04 ②

리더십은 이벤트가 아니라 프로세스이며, 부하-상사 간에 지속적으로 영향력을 주고받는 과정으로 이해될 수 있다.

05 ①

리더십은 조직 전체의 관점으로 보면 조직성과의 결정변수로 볼 수 있고 개인 관점으로 보면 개인의 성공에 필수적인 요소이다.

06 ④

리더는 모든 계층에 존재하고, 조직구성원 중 누구나 리더가 될 수 있다.

07 ④

기업경영에 영향을 미치는 환경적인 요인이 예측하기 어렵게 급변하고 있기 때문에 리더십이 더욱 중요하다고 볼 수 있다.

08 ④

상황의 호의성에 따라 리더 특성의 효과성은 달라진다.

09 ④

종업원 중심형 리더십은 미시간 대학의 연구에서 주장되었다.

10 ①

과업이 모호한 경우에는 성취 지향적 리더십이 효과적이다.

11 ③

리더십 이론은 특성이론, 행위이론, 상황이론과 현대적 리더십 이론으로 발전해왔다.

12 ②

리더-멤버 교환이론(LMX)은 리더와 구성원의 관계를 상호신뢰와 존중으로 표현할 수 있는 내집단과 리더의 일방적인 영향력만 행사되는 외집단으로 구분하여 설명하고 있다. 수직적 쌍연결이론(VDL; Vertical Dyad Linkage)이라고도 하며 리더와 구성원 간에 개별적인 관계가 형성되며, 이에 따라 리더십이 발휘되고 구성원이 받는 영향 역시 달라질 수 있다고 본다.

13 ①

변혁적 리더들에게서 나타나는 대표적인 리더 행동으로는 개별적 배려, 분발 고취, 카리스마, 지적 자극을 들 수 있다.

14 ②

경영 관련 의사결정을 수행할 때 모든 정보와 최고의 능력을 가진 사람이 최선의 대안을 선택하는 것이 아니라 대부분의 경우 제한된 정보와 능력, 상황 하에 최적의 대안을 선택하는데 이를 제한된 합리성하에서의 의사결정이라고 부르며, 또한 합리성에 따라 가설이 구분되기도 하는데 경제인(economic man) 가설에서는 합리성을 가정하지만, 관리인(administrative man) 가설에서는 관리자가 제한된 합리성하에서 의사결정을 내리는 존재로 인식된다.

참고 쓰레기통 모형(Garbage Can Model)
조직을 쓰레기통으로 비유하면서 조직에서 이루어지는 의사결정 프로세스가 무작위적이며 체계적이지 않음을 강조하는 모델이다.
미시간대학교 코헨(Cohen, M.)교수와 그의 동료들에 의해 제안되었으며 합리적 의사결정 모델의 비현실성을 지적하면서 등장한 모델 중 하나이다.

쓰레기통 모형에서 조직은 문제, 해결책, 선택기회, 참여자라는 네 가지 요소가 비교적 독립적인 조건에서 뒤죽박죽 버려져있는 쓰레기통으로 간주된다. 또한 조직에서의 의사결정은 이 네 가지 요소가 특정한 계기로 인해 우연히 서로 연결되며 이루어진다고 보았다.

15 ④

휴리스틱스는 어떤 사안 또는 상황에 대해 엄밀한 분석에 의하기보다 제한된 정보만으로 즉흥적·직관적으로 판단·선택하는 의사결정 방식을 의미한다.

오답분석
① 스키마: 피아제(Piaget)가 주장한 이론으로, 각 개인이 과거의 경험에 의해서 형성된 개인의 인지구조를 의미한다. 이것은 개인이 어떤 문제(사람, 사물 또는 사건 등)에 대하여 개념화하고 판단하여 선택하는 데 영향을 미친다.
② 애쉬 효과: 집단의 압력 하에 개인이 집단이 기대하는 대로 생각이나 행동을 바꾸는 것을 의미하며, 애시(Asch)는 동조와 관련한 실험을 실시하여 개인의 태도와 견해의 변화에 미치는 사회적 영향을 가장 두드러지게 보여주었다.
③ 집단사고: 팀 구성원들이 정보에 대한 인지적 처리를 잘못하게 되는 팀 의사결정 현상을 의미하는데, 이는 즉 집단구성원 간의 잘못된 의견일치 추구성향을 의미하며 집단의사결정 시 나타날 수 있는 부정적 현상 중 하나가 집단사고 현상이다.

16 ①

집단의사결정 시에 나타날 수 있는 부정적 현상 중 하나가 집단사고 현상이다.

17 ④

우호집단은 공통의 동질감을 공유하고 친목을 도모하기 위한 집단이다.

18 ①

다기능팀은 팀 내에서 연구 개발, 생산, 기획, 마케팅 등의 기능을 모두 수행할 수 있도록 구성하는 팀 형태를 말한다.

19 ④

집단은 공동 목적을 달성하기 위해 구성원 간에 상호작용(interaction)을 하며, 상호작용을 통해 이해(利害)를 함께 나누는 조직체를 말한다. 상호보완적 기술을 사용하여 목표를 달성하는 것은 팀(team)의 특징이다.

20 ①

팀의 유효성에 영향을 미치는 요소로 사회적 나태에 대한 설명이다.

오답분석

② 대비효과(contrast effect)는 다른 사람을 판단함에 있어 절대적 기준에 기초하지 않고 다른 대상과의 비교를 통해 평가하는 오류를 말하며 대비되는 정보로 인해 평가자의 판단이 왜곡되는 현상을 의미한다.
③ 투사(projection)는 개인의 성향인 태도나 특성에 대해 다른 사람에게 무의식적으로 그 원인을 돌리는 심리적 현상이다.
④ 역할 갈등(role conflict)은 한 개인의 욕구와 역할상에서의 요구가 불일치하는 상태를 뜻한다.

참고 **사회적 나태(social loafing)**
집단의 규모(구성원의 수)가 커질수록 집단 내에서 개인이 노력을 적게 기울이고, 결과적으로 규모가 커졌음에도 집단의 성과가 개선되지 않는 현상을 나타낸다.

무료 학습자료 제공 · 독학사 단기합격 **해커스독학사**
haksa2080.com

무료 학습자료 제공 · 독학사 단기합격 **해커스독학사**
haksa2080.com

전문가가 분석한 출제경향 및 학습전략

4장의 조직구조와 조직문화는 조직행동에 영향을 미치는 중요 요인으로 학습을 통한 이해가 필요하다. 조직구조는 조직 목표를 성취하기 위한 과업과 구성원의 배열 및 조정이다. 이를 이해하려면 조직구조의 유형과 결정 요인을 학습해야 한다. 조직문화는 조직구성원이 공유하는 핵심적 가치, 가정, 신념, 이해 등으로 정의된다. 조직문화의 기능과 유형, 조직문화를 분석한 7S모형을 학습하고 기억할 필요가 있다.

제4장 | 핵심 키워드 Top 10
핵심 키워드 Top 10은 본문에도 동일하게 ★로 표시하였습니다.

01	기계적 조직구조와 유기적 조직구조 ★★★	p.196
02	관료제 조직구조 ★★★	p.197
03	7S모형 ★★★	p.210
04	공식화(formalization) ★★	p.197
05	집권화(centralization) ★★	p.197
06	복잡성(complexity) ★★	p.197
07	네트워크(또는 가상) 조직(network organization) ★★	p.202
08	조직문화의 기능 ★★	p.208
09	조직문화유형 ★★	p.212
10	조직설계(organizational design) ★	p.203

제4장

조직체에 대한 이해

제1절 조직구조
제2절 조직문화

제1절 조직구조

01 조직구조의 기본개념

1. 조직구조(organization structure)의 정의
① 조직구조는 조직의 목표들을 성취하기 위한 과업과 사람들의 배열 및 조정이다.
② 조직구조는 일반적으로 누가 누구에게 보고한다는 사실을 구체적으로 명시하는 조직도(organizational chart)로 나타난다.
③ 조직이 구조화되는 방법을 이해하려면 여섯 가지의 중요 개념을 알아야 한다.
④ 조직구조의 중요 개념은 기계적 조직구조와 유기적 조직구조, 공식적 조직구조와 비공식적 조직구조, 공식화의 정도, 집권화의 정도, 복잡성, 결합 등이다.

2. 조직구조의 6가지 중요 개념 [기출개념]

(1) 기계적 조직구조와 유기적 조직구조 ★★★
조직구조는 기계적(mechanic) 조직구조와 유기적(organic) 조직구조로 구분되며, 이는 조직구조를 이해하는 데 중요한 변수이다.

기계적 조직구조	유기적 조직구조
• 전문화와 통제를 강조함 • 수직적 의사소통을 함 • 규칙, 방침, 절차에 크게 의존하며 근본적으로 계층적임 • 관료주의와 동의어로 사용되기도 함	• 네트워크처럼 배열되어 수평적 전문화, 개인적 협력의 폭넓은 활용, 구성원 간 광범위한 의사소통, 느슨한(유연한) 규칙, 정책과 절차 등을 강조함 • 유기적 조직구조는 변화하는 환경에 대한 대응력을 가진다고 알려져 있음

(2) 공식적 조직구조와 비공식적 조직구조

공식적 조직구조	비공식적 조직구조
• 직무상 공식화된 보고 체계, 규칙, 규제 등의 공식적 진술을 의미함 • 이 구조에서 규칙·규정은 조직의 업무 수행 시에 발생할 수 있는 모든 현상과 거래를 포괄할 목적으로 설계됨	• 공식적 구조에서 다루어지지 않은 일 또는 거래를 해결하기 위하여 자생적으로 나타나는 비공인된 작업 관계의 집합 • 이 구조는 어느 정도 탄력성, 신속성을 덧붙임으로써 공식적 구조를 보완하는 역할을 함

(3) 공식화(formalization) ★★
① 공식화의 차원은 작업방법에 대해 기대·예상되는 부분들이 구체화, 문서화되고 그 실행이 강제되는 정도를 나타낸다.
② 사람들이 어떻게 행동해야 하는지 구체적으로 설명한 방침(정책), 규칙, 절차가 많으면 많을수록 그 조직은 공식화의 정도가 높다고 할 수 있다.
③ 또한 조직이 공식화되면 될수록 그 조직은 기계적이고 관료적인 형태를 보인다.

(4) 집권화(centralization) ★★
① 집권화는 집행부가 하위조직 단위에 위임하는 권한의 범위를 의미한다.
② 위임하는 권한의 크기가 작을수록 그 조직은 집권화되었다고 볼 수 있다.
③ 분권화된 기업(decentralized firm)도 어떠한 의사결정들은 상당히 집권적으로 결정되기도 한다.

(5) 복잡성(complexity) ★★
① 복잡성은 상이한 여러 직무명칭(job title), 조직 단위(organizational unit)의 수를 의미한다.
② 큰 조직은 대부분 수백 개의 부서와 수천 개의 직무명칭을 가지고 있다.
③ 조직이 복잡할수록 관리가 어려워지기 때문에 규모에 따라서 복잡성도 정비례로 증가한다.
④ 대체로 작은 조직은 큰 조직보다 소수의 직무명칭과 부서를 가진다.
⑤ 복잡성과 밀접하게 연관된 개념으로는 분화(differentiation)가 있다.

> **개념 Plus**
> **분화(differentiation)의 정의**
> 분화란 재화와 서비스를 생산할 목적으로 나누어진 과업과 이를 담당·수행하는 사람을 기능별 또는 구분별로 집단화하는 것을 의미한다.

(6) 견고결합과 이완결합
① 현대 조직을 이해하기 위해 갖추어야 할 현대적 관점은 조직을 구성하는 다양한 부분의 상호의존성(interdependency)을 살펴보는 것이다.
② 이러한 부분들의 상호의존 범위를 반영한 개념이 바로 결합(coupling)이다.
③ 조직에 존재하는 하나의 변수 내에 일어난 작은 변화가 다른 변수에 큰 반응을 만들어낸다면, 두 요소는 견고하게 결합되었다고 볼 수 있다.
④ 반대로 조직에 존재하는 하나의 변수의 변화가 다른 변수에 거의 영향을 미치지 않는다면, 두 요소는 이완되게 결합되었다고 볼 수 있다.

02 조직의 관료적 형태

1. 관료제 조직구조 ★★★ 기출개념
① 막스 베버(Max Weber)가 제창한 관료제 조직은 규칙, 규정, 통제 기술, 절차 등이 명확히 정의된 합리적이고 체계적이며 빈틈이 없는 조직 형태이다.
② 그는 관료제 조직이 몇 가지 특징을 가지기에 이상적 조직(ideal organization)으로 볼 수 있다고 보았다.

③ 관료제 조직의 특징
  ㉠ 조직 활동을 통제하는 규칙과 절차가 엄격하다.
  ㉡ 고도의 조직 기능 분화와 직무 전문화가 되어 있다.
  ㉢ 권한이 계층화된다.
  ㉣ 행동 규제를 위한 규칙·규범이 강조된다.
  ㉤ 개인 간 관계를 연고주의가 아닌 비인격성(impersonality)으로 규정한다.
  ㉥ 능력(competence)에 바탕을 둔 선발과 승진이 이루어진다.
  ㉦ 의사결정, 규칙 등 모든 조직 활동을 문서로 기록하므로 예측가능성과 안정성을 확보한다.

2. 관료제 조직구조의 유형
관료제 조직구조는 모든 상황을 예측할 수 있는 안정된 환경 내에서 운영되도록 설계된 조직구조이며 두 가지 유형으로 나눌 수 있다.
  ① 기계적 관료제 조직구조
    베버는 이 조직구조가 작업과정을 표준화한다는 점에서 효율적인 구조이기 때문에 이상적인 조직이라고 보았다.
  ② 전문적 관료제 조직구조
    이 조직구조도 조정을 위해 조직의 기능을 표준화하며 숙련된 전문가들이 핵심적 집단으로 구성된다.

3. 관료제 조직구조의 순기능
  ① 잭크(Elliot Jacques)는 관료주의의 순기능을 관리의 위계, 계층이라고 보았다.
  ② 그의 관점에서 관료제 조직은 위계에 의해 통제력을 발휘하는 계층적 조직이다.
  ③ 대규모 조직을 위해 고안된 조직구조 중에 가장 능률적, 안정적이고 자연스러운 구조이다.
  ④ 그는 적절한 구조화가 이루어지게 된다면 계층이 노력, 창의력, 합리적 생산성을 발휘할 수 있고 사기도 제고할 수 있다고 했다.

4. 관료제 조직구조의 역기능
(1) 관료제 조직구조의 역기능 발생원인
  ① 관료제의 역기능을 야기하는 가장 큰 원인은 조직구성원들이 빈번하게 관료제가 지닌 특성들을 극단적으로 수행하는 데 있다.
  ② 조직이 목표 달성을 위해 지나치게 공식적 통제(규칙, 규정, 절차 등)에 의존하여 종업원들을 지휘하므로 종종 창의력의 발휘나 하위 수준의 관리에서 이루어지는 의사결정을 억압하는 경향을 보인다는 것이다.
  ③ 지나친 통제와 너무 많은 의사결정 단계는 생산성이 저하될 수 있는 종업원들의 반응을 야기한다.

(2) 관료제 조직구조에서 나타나는 역기능
① 관료제 조직은 조직구성원이 여러 문제를 다루는 데 있어 엄정성을 요구하는데, 좋은 의도(목적)로 만든 규칙·규정도 때로는 비효율성과 불편성을 발생시킨다.
② 관료제 조직에서 자주 발생하는 또 다른 문제는 종업원이 가지게 되는 불만족을 수반한 높은 좌절감이다.
③ 이러한 부정적인 감정의 원천에는 과다한 문서, 느린 의사결정, 조직이 어떻게 하면 목표를 잘 수행할 것인가에 관한 종업원의 제한된 영향력(종업원 소외) 등이 포함된다.
④ 마지막으로 지적되는 것은 관료제 조직구조의 속성인 소수의 최고경영층에 권력이 집중되는 점과 관료제 조직에 대한 고객 입장에서의 불만 등으로 볼 수 있다.

> **개념 Plus**
>
> **관료제 조직에 대한 고객 입장에서의 불만**
> 규칙, 절차에 따라 업무가 수행되기 때문에 업무가 비효율적으로 처리되거나 연공서열에 따라 승진이 이루어지므로 조직구성원의 무사안일주의가 나타날 수 있다. 고객 입장에서는 비효율적 업무처리와 무사안일주의로 인한 불만이 제기될 수 있다.

03 조직구조의 부문화

1. 조직구조의 부문화(departmentalization)
관료적인 조직형태를 비롯한 여타 조직형태는 조직의 작업들을 부서나 다른 단위들로 세분화하여 수행하는데, 이처럼 작업을 여러 부서로 나누는 과정을 부문화라고 한다.

2. 부문화의 논리
부문화의 논리는 조직의 목적 달성에 있어 필요한 과업들이 전문화된 단위로 분업화되어 수행될 때 효율적이라는 것이다.

3. 부문화의 방법 `기출개념`
과업 부문화를 하는 기본적인 네 가지의 방법으로는 기능적 부문화, 지역별 부문화, 제품 – 서비스별 부문화, 고객별 부문화 등이 있다.

(1) 기능별 부문화(functional departmentalization)
① 기능별 부문화는 조직구성원을 전문성(기술이나 지식)에 따라 집단화하는 것을 말한다.
② 관료제 조직구조는 대부분의 경우 기능적 부서로 조직된다.
③ 이 방법은 조직 전체의 활동을 조정하고 자원을 공동 활용(pool)하는 데 어려움이 따르고 부문 간 갈등이 빚어질 수 있는 등의 단점이 있다.

(2) 제품 – 서비스별 부문화(product-service departmentalization)
① 제품 – 서비스별 부문화는 그 조직이 제공하는 제품이나 서비스에 따라 부서들이 배열되는 형태이다.
② 이러한 부문화는 종업원들이 담당하는 각각의 특정 제품이나 서비스에만 관심을 쏟기 때문에 다른 부문에서 개발된 기술적 개선과 혁신을 간과할 수 있다는 점이 단점으로 지적된다.

(3) 지역별 부문화(territorial departmentalization)
① 지역별 부문화는 업무를 수행하는 지리적인 영역에 따라 하위 단위를 집단화하는 방법을 말한다.
② 이 방법을 적용한 조직구조는 특정 지역에서 이루어지는 기업의 모든 활동에 대한 책임을 한 명의 관리자에게 보고한다.

(4) 고객별 부문화(customer departmentalization)
① 고객별 부문화는 고객의 욕구를 바탕으로 하나의 구조를 만드는 것을 의미한다.
② 고객의 주요 집단들이 있고 그들의 요구가 서로 상이할 경우에 고객별 부문화가 이루어진다.
③ 이 방법은 고객층을 분류하여 조직화하면 고객들에게 가장 좋은 제품과 서비스를 가장 효과적인 방법으로 제공할 수 있다는 생각에 기초한다.
④ 고객별 부문화는 중복적인 노력이 들고 조직단위들을 통제하는 것이 어렵기 때문에 비용이 많이 들 수 있다는 단점이 있다.

04 조직구조의 변형

1. 관료적 조직구조의 수정형태

(1) 관료적 조직구조의 수정형태 등장 배경
① 조직구조의 변형은 관료적 조직구조와 기능적 조직구조의 여러 단점을 극복하기 위한 방안으로 여러 형태의 조직구조가 개발되는 것에서 비롯되었다.
② 즉, 이러한 조직구조의 수정형태는 기본적으로 관료적 조직구조를 보완하고 개선할 필요성이 있었기에 등장하였다.

(2) 관료적 조직구조의 수정형태 유형
직무설계와 관련된 팀(team)제, 태스크 포스(task force), 프로젝트(project)와 같은 조직유형이 관료적 조직구조에서 변형된 예이며, 이 조직유형과 공통적으로 연관된 매트릭스 조직구조, 평면 조직구조는 아래와 같다.
① 매트릭스 조직구조(matrix structure)
전통적인 조직은 변화에 대한 반응이 느릴 수 있는데 이 문제를 해결하기 위해서 주로 활용되는 것이 매트릭스(matrix) 조직구조이다.
㉠ 이 조직은 기능적 구조에 프로젝트(project) 구조를 겹친 형식으로 구성되며, 이는 두 가지의 다른 구조에서 얻을 수 있는 이점을 결합하려고 한 것이다.
㉡ 기업이 매트릭스 조직구조를 운용하는 중요한 목표는 조직의 기능적 부서들을 변경하지 않고 원래대로 두면서도 새로운 기회들을 활용하여 특별한 문제들을 해결하는 것이다.
㉢ 이 조직구조에서 프로젝트 또는 프로그램 관리자들은 기능적 부서들의 다양한 자원을 이용할 수 있다.

개념 Plus

태스크 포스(task force)
관련 전문가들이 특정 과제의 성취를 위해 모인 기한이 정해진 임시조직을 말한다. 전문가 간 커뮤니케이션, 조정을 쉽게 하고 밀접한 협동 관계를 형성함으로써 직위보다 능력과 지식에 기초해 과제를 수행하고 성과에 대한 책임을 진다. 목표한 성과가 달성되면 그 조직은 해산되고 새 과제에 따라 새 태스크 포스가 편성되어 과업을 수행한다. 이는 시장, 기술 등의 환경변화에 대하여 적응력을 가진 조직으로, 새로운 과제에의 도전·책임감·단결 등을 경험하는 기회를 제공하고 구성원의 직무만족을 높이는 효과가 있다.

ⓔ 매트릭스 조직구조의 장단점

장점	단점
한정된 시간에 집중적·지속적 관심이 요구되는 중요한 사업들을 수행할 수 있는 능력을 가짐	이 구조에서 종업원은 이중적 보고 관계(명령 일원화의 상실)를 가져 갈등이나 혼란 등의 문제가 발생할 수 있음

ⓜ 매트릭스 조직의 관리자가 목표 달성을 위한 기술적 능력이나 갈등 해결을 위한 대인관계 능력 수준을 높이는 등 노력을 기울인다면 매트릭스 조직구조의 문제점은 극복될 수 있다.

ⓗ 많은 조직이 공식적으로 매트릭스라는 용어를 사용하지 않지만 다양한 조직구조가 매트릭스 조직구조의 구성요소를 이용한 조직 형태이다.

예 프로젝트 팀(project team), 태스크 포스(task force), 위원회 조직 등

② 평면 조직구조(flat organization structure)

이 조직구조를 이해하기 위해서 조직화와 관련된 두 가지 개념인 수직적 분화(vertical differentiation)와 통제폭(span of control)에 대한 이해가 필요하다.

구분	내용
수직적 분화	• 수직적 분화는 조직구조의 깊이를 가리키는 용어로, 권한계층의 최상층부터 최하층에 이르는 계층의 수를 의미함 • 조직 내의 권한계층의 수는 분화에 따른 복잡성이 클수록 더욱 증가함 • 조직 내 권한계층의 수가 증가할수록 의사소통이 왜곡될 가능성이 더욱 커지고, 관리자들의 의사결정을 조정하기가 더욱 어려워짐 • 이러한 수직적 분화의 정도는 통제폭(관리의 범위)으로 설명될 수 있음
통제폭	• 통제폭은 한 관리자가 효과적으로 지휘할 수 있는 종업원의 수로 정의됨 • 통제폭이 좁을수록 권한계층이 많은 고층조직(tall organization)이 됨 • 권한계층이 적고 통제폭이 넓을수록 소계층조직인 평면 조직구조가 됨

㉠ 평면 조직구조는 상대적으로 권한계층 수가 적은 편인 소계층으로 구성되는 조직구조를 의미한다.

㉡ 이 구조에서는 구성원이 한 의사결정을 재검토·조정하는 관리자의 수가 적고 명령 계통이 단축되기 때문에 구성원 간의 권한 차이에 대한 이해관계가 적다.

㉢ 이 점으로 미루어봤을 때, 평면 조직구조는 관료제 조직의 색채가 거의 없다고 봐도 무방할 것이다.

2. 현대적 조직구조

(1) 현대적 조직구조의 등장 배경

① 조직들은 조직의 효과성과 효율성을 높이기 위해 전통적인 조직과는 다른 형태의 여러 구조를 만들어내고 있다.

② 전통적인 기계적 조직은 환경의 변화에 능동적으로 대응하기가 어렵다는 한계를 가지기 때문이다.

③ 최근 주목을 받은 조직구조로는 수평적 조직구조와 네트워크 조직구조가 있다.

개념 Plus

위원회 조직 (committee organization)

조직 부문 간 또는 명령 계통의 상호 간 의사소통을 원활하게 할 목적으로 다수인이 참여하는 협의체로서 고안된 조직이다. 계층보다는 회의로 의사결정이 이루어진다. 위원회 조직은 독립적 조직이 아니며 계층제적 조직에 부속되어 그 조직을 보호하고 다수의 위원에 의해 의사결정이 이루어지는 독임제 계층제와 구분된다. 이 조직은 집단 토의의 기회를 제공하여 광범위한 의견을 종합한다는 장점이 있지만, 다양한 의견 표출로 시간이 지연·낭비될 위험이 있고 소수의 유력한 위원이 회의를 지배할 수 있다는 단점이 있다.

(2) 현대적 조직구조의 유형

① 수평적 조직구조(horizontal organization structure)

조직설계의 새로운 경향은 작업을 수직적이 아닌 수평적으로 조직화하는 것이다.
- ㉠ 수평적 조직구조는 어떠한 과정(process)을 완수할 책임을 지는 팀에게 업무를 배정하는 구조를 말한다.
- ㉡ 따라서 수평적 조직구조는 작업팀(work team)의 구성과 유사하다.
- ㉢ 작업팀과의 주요한 차이는 수평적 조직의 팀원들은 제품, 서비스에 있어 개별 책임이 아닌 과정에 대한 총체적인 책임을 진다는 점이다.
- ㉣ 그러므로 수평적 조직의 조직설계 기본 단위는 완결된 하나의 작업 프로세스 팀이 되며 이를 프로세스 조직이라고 부르기도 한다.
- ㉤ 이 조직구조는 고객의 입장에서 기존의 업무처리 방식이나 조직 시스템을 근본적으로 재설계할 때 나타난다.
- ㉥ 또한 수평적 조직에서는 위계적 조직구조가 거의 의미가 없으며 과정 관리자는 주문 이행, 신제품 개발 등의 핵심적인 과정을 완수하도록 팀을 돕고 안내하는 팀 리더로서의 기능을 수행한다.
- ㉦ 팀 구성원은 다양한 전문분야에서 선발되어 복합적인 직무를 수행할 수 있는 다기능적인 팀으로 구성된다.

② 네트워크(또는 가상) 조직(network organization) ★★

네트워크 조직은 실제의 물리적인 공간에 존재하지 않고 핵심 영역과 필요 기능을 외부와 네트워크화하기 때문에 가상 조직(virtual organization)이라고도 한다.
- ㉠ 네트워크 조직은 독립적인 기업들이 경쟁력을 확보하기 위해 전략적 제휴나 합작 투자를 통하여 형성하는 네트워크로, 특정한 목표를 달성한 후 해체되는 한시적 조직의 형태이다.
- ㉡ 대규모 조직의 경우 환경의 변화에 대한 신속한 대응이 어렵고, 소규모 조직의 경우 자원 부족 등으로 사업의 추진이 어렵다는 기존의 한계를 극복하기 위해 등장한 조직 개념이다.
- ㉢ 이 조직은 환경적응력이 뛰어나면서 외부 자원을 효율적으로 활용할 수 있는 유연한 조직 형태를 취하며 이 조직의 구성은 공급자, 고객, 심지어 경쟁기업으로도 이루어질 수 있다.
- ㉣ 가상 조직 형태의 기업은 타 기업보다 월등하게 우위를 점하는 몇 가지의 지적 자산이나 기술 등의 핵심 역량만 보유하고, 판매나 제품 생산, 자료 조달과 같은 다른 경영 능력은 필요에 따라 외부 기업이나 개인과 계약을 맺거나 구매하기 때문에 그 형태 및 크기를 파악하기가 어렵다.

핵심 Check

수평적 구조의 이용

수평적 구조는 조직내에서의 다양한 업무 과정들을 재설계(re-engineering)하는 목적으로 널리 활용되고 있다.

개념 Plus

순수한 가상기업

순수한 가상기업은 정보 기술로 연결된 조직이므로 기업 본부나 조직도를 가지지 않으며, 빠른 의사결정을 위해서 계층체계가 없고 수시로 그 모습을 변경할 수 있는 미래의 조직형태이다.

ⓜ 네트워크 조직의 장단점

장점	단점
• 자원의 중복 투자를 줄이고 시장 상황 변화에 신속하게 대응할 수 있음 • 최소의 자산과 인원만으로 기업을 운영할 수 있음 • 컴퓨터와 통신 기술을 활용해 조직 내에서 원활한 커뮤니케이션이 이루어지고, 시간과 공간의 제약을 극복할 수 있음 • 거미줄처럼 연결된 통신 네트워크를 통해 정보를 축적하고 신속하게 처리하는 등 조직의 학습적 능력을 제고할 수 있음	• 파트너에 대한 직접적인 통제력을 행사할 수 없어, 업무수행 과정에서 왜곡이 발생할 수 있음 • 기술이나 노하우 유출 위험이 있음 • 이 단점을 극복하려면 네트워크를 구성하는 제휴 기업 또는 개인들의 서로에 대한 신뢰감이 필수적으로 요구됨 • 구성원 중 하나라도 능력(경쟁력)이 없거나 부정직하다면 가상 조직은 심각한 손상을 입을 수 있음

ⓑ 네트워크 조직이 효과적이려면 강한 위계적 통합조정 방식 대신 구성원의 강한 목표의식과 규범이 정립되어야 하고 이를 뒷받침하는 조직 제도가 종합적으로 활용되어야 한다.

ⓐ 구성원의 정보처리, 해석 능력을 향상시킬 수 있는 훈련·개발 프로그램들이 뒷받침되어야 한다.

(3) 현대적 조직구조의 특징

① 현대적 조직구조로 주목받는 수평적 구조, 가상적 구조의 조직은 기능적 구조의 조직과 달리 업무적인 대인관계가 안정적이지 못해 개별 종업원의 대인관계 능력이 요구된다.

② 권한 구조도 덜 명확하여 종업원이 가진 직위 권력보다 개인적 영향력인 비공식적 권력이 업무적 관계에서 더 중요시된다.

05 조직설계의 상황요인

1. 조직설계(organizational design) ★ 기출개념

조직설계는 조직목표를 달성하고자 가장 적합한 조직구조를 구축하는 활동을 의미하며, 여러 구체적 조직형태 중 필요한 형태를 선택·결정하는 과정과 기존의 조직구조를 변화시키는 활동을 말한다.

① 상황이론에서는 적합한 조직설계가 성장과 생존을 위해 선택하는 전략을 비롯한 조직 규모, 기술, 환경 등의 상황요인으로부터 영향을 받는다고 보았다.

② 조직설계의 상황이론은 어떤 경우에도 효과적인 조직은 존재할 수 없고 상황에 따라 효과적인 조직이 달라진다는 조직설계 관점을 가지고 있다.

③ 조직설계 시 고려할 상황요인에는 전략, 기술, 규모, 환경의 불확실성 등이 있다.

2. 조직설계 상황요인 [기출개념]

(1) 전략(strategy)

① 챈들러(Alfred Chandler)는 미국 주요 회사들의 광범위한 역사적인 사례들을 중심으로 조직의 발전 과정을 추적하는 연구를 통해 회사 전략의 변화가 선행하면 조직구조의 변화가 이를 뒤따른다는 결론을 내렸다.

② 즉, 효과적인 기업의 관리자들은 기업이 목표를 달성할 수 있는 가장 가능성 높은 조직구조를 설계한다고 보았다.

③ 경영자가 경영전략에서 중요한 변화를 이루어낸다면 변화를 수용하고 지원하기 위해서는 조직구조도 수정될 필요가 있다.

> 예 제품 – 시장의 다각화 전략을 위해서는 분권화·부문화된 구조가 요구된다. 예를 들어 사무기 기회사가 소규모 사업 및 가정용 사무기기 구매자의 요구에 부응하겠다는 전략목표를 설정 했다면, 지리적으로 분산된 마케팅 조직구조를 선택해 소규모 고객에 최대한 접근할 수 있다.

④ 반면 기업구조가 기업 전략을 만들어내는 경우도 종종 볼 수 있다.

⑤ 조직이 집권화 구조에서 분권화 구조로 변화하면 관리자의 인지적 과정과 그가 발휘할 여러 기능(능력)도 바뀔 수 있으며, 그 결과로 다양한 전략이 조성된다.

⑥ 그러나 대부분의 경영학자가 조직 전략이 조직구조에 훨씬 강한 영향을 미친다는 점에 동의한다.

(2) 기술(technology)

기술은 조직이 투입물(input)을 산출물(output)로 변형시키는 방법을 의미하며 조직의 기술에는 원료, 지식, 운영방식 등이 있다.

① 기업의 지배적인 기술은 그 기업의 조직구조 선택에 영향을 미친다.

> 예 우주항공회사와 같은 고기술 기업(high – technology firm)은 유기적인 구조(organic structure)를 널리 활용하며, 제재소나 가구제조회사 등의 저기술 기업(low – technology firm)은 기계적 구조 (mechanistic structure)에 많이 의존한다.

② 기술과 구조의 관련성은 매우 복잡하여 폭넓은 연구와 이론화의 주제가 되고 있다.

③ 우드워드(Joan Woodward)의 관련 연구

㉠ 우드워드는 영국의 100개 기업을 대상으로 한 연구에서 조직구조, 운영과정, 수익성 등의 부문에서 기업 간 차이가 있음을 확인했다.

㉡ 이들 기업의 기술은 제조과정(생산기술)에 따라 세 가지 유형으로 분류된다.

㉢ 생산기술에 따른 3가지 기업 유형 구분

유형	내용
소규모 단위생산 (small – unit production) 기술을 이용하는 기업	여러 종류 중 한 품목만 만들거나 고객의 구체적인 욕구와 주문에 따라 소규모 단위들을 생산함 예 단위소량 생산기술, 소규모 일괄처리(small–batch) 기술
대량생산(mass – production) 기술을 이용하는 기업	냉장고, 자동차 생산 같은 대규모 일괄처리(mass–batch) 혹은 대량생산을 위해 조립라인(assembly–line) 기술을 사용함
장치생산(process – production) 기술을 이용하는 기업	정유, 화학, 섬유 제품 등을 생산하는 고도로 자동화된 연속생산 기술을 사용함

② 우드워드는 생산 기술로 분류한 각 범주에서의 가장 성공적인 기업들은 기술과 조직구조 간에 명백한 관계가 있음을 발견했다.
③ 단위소량 생산기업, 소량 일괄처리 생산기업, 장치 생산기업의 경우 유기적인 조직구조를 채택했으나 성공적인 대량생산 기업의 경우 관료적 조직구조를 활용하고 있었다.
④ 이 발견은 관료적 조직구조가 대규모적이고 반복적인 생산에 매우 적합하다는 다수의 관리자가 가진 신념과 일치하며, 따라서 우드워드는 조직의 효과성이 기술과 조직구조 간의 적합성 여부와 관계가 있다고 결론을 내렸다.
⑤ 자신들이 채택한 생산기술에 적합한 조직구조를 개발하는 기업이 그렇지 않은 기업의 조직보다 높은 효과성을 나타내고 있다는 것이다.
④ 우드워드 이후에 다른 많은 연구가 기술과 조직구조 간의 관련성을 조사하였으나 둘 사이의 간단명료한 상관관계를 발견하는 데는 실패하였다.
⑤ 그러나 다른 연구를 통해 기술과 조직구조 간의 관계를 이해하는 데 조직 규모를 고려해야 한다는 점은 발견할 수 있었다.
⑥ 기술이 소규모의 생산지향적인 단위에는 큰 영향을 미치는 반면, 조직의 최고위 계층에서는 기업의 지배적인 기술이 조직구조에 거의 영향을 미치지 않는다는 점이었다.

(3) 규모(size)
조직 규모 역시 조직구조에 영향을 미치며, 조직이 성장하고 성숙함에 따라 집권화된 통제와 일정 수준의 공식화가 불가피하게 요구된다.
① 조직 규모가 매우 커지게 되는 경우에 태스크 포스(task force)와 같은 보다 작고 더욱 유연한 조직단위도 개발되어야 한다.
② 작고 유연한 조직단위들은 기업이 적응력을 유지하는 데 도움이 되기 때문이다.
③ 많은 사람이 규모가 큰 조직은 모두 관료주의적이고 규모가 작은 조직은 유기적인 구조를 취한다고 믿으나, 현실적으로는 많은 소기업에서 한 사람이 모든 중요한 의사결정을 하도록 권한이 집중되고 엄격히 통제된다.
④ 반대로 몇몇 규모가 큰 기업은 분권화 구조를 취하면서 분산된 사업단위에 느슨한 통제력을 발휘하여 조직의 효과성을 거두기도 한다.
예 존슨 앤 존슨(Johnson&Johnson) 사 등

(4) 환경의 불확실성
조직 환경은 조직 운영과 업무수행에 영향을 미치는 기관이나 조직으로 구성되는데, 이 환경의 불확실성은 환경의 불규칙한 변화로 미래 상황을 예측할 수 없는 상태를 의미하며 경영자에게는 불확실성을 제거하는 것이 중요한 과제이다.
예 공급업체, 거래업체, 고객, 정부 규제기관 등
① 환경은 조직구조의 중요결정인자로 주목을 받아왔는데 그 이유는 간단하다.
② 조직이 존속하려면 환경에 의존해야 하고, 더 나아가 조직이 성공하려면 환경의 변화에 적응해야 하기 때문이다.
③ 따라서 조직은 조직의 환경을 확인하고 그 환경에 따르려고 하며 환경의 변화에 민감한 반응을 보이고 필요에 따라 적응을 시도한다.

핵심 Check

기술과 조직구조 간 관계 연구
최근 조직 간 차이를 결정하는 요인으로 구성원이나 구조보다 기술이 더 큰 영향력이 있는 것으로 나타나고 있다. 이는 기술이 재화와 서비스를 실제로 생산하는 곳에 많은 영향을 미친다는 점에서 그 의미가 크다.

개념 Plus

탐슨의 기술 분류
- 길게 연결된 기술
  (long-linked technology)
  여러 행동이 순차적으로 의존관계를 이루는 경우 사용되는 기술이며 조립라인을 이용한 대량생산 기술이 그 예이다.
- 중개적 기술
  (mediating technology)
  한 조직이 상호의존을 원하는 고객들을 연결해주는 기술로, 은행·보험회사·통신공사의 업무가 해당된다.
- 집약적 기술
  (intensive technology)
  한 문제를 해결하거나 현상을 변화시킬 때 사용되는 여러 단순한 기술의 복합체를 의미하며, 건설회사에서 다양한 기술을 사용하여 한 건물을 짓는 것 등이 이에 해당된다.

④ 조직구조가 조직의 환경으로부터 영향을 받는 이유는 환경의 불확실성 때문이다.
⑤ 조직의 환경은 예측 정도에 따라 확실성 환경과 불확실성 환경으로 구분된다.

확실성 환경	불확실성 환경
• 비교적 정적인 환경에 놓여 있어서 특정 환경의 영향력이 거의 변하지 않음 • 새로운 경쟁자도, 현재의 경쟁자에 의한 새로운 기술적인 위협도 없음 • 조직에 영향을 줄 공공 압력단체의 활동도 거의 없음	• 확실성 환경에 처하는 조직과는 반대로 동적인 환경에 직면함 • 이러한 조직은 사업에 영향을 주게 되는 다양한 불확실성 환경에 노출됨 예 급속하게 변화하는 정부의 규제 조치, 새로운 경쟁자, 원재료 획득의 어려움, 고객의 제품 선호도 변화 등

⑥ 경영자의 입장에서 보면 불확실성은 조직 유효성의 중요한 위협요인이기 때문에 조직구조의 변화와 조정을 통해 이를 최소화하고자 노력한다.
⑦ 그러므로 조직설계에 대한 관심은 조직 환경의 불확실성을 줄이는 데 그 목적이 있다고 할 수 있다.
⑧ 로렌스와 로쉬(Paul Lawrence&Jay Lorsch)의 연구
  로렌스와 로쉬의 연구는 환경의 불확실성과 조직구조의 선택 간의 관련성에 대한 상당한 통찰을 제공했다.
  ㉠ 이들은 환경적 차이와 적합하고 효율적인 조직구조 간의 관련성을 조사하고자, 서로 다른 세 가지 종류의 산업(플라스틱, 식품, 컨테이너) 중에 열 개의 기업을 연구 대상으로 선정했다.
  ㉡ 또한 이 연구는 조직구조에서 서로 대립되는 두 가지 개념인 분화, 통합을 설정하여 집중적으로 다루었다.

구분	내용
분화 (differentiation)	• 분화란 일반적으로 쓰이는 수평적 분화와 개념적으로 동일함 • 그러나 이때의 분화는 특히 조직의 목표·가치와 관련하여 관리자와 전문가들이 다르게 사고, 행동하는 정도(차별화)를 나타내는 개념임 • 분화는 분업화와 기술적 전문화를 통해 일어남
통합 (integration)	어떠한 공동의 목적을 달성하기 위해 관리자들과 전문가들이 협력하여 함께 추진하는 협동의 질을 의미함

  ㉢ 로렌스와 로쉬는 성공적인 조직의 경우 환경적 복합성이 증가함에 따라 분화와 통합 간의 효과적인 균형을 유지한다는 점을 발견했다.
  ㉣ 만일 한 기업이 유행에 민감한 여성의류시장과 같이 동적이고 불확실한 환경에 직면하게 된다면 그 기업은 고도의 분화된 구조가 필요할 것이다.
  ㉤ 반대로 정적이고 확실한 환경에 직면한 기업은 보다 통합된 조직구조가 훨씬 적합하다고 볼 수 있다.
  ㉥ 문제는 기업의 분화가 이루어질수록 통합을 이루기는 어려워진다는 점이다.
  ㉦ 이 문제를 극복하기 위해 경영자들은 분화와 통합의 본질적인 차이를 극복하고 협력하여 공동 목표를 달성할 수 있도록 교차 기능팀 운영, 회사 차원의 회의, 모임 등을 활용할 필요가 있다.

기출개념확인

01 네트워크 조직의 장점으로 볼 수 없는 것은?
① 자원의 중복 투자를 줄이고 시장 상황 변화에 신속하게 대응할 수 있다.
② 최소의 자산과 인원만으로 기업을 운영할 수 있다.
③ 컴퓨터와 통신 기술을 활용하여 조직 내의 원활한 커뮤니케이션이 가능하다.
④ 파트너에 대한 직접적인 통제력을 행사할 수 없어, 업무수행과정에서 왜곡이 발생할 수 있다.

02 다음 중 조직구조에 대한 설명으로 틀린 것은?
① 조직구성원과 외부인에게 조직이 어떻게 배열되어 있는가를 알려주는 것이다.
② 조직의 내부 체계를 자세히 보여주는 역할을 한다.
③ 조직구성원의 행태에 영향을 미친다.
④ 완벽한 구조는 효과적인 조직을 보장한다.

03 다음 중 공식화가 필요한 이유로 보기 힘든 것은?
① 조직의 활동을 조정하기 위해
② 생산성과 효과성을 올리기 위해
③ 조직성과의 효율성을 향상시키기 위해
④ 조직 외부의 고객을 공평하게 처우하기 위해

정답·해설

01 ④ 네트워크 조직의 단점으로 크게 세 가지를 꼽으면 다음과 같다. 첫째, 파트너에 대한 직접적인 통제력을 행사할 수 없어, 업무수행과정에서 왜곡현상이 발생할 수 있다. 둘째, 기술이나 노하우가 유출될 위험이 있다. 셋째, 네트워크 구성원 중 하나라도 능력(경쟁력)이 없거나 부정직하면 그 가상조직은 심각한 손상을 입을 수 있다.

02 ④ 완벽한 조직구조가 효과적인 조직을 보장하는 것은 아니지만 부적절한 조직구조는 많은 문제들을 촉발할 수 있다.

03 ② 공식화가 필요한 이유는 조직 외부의 고객을 공평하게 처우하려는 목적, 조직성과의 효율성을 향상시키고자 하는 목적, 조직의 활동을 조정하는 목적 등에 있다.

> **참고**
> 조직 설계의 기본변수로는 복잡성, 집권화 또는 분권화, 공식화 등을 들 수 있다.
> - 복잡성: 분화 또는 전문화(specialization)라고도 함
> - 공식화: 조직 내의 직무가 표준화된 정도
> - 분화 또는 전문화: 수평적 분화(부문화)와 수직적 분화(계층에 의한 분화)로 나눌 수 있음

제2절 조직문화

01 조직문화의 정의

1. 조직문화의 정의
① 문화는 조직구성원들이 공유하고 있고 새로운 구성원에게 교육되어지는 조직의 핵심적 가치, 가정, 신념, 이해방식, 규범 등으로 정의할 수 있다.
② 문화의 가장 기본적인 사항은 조직 내에서 행동이 어떤 방식으로 이루어지는가에 대한 구성원 간의 공유된 일련의 가정이라는 점이다.
③ 이러한 문화는 내외적인 문제에 대처하는 조직구성원에 의해 창조되거나 교육·전수 받게 된다.

2. 조직문화의 구성요소 [기출개념]
조직문화는 세 가지 차원의 요소로 구성된다.
① **가시적 단계**: 겉으로 드러나는 외형적인 모습이다.
   예 옷 입는 스타일, 행동패턴, 물리적 상징, 조직 의식(ceremonies) 등
② **인식 단계**: 눈으로 볼 수 없지만 다른 조직과 구별 가능하게 표현되는 가치와 신념이며, 이러한 가치와 신념은 조직구성원의 의식 수준에서 공유되는 것으로 구성된다.
③ **잠재적 단계**: 겉으로 드러나지 않고 구성원의 의식으로 인지할 수 없는, 문화의 깊숙한 부분에 녹아 있는 가정을 의미하는 것으로 문화를 구성하는 본질적인 모습이다.

> **핵심 Check**
>
> **조직문화의 3단계 차원**
> - 가시적 단계
>   - 인위적 가공물
>   - 행동 패턴, 물리적인 상징, 조직의식, 스타일 등
> - 인식 단계
>   - 가치와 신념
> - 잠재적 단계
>   - 기본 가정

02 조직문화의 기능 ★★

1. 조직문화의 개발
① 장기간에 걸친 특정 조직 내 구성원의 상호작용을 통해 조직의 사고방식과 가치가 개발되며 개발된 사고방식과 가치들은 조직이 성공하면 조직문화로 제도화된다.
② 조직문화의 부분으로 제도화된 사고방식과 가치는 조직을 구성하는 구성원들에 의해 형성되지만, 보편적으로는 설립자나 초기 리더가 큰 영향력을 발휘한다.

2. 조직문화의 기능 기출개념

문화는 조직구성원들이 조직 정체성(identity), 특정 가치, 행동양식에 몰입하도록 하는 역할을 하며 조직문화가 수행하는 두 가지 중요한 기능으로 구성원 간의 내적인 통합과 조직의 외부환경에의 적응을 들 수 있다.

(1) 구성원 간의 내적 통합
① 문화는 조직구성원이 공동체적 정체성을 갖게 한다.
② 구성원들이 서로 효과적으로 협동할 수 있는 방법을 제시해준다.
③ 매일의 업무관계를 가이드 해준다.
④ 구성원 간의 의사소통 방식을 결정해준다.
⑤ 수용 가능한 행동과 그렇지 못한 행동을 구분해준다.
⑥ 조직 내 지위·명령 체계를 확립해준다.
⑦ 행동 결정에 강력한 영향력을 행사하는 구성원의 의식에 일련의 규칙을 제공하여 조직성과에 영향을 미치기도 한다.

(2) 조직 외부환경에의 적응
① 문화는 조직이 목표를 달성하는 방법, 외부와 거래하는 방법을 결정해준다.
② 올바른 문화적 가치는 고객의 요구나 경쟁자의 움직임에 신속히 반응하게 해준다.
③ 문화는 구성원들이 조직의 핵심목표, 구체적인 목표, 목표를 수행하는 데 사용되는 기본적인 수단에 몰입하도록 모티베이션 시켜준다.
④ 조직의 문화는 조직을 둘러싼 환경 속에서 성공하는 데 필요한 가치와 가정들을 구체화해야 한다.
  예 외부환경이 높은 수준의 고객 서비스를 요구한다면, 문화는 우수한 고객 서비스를 제공하는 것을 장려할 수 있어야 한다.

(3) 로빈스가 주장한 조직 내에서 문화가 수행하는 여러 가지 기능
로빈스(Stephen P. Robbins)는 문화가 조직 내에서 여러 가지의 기능을 수행할 수 있다고 주장했다.
① 특정 조직과 구별되는 조직의 차별성을 만든다.
② 조직구성원에게 정체감을 전달한다.
③ 한 개인의 이익보다 조직을 위한 더욱 큰 비전에 몰입하도록 촉진한다.
④ 사회 시스템의 안정성을 증대시킨다.
⑤ 구성원이 무엇을 말하고 해야 하는지에 대한 적절한 기준을 제공하여, 조직을 결합하는 데 도움이 되는 사회적 아교풀과 같은 역할을 한다.
⑥ 구성원의 태도와 행동을 인도, 형성하는 감지·통제 메커니즘의 기능을 수행한다.

✓ 핵심 Check

조직문화의 2가지 기능
- 종업원의 내적 통합
- 외부환경에의 적응

개념 Plus

조직문화와 학습
구성원은 사회화(socialization)를 통해 주로 조직문화를 학습한다. 사회화는 종업원이 조직 적응에 필요한 핵심적인 조직 가치관, 규범, 관습 등을 이해하는 과정이다. 즉, 사회화는 조직문화에 친숙하지 못한 구성원에게 이를 체득시키는 방법이며, 이 방법을 통해 구성원은 조직문화를 영속화한다. 이 사회화 과정은 대부분 모방(imitation)과 관찰(observation) 학습으로 이루어진다.

03 조직문화의 구성요소 기출개념

1. 7S모형 ★★★

(1) 7S모형의 개발
파스칼과 아토스(Pascale&Athos)는 맥킨지(Mckinsey) 사에 의해 개발된 7S모형을 이용하여 조직문화의 구성요소 간 상호관계를 개념화함으로써 조직문화를 이해하는 데 실질적으로 많은 도움을 주었다.

> **핵심 Check**
>
> **7S모형의 조직문화 구성요소**
> - 공유가치
> - 전략
> - 조직구조
> - 제도
> - 구성원
> - 관리스타일
> - 기술

(2) 7S모형의 조직문화 구성요소

구분	내용
공유가치 (shared value)	• 조직문화의 핵심적 구성요소로 조직구성원이 공통으로 소유하고 있음 　예 가치관, 이념, 전통가치, 기업의 기본 목적 등 • 서로 다른 조직문화 구성요소에 지배적 영향을 줌으로써 기업문화 형성에 있어 가장 중요한 위치를 차지함
전략 (strategy)	• 전략 요소는 기업체의 장기 방향과 기본 성격을 결정하는 경영전략임 • 기업체의 장기적인 목표와 계획, 이를 달성하기 위한 장기적인 자원배분 패턴을 포함하므로 조직문화 구성요소에 많은 영향을 줌
조직구조 (structure)	• 조직구조는 기업체의 전략 수행에 필요한 틀로 조직구조, 직무설계, 권한관계 등 구성원의 역할과 그들 간의 상호관계를 지배하는 공식요소를 말함 • 구조는 관리 제도와 더불어 구성원의 일상 업무수행과 행동에 많은 영향을 줌
제도 (system)	• 기업 경영 의사결정과 일상 운영의 틀이 되는 관리제도, 절차 등의 각종 시스템도 조직문화의 중요한 요소임 • 시스템은 기업체의 기본 가치와 일관성이 있고, 장기적 전략목표 달성에 적합한 경영 각 분야의 관리제도와 절차를 포함함 　예 보상제도와 인센티브, 경영정보와 의사결정시스템, 경영계획과 목표설정 시스템, 결과 측정과 조정·통제 등
구성원 (staff)	• 조직문화는 구성원의 행동으로 나타나므로 구성원도 구성요소 중 하나임 　예 기업체의 인력구성, 구성원의 능력, 전문성, 가치관, 신념, 욕구와 동기, 지각과 태도, 행동패턴 등이 조직문화에 포함됨 • 구성원의 가치관과 행동은 기업이 의도하는 기본 가치로부터 많은 영향을 받으며, 인력 구성과 전문성은 기업체가 추구하는 경영전략에 의해 지배됨
관리 스타일 (style)	• 구성원을 이끌어가는 전반적 조직관리 스타일을 의미하며, 구성원의 행동유발과 구성원 간의 상호관계, 조직 분위기에 직접적인 영향을 주는 중요 요소임 • 조직의 일상 관리관행은 관리와 리더십 스타일로부터 많은 영향을 받으며 형성됨
기술 (skill)	• 중요 요소로 각종 기계장치, 컴퓨터 등 생산·정보처리 분야의 물리적 하드웨어(hardware)와 이를 사용하는 소프트웨어(software) 기술을 포함함 • 구성원에 대한 동기부여, 행동 강화, 갈등 및 변화관리, 목표관리와 예산관리 등 기업 경영에 적용되는 관리기술과 기법도 포함함

04 조직문화와 성과

1. 조직문화와 조직성과의 관계
조직문화와 조직성과 간의 관계를 분석해보면 바람직하고 강한 조직문화가 조직성과를 높인다는 점을 알 수 있다.

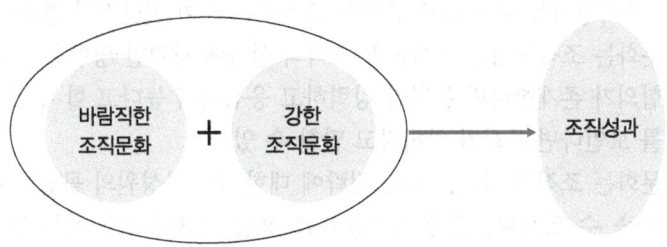

[그림 4-1] 조직문화와 성과와의 관계

2. 바람직한 조직문화
바람직한 조직문화는 적어도 세 가지의 요소(혁신지향, 고객지향, 인간중심)로 구성된 적응적 조직문화(adaptive culture)를 말한다.

구분	내용
혁신지향적 조직문화	기업에서 환경 변화에 대응하여 끊임없이 조직 내 경영혁신을 추구하는 문화를 의미함
고객지향 조직문화	고객의 요구에 신속히 대응하려는 문화를 의미함
인간중심 조직문화	기업의 여러 이해관계 욕구를 충족시키려고 노력하는 문화를 의미하며, 특히 조직구성원의 근로생활의 질을 높이기 위해 많은 노력을 함

3. 조직문화의 측정요소

(1) 근로생활의 질(QWL; Quality of Work Life)
① 근로생활의 질은 작업장에서의 경험 정도의 질을 측정하는 중요한 요소로 여겨지며, 높은 성과는 높은 직무만족에서 나올 수 있다.
② QWL의 여러 단계는 인간적인 접근방법으로 맥그리거(Mcgregor) 등의 이론가에 의해 일찍이 설립되었다.
③ 맥그리거는 사람이 일을 싫어하고 지시가 필요하며 책임을 회피하기 좋아한다는 X이론적 인간관과 이에 반대되는 특징인 일을 좋아하고 창조적으로 일하며 책임을 받아들인다는 Y이론적 인간관을 비교하였다.
④ 맥그리거에 따르면, Y이론적 인간관은 가장 적합하고 긍정적인 자기실현적 예언(self-fulfilling prophesies)을 만드는 경향이 있다.
⑤ 개인이 조직으로부터 합당한 대우를 받으면 조직이 기대하는 방향의 만족스러운 결과를 낼 수 있다고 보았다.
⑥ 많은 조직행동 이론과 개념들은 QWL과 Y이론적 인간관을 반영하고 있다.

(2) 문화의 강도(culture strength)
① 문화의 강도는 구체적인 가치와 행동양식의 중요성에 대한 조직구성원들 간의 일치 정도를 의미한다.
② 강한 조직문화란 조직의 가치, 사고방식, 행동양식 등에 조직구성원들이 강력하게 동의하고 조직 외부에서도 인식할 수 있을 정도로 형성된 조직문화를 말한다.
③ 강한 조직문화는 조직구성원을 하나의 조직 공동체로 묶을 수 있다는 점에서 중요하며, 높은 조직성과를 내는 데도 중요한 요소라는 것이 일반적인 견해이다.
④ 강한 조직문화는 조직구성원의 행동과 조직의 성과에 강력한 영향을 줄 수 있다.
⑤ 일반화된 합의가 존재한다면 문화가 강력하고 응집력이 높다고 할 수 있는 반면, 낮은 일치를 보인다면 문화가 약하다고 말할 수 있다.
⑥ 강한 조직문화는 조직의 가치, 목표, 전략에 대한 조직구성원의 몰입을 강화하고 이직률을 낮출 수 있으며, 강한 조직문화를 형성·유지하고자 하는 관리자들은 조직구성원의 선발(selection), 사회화(socialization)에 많은 관심을 기울인다.
⑦ 또한 강한 조직문화는 의식(ceremonies), 상징(symbols), 제식(rituals)과 같은 요소들과 상호 관련을 가진다.

05 조직문화유형 ★★ 기출개념

1. 조직문화유형의 분류
많은 이론가와 연구자는 다양한 접근을 통해 조직문화의 유형을 분류하고 논의해왔으며 조직문화 유형의 분류는 여러 조직에 걸쳐 존재하는 주요 문화적 속성을 일반화하는 데 그 목적을 둔다.

2. 조직문화유형

(1) 오우치(William Ouchi)의 조직문화 유형
[그림 4-2]는 조직문화의 유형을 분류한 하나의 형태로 체계적이고 조직화되면서도 실용적인 접근을 가미하고 있다.

[그림 4-2] 조직문화의 유형

① 오우치의 조직문화유형 세로축은 회사 또는 부서 내의 공식적인 통제지향 정도를 나타내며, 유연한 통제지향을 가지는지 안정적인 통제지향을 가지는지에 따라 그 유형이 구분된다.
② 가로축은 집중의 형태를 의미하며, 초점을 내부에 두는지 외부에 두는지에 따라 유형이 구분된다.
③ 이러한 분류 기준에 따라 조직문화는 총 네 가지 유형으로 분류되는데 관료문화, 씨족문화, 기업가형 문화, 시장문화가 이에 속한다.
④ 분류 기준에 따른 조직문화유형

구분	내용
관료문화 (bureaucratic culture)	• 규칙, 정책, 절차, 명령체계 등 집권화된 의사결정을 강조하는 조직문화를 관료문화라고 함 예 군대, 정부, 독단적 경영자가 운영하는 회사가 관료문화를 영위하는 대표적인 조직의 예임
씨족문화 (clan culture)	• 가족 일부가 되는 것, 전통과 의례를 따르는 것, 팀워크, 정신, 자율관리, 사회적 영향력 등이 씨족문화를 구성하는 특징임 • 구성원은 조직 내 다른 구성원에 의해 사회화되고, 구성원 간에 서로 협력하며 조직의 결과에 공동책임을 짐
기업가형 문화 (entrepreneurial culture)	• 혁신, 창의성, 위험 감수, 적극적으로 기회를 찾아가는 도전적 문화로, 구성원은 역동적인 변화, 창의성, 자율성을 조직의 표준화된 특성으로 인지함 • 조직은 구성원이 역량을 충분히 발휘하도록 보상체계, 교육 훈련, 팀 구축 전략, 목표설정 프로그램 등을 통해 지원을 아끼지 않음
시장문화 (market culture)	• 매출 성장, 시장점유율 증가, 재정적 안정성, 수익률을 강조함 • 조직의 구성원은 회사와 계약 관계에 놓여 있고 구성원 간의 팀워크나 응집성이 결여된 경우가 많음 • 시장점유율, 재정적 안정성과 같은 계약 시 제시된 성과목표의 달성에 있어 협력과 팀워크가 필요한 경우에는 팀워크나 응집성을 발휘함

⑤ 어떤 조직은 특정 유형의 조직문화가 두드러지게 나타날 수 있고, 또 다른 조직은 직위, 부서, 프로젝트에 따라 다양한 유형의 조직문화가 동시에 나타나기도 한다.
⑥ 유념해야 할 사항은 특정 조직문화가 타 조직문화보다 우수하거나 이상적이라고 말할 수 없으며, 문화는 고정된 것이 아니라 변화 가능하다는 것이다.
⑦ 개인차에 따라 특정 조직문화에 대한 선호가 존재할 수가 있다.
⑧ 조직에서 구성원의 조직문화 선호와 조직문화가 일치하는 경우에는 상관없지만, 구성원과 조직문화 간에 불협화음이 생기면 구성원들은 스트레스를 받을 수 있고 최악의 경우 조직을 떠나는 경우도 발생할 수 있다.

(2) 딜과 케네디(Deal & Kennedy)의 조직문화유형
① 딜과 케네디는 조직활동과 관련된 위험성의 정도와 의사결정 전략의 성공 여부에 관한 피드백 속도라는 두 가지 차원을 기준으로 조직의 문화를 분류하였다.
② 이들은 조직문화를 제시된 기준에 따라 거친 남성문화, 열심히 일하고 노는 문화, 사운을 거는 문화, 과정문화로 분류한다.

③ 딜과 케네디의 4가지 조직문화 속성

구분	내용
거친 남성문화 (the tough guy, macho culture)	• 모험형 문화로 사업 성격이 고도의 모험성을 띠고 성공 여부를 바로 확인할 수 있음 • 성패의 차이가 분명하고 강한 지도자를 중심으로 조직 활동을 전개함 • 지도자의 경영이념과 행동 특성이 조직문화에 강하게 반영됨
열심히 일하고 노는 문화 (work hard, play hard culture)	• 한 사업에 큰 모험을 걸지 않고 일상 업무를 충실하고 열심히 수행하고 결과에 따라 적절히 대응함 • 팀워크가 좋은 결과에 기여할 수 있어 친절하고 우호적인 사람이 영웅으로 등장함
사운을 거는 문화 (bet your company culture)	• 투자형으로 사업 성격이 고도의 모험성을 띰 • 성패를 알기까지가 오랜 시간이 걸리고 성공 여부가 기업의 성패를 좌우함 • 업적의 장기적 평가를 중시하고 상급자의 경험을 중시함
과정문화 (the process culture)	• 관료형으로 성과보다 과정을 중시하고 모험이 없으며 비교적 안정되지만 사업 결과를 알기 어려움 • 업무처리의 정확성, 객관성, 완벽주의를 강조함 • 공식적 위계질서를 중시하고 직무가 세분화되며 의사결정은 집권적임

④ 딜과 케네디의 조직문화유형 구분

구분	피드백 빠름	피드백 느림
위험요소 많음	거친 남성문화	사운을 거는 문화
위험요소 적음	열심히 일하고 노는 문화	과정문화

(3) 퀸(R. E. Quinn)의 조직문화유형

① 퀸은 조직문화가 가질 수 있는 네 가지 문화 속성을 제시했다.
② 상반된 성향의 유연성과 질서, 내부통합과 외부지향을 기준으로 하여 인적자원형, 개방체계형, 위계질서형, 생산중심형으로 나뉜다.
③ 퀸의 4가지 조직문화 속성

구분	내용
인적자원형 (human resource development)	• 내부지향적이고 비공식적인 유연한 문화 • 가족적 공동체와 유사하고 참여, 충성, 안락을 중시함 • 상호 배려를 하고 팀을 기반으로 움직임
개방체계형 (open system)	• 일련의 공식이 없어 모험을 감수함 • 외부지향적인 성향으로 창의적이고 도전적임 • 혁신과 자율이 보장되는 분위기임
위계질서형 (hierarchical)	• 질서를 중시하고 내부통합적임 • 예측 가능한 사업(업무)만 함 • 비용 통제와 철저한 관리로 안정적인 조직을 지향함
생산중심형 (production oriented)	• 질서, 규정이 있지만 외부지향적인 성향도 있어 경쟁에 있어 우위를 쟁취하고자 함 • 우위를 점하기 위해 시장에 침투하고 생산성 향상에 주력함

개념 Plus

경쟁가치모형(CVM; Competing Values Model)
조직 효과성 연구의 틀로 활용되며 퀸(Quinn) 등에 의해 발전되었다. 현재에는 조직문화 연구 분석의 기반, 진단 도구로 활용되고 있으며, '변화 대 안정'과 더불어 '조직내부지향 대 외부지향'의 두 가지 차원이 이 모형의 기준이 된다.

경쟁가치모형의 기준
• 변화: 조직 신축성과 유연성
• 안정: 통제, 질서, 효율성을 강조하는 개념
• 조직내부지향: 기존 조직의 유지를 위해 조직 내부 통합, 조정에 초점을 두는 성향
• 조직외부지향: 외부환경과의 상호작용, 환경적응, 경쟁을 강조하는 성향

④ 2가지 기준에 따른 조직문화유형 구분

구분	내부통합	외부지향
유연성	인적자원형	개방체계형
질서	위계질서형	생산중심형

⑤ 네 가지 유형 중 한 면이 강조될 수 있지만 지나치게 한쪽으로 치우치면 안 되고, 모든 유형의 문화 속성 간 균형의 적절한 유지가 조직 성공의 열쇠라고 보았다.

기출개념확인

01 퀸(Quinn)의 개방체계형 조직문화의 특성으로 보기 어려운 것은?
① 모험을 감수하는 분위기
② 외부지향적인 성향으로 창의적이고 도전적 분위기
③ 혁신과 자율이 보장되는 분위기
④ 질서를 중시하고 예측 가능한 사업만 하는 분위기

02 다음 중 조직문화의 구성요소에 대한 설명으로 틀린 것은?
① 인위적 가공물(artifacts)이란 눈에는 보이지만 종종 해석되기 어려운 문화의 상징물(symbols)을 의미한다.
② 조직구성원들 간에 공유되는 행동양식인 옷 입는 방식, 회의 참석 시간 등도 인위적 가공물에 해당된다.
③ 가치는 조직의 내면적 신념(underlying beliefs)을 의미하는 것으로 기본 가정으로부터 영향을 받는다.
④ 기본 가정은 내부세계에 대한 인식과 사고방식, 행위 지침을 제공하는 것으로 조직문화의 가장 근본적인 차원이다.

03 다음 중 조직문화의 기능에 해당되지 않는 것은?
① 조직의 경쟁우위를 확보하는 원천이다.
② 조직구성원이 서로 일체감을 가지게 하고 조직에 대한 몰입을 증대시킨다.
③ 조직구성원의 의사소통을 촉진한다.
④ 조직구성원의 행위를 형성하는 데 있어 통제 메커니즘으로 기능한다.

정답·해설
01 ④ 질서를 중시하고 내부통합적이며 예측 가능한 일만 하고 비용 통제와 철저한 관리로 안정적인 조직을 지향하는 것은 위계질서형 조직문화의 특성이다.
02 ④ 기본 가정은 문화의 근본적인 차원은 맞으나, 의식 깊이 녹아들어 인식할 수 없다.
03 ① 조직문화는 구성원의 일체감, 의사소통과 통제 메커니즘으로 작용한다.

제4장 | 실전연습문제

* 기출유형 은 해당 문제가 실제 시험에 출제된 유형임을 나타냅니다.

기출유형
01 조직문화에 대한 특징 중 설명이 <u>틀린</u> 것은?
① 조직문화는 어느 정도 관리가 가능하다.
② 유형적인 것이 아니라 실체가 없고 무형인 일종의 관념체계이다.
③ 조직이 대내외적 환경과 부단히 적응하는 과정을 통해 역사적으로 형성된다.
④ 조직구성원의 의도적인 학습으로도 형성되는 것은 아니다.

02 다음 중 조직문화의 유효성에 관한 설명으로 <u>틀린</u> 것은?
① 강한 조직문화가 형성되면 조직성과를 향상시키는 작용을 한다.
② 반대로 조직의 높은 성과가 강한 조직문화를 만들어낼 수도 있다.
③ 강한 조직문화는 조직 응집력과 구성원의 몰입을 높인다.
④ 조직문화는 외부 환경이나 조직 전략과 적합할 때 조직에 긍정적인 효과를 준다.

03 조직구성원이 공유하는 조직의 핵심 가치, 가정, 신념, 이해방식, 규범으로 조직구성원을 통합하고 외부환경에 적응하는 것을 뜻하는 개념은?
① 조직목표　　　② 조직문화
③ 조직개발　　　④ 조직변화

기출유형
04 다음 중 조직의 사회화 과정(socialization process)에 대한 설명으로 <u>틀린</u> 것은?
① 조직의 사회화는 조직의 성과와 직접적인 관계가 있는 것은 아니다.
② 조직의 사회화는 조직구성원이 조직에 적응하게 할 목적으로 조직문화를 주입하는 과정을 의미한다.
③ 조직문화를 변화시키는 기능을 하기도 한다.
④ 조직은 신규 구성원의 사회화를 통하여 그들의 조직 몰입도를 높여 조직에의 잔류의사를 높일 수 있다.

05 다음 중 조직문화에 대한 설명으로 <u>틀린</u> 것은?
① 조직의 목표와 전략을 달성하는 데 중요한 도구로 작용한다.
② 조직문화를 구축하는 데 있어 CI(Corporate Image) 작업은 필수적이다.
③ 조직문화가 조직에 순기능으로 작용하기 위해서는 외부환경요소의 요구와 필요성을 수용한 내용이어야 한다.
④ 조직문화의 변화와 정착을 위해서는 최고경영자의 확고한 의지가 필수적이다.

06 조직문화의 변화에 대한 설명으로 틀린 것은?

① 조직이 의식하지 못하는 사이에 자연적으로 변화할 수 있고 조직의 의도나 목적에 따라 변화되고 새로 창조될 수도 있다.
② 조직문화의 변화는 단순한 행위의 변화가 아니라 행위의 기반인 가치나 기본 가정의 변화를 필요로 한다.
③ 조직의 단기간의 집중적 자극이나 장기간의 지속적 노력에 의해 변화될 수 있다.
④ 조직의 의도에 따른 조직문화의 변화는 성공하기 어렵다.

기출유형

07 조직에 의해 선호되는 가치와 규범을 일컫는 용어는?

① 가시적인 인공물　② 공유가치
③ 기본 가정　　　　④ 조직구조

08 조직문화 구성요소 중 조직의 기본가치와 일관성 있고 장기 목적에 적합한 보상제도와 인센티브, 경영정보와 의사결정시스템, 경영계획과 목표설정 시스템, 결과측정과 조정, 통제 등 경영 각 분야의 경영관리 제도와 절차를 의미하는 것은?

① 시스템　　② 리더십
③ 관리기술　④ 전략

09 다음 중 조직문화를 연구하는 이유가 아닌 것은?

① 과거의 조직론이 연구방법에 있어 계량적·실험적이었기 때문이다.
② 과거의 조직론이 형식적이거나 공식적인 면만을 강조하였기 때문이다.
③ 과거의 조직론이 처방을 위한 측면이 많았기 때문이다.
④ 과거의 조직론이 모든 조직을 동일하다고 전제하였기 때문이다.

10 다음 중 조직문화에 관한 설명으로 적절하지 않은 것은?

① 조직문화는 조직에게 안정성과 계속성을 주는 요인으로 작용한다.
② 조직문화는 조직구성원의 통합과 단결을 촉진하는 기능을 한다.
③ 조직문화이론은 처방보다는 개선을 위한 규범적인 면이 많다.
④ 조직문화는 조직구성원의 보편화된 생활양식이다.

11 조직문화가 조직행동을 위한 일련의 공통되는 이해라고 주장한 인물은?

① 샤프리츠　② 루이스
③ 실과 마틴　④ 핸디

12 다음 중 조직문화에 해당되는 것은?

① 개인의 성격 ② 집단의 성격
③ 개인의 능력 ④ 집단의 구조

[기출유형]
13 조직문화에 대한 설명으로 그 내용이 옳지 <u>않은</u> 것은?

① 조직문화는 개인의 성격에 해당한다.
② 조직문화는 구성원을 하나로 묶어준다.
③ 새로운 조직구성원이 들어오면 조직은 조직문화를 가르친다.
④ 조직 스스로는 조직문화를 만들어내지 못한다.

14 다음 중 샤인이 구분한 조직문화의 수준이 <u>아닌</u> 것은?

① 인공물 및 창조물 ② 가치관
③ 기본적 믿음 ④ 도덕

15 조직문화의 형성에 영향을 미치는 요인 중 내부통합 문제에서 다루는 것은?

① 임무와 전략 ② 목표와 수단
③ 수정전략 ④ 권력과 지위

16 다음 중 슐츠가 구분한 조직문화의 차원이 <u>아닌</u> 것은?

① 환경적 차원 ② 내부적 차원
③ 외부적 차원 ④ 진화적 차원

17 다음 중 조직문화의 변화에 대한 설명으로 틀린 것은?

① 조직문화는 기업의 성장단계에 관계없이 고정되어 있다.
② 조직문화의 변화에 있어 외부의 환경이 문화의 변화를 강요한다.
③ 조직문화의 변화는 내부적으로도 변화의 여건이 성숙되어 있을 때 일어난다.
④ 조직문화는 내부적으로 강한 압력이 형성되어 있다.

18 다음 중 조직문화의 변화를 촉발하는 요인이 아닌 것은?

① 환경 위기로 인한 갑작스러운 경기 후퇴, 기술혁신 등의 심각한 환경변화, 시장개방으로 인한 위기
② 엄청난 잠재력을 지닌 환경적 기회로 새로운 시장 발전, 새로운 기술적 돌파구나 기본조달원 발견
③ 경영상 위기, 최고경영층의 변동, 회사에 돌이킬 수 없는 큰 실수의 발생, 부적합한 전략
④ 내적 혁명으로 인한 규제조치 입법화, 정치적 사건

19 다음 중 조직구조의 주요 변수와 거리가 먼 것은?

① 관리지원 부서의 비중 ② 공식화
③ 분권화   ④ 복잡성

20 전문가 조직이 업무와 관련한 기술적 문제를 처리하는 경우에 공식화와 집권화의 관계는?

① 공식화가 높고 집권화가 높은 경우
② 공식화가 높고 집권화가 낮은 경우
③ 공식화가 낮고 집권화가 높은 경우
④ 공식화가 낮고 집권화가 낮은 경우

제4장 | 정답·해설

01	02	03	04	05
④	①	②	①	②
06	07	08	09	10
④	②	①	③	③
11	12	13	14	15
②	①	④	④	④
16	17	18	19	20
③	①	④	①	④

01 ④
조직문화는 조직구성원에 대한 학습의 결과로 형성된다.

02 ①
강한 조직문화는 조직성과에 긍정적인 영향을 미치기도 하지만 언제나 조직성과를 높이는 것은 아니다.

03 ②
조직문화는 기본 가정, 공유가치, 인위적 가공물로 구성되며, 구성원을 통합하고 조직의 외부환경에 적응하게 한다.

04 ①
조직 사회화는 조직과 종업원의 성과에 직접적인 영향을 미친다.

05 ②
조직문화 구축에 있어 CI 작업이 필수적이지는 않다.

06 ④
많은 기업에서 조직문화의 변화를 위해 바람직한 조직문화를 정의하고 의도적으로 변화를 시도하고 있다.

07 ②
조직으로부터 선호되고 조직구성원들이 공유하고 있는 가치와 규범을 공유가치라고 한다.

08 ①
경영관리 제도와 절차는 시스템(system)이라고 한다.

> **참고** **7S모형**
> 7S모형은 공유가치, 전략, 조직 구조, 시스템, 구성원, 스킬, 스타일 등의 영문자 s로 시작하는 7개의 요소로 구성된다. 이들 7개 요소 중에서도 전략, 구조, 시스템은 상대적으로 변화가 용이한 하드(hard) 유형으로, 스킬, 공유가치, 직원, 스타일은 상대적으로 변화가 쉽지 않은 소프트(soft) 유형으로 구분되기도 한다.

09 ③
과거의 대부분의 조직이론은 형식적이거나 공식적인 면만을 강조하는 경향이 있었고, 처방보다는 개선을 위한 규범적인 면이 많았다.

10 ③
조직문화이론은 과거의 조직이론 중 대부분이 형식적이거나 공식적인 면만 강조하는 경향이 있고 처방보다 개선을 목적으로 한 규범적인 면이 많았음을 반성하는 데서 출발했다.

11 ②
루이스는 조직문화를 '조직행동을 위한 일련의 공통의 이해'라고 정의 내린 바가 있다.

12 ①

조직문화는 개인의 성격에 해당하며, 구체적으로 전제, 인지, 행동규범, 가치, 신념, 행동유형 등을 의미한다.

13 ④

조직의 노력을 통해 조직문화가 만들어지는 경우도 있다.

14 ④

도덕은 샤인이 구분한 세 가지 문화수준에 포함되지 않는다.

> 참고 **샤인(Schein)의 3가지 문화수준**
> - **수준 1**: 인공물 및 창조물
> - **수준 2**: 가치관
> - **수준 3**: 기본적 전제(믿음)

15 ④

내부통합문제는 조직구성원 간의 효과적 작업관계를 어떻게 수립하고 유지할 것인가를 다루며, 공통 언어와 개념적인 범주, 집단의 경계와 소속의 기분, 권력과 지위, 동료관계, 보상과 처벌, 이념과 종교 등이 이에 포함된다.

16 ③

숄츠(Scholz)는 조직문화차원을 환경적 차원, 내부적 차원, 진화적 차원 등 세 가지로 제시하였으며, 각 차원은 조직문화의 형성요인인 외부환경에의 적응, 내부적 통합, 조직의 역사와 각각 연결된다.

> 참고 **숄츠(Scholz)의 조직문화와 조직설계의 연결**
> 숄츠(Scholz)는 조직문화와 조직설계가 어떻게 연결되는지를 세 가지의 차원으로 설명한다.
> - **환경적 차원**: 기업과 환경 간의 관계를 다루는 방법의 결과에 관한 것으로, 강인하고 억센 문화, 열심히 일하고 잘 노는 문화, 회사의 운명을 거는 문화, 과정을 중시하는 문화로 분류한다.
> - **내부적 차원**: 기업의 문제해결 태도와 관련된 내부 상황에 대한 것으로 생산적 문화, 관료적 문화, 전문적 문화로 분류한다.
> - **진화적 차원**: 기업의 성장단계에 따라 나타나는 문화적 특성에 관한 것으로 안정적 문화, 반응적 문화, 예측적 문화, 탐험적 문화, 창조적 문화로 분류하고 있다.

17 ①

조직문화는 기업의 성장단계나 환경의 변화에 따라 반드시 변화되어야 하며, 새로운 환경에서 새로운 전략이 필요함에도 기존의 조직문화를 고수한다면 그 기업은 적절한 성공을 거두지 못할 것이다.

18 ④

규제 조치의 입법화, 정치적 사건은 외적 혁명에 의해 발생한다.

19 ①

조직구조의 주요 변수로는 복잡성, 공식화, 집권화(혹은 분권화), 조직의 규모, 통제범위 등이 있다.

20 ④

전문가 조직이 업무와 관련된 기술적 문제를 처리할 경우 공식화 정도와 집권화 정도는 모두 낮다고 볼 수 있다.

> 참고 **공식화와 집권화의 관계**
> - 공식화가 높고 집권화가 높은 경우: 단순작업적 조직(미숙련공)
> - 공식화가 높고 집권화가 낮은 경우: 전문가조직(인사관리문제 관련)
> - 공식화가 낮고 집권화가 높은 경우: 전문가조직(전략적 조직 의사결정 관련)
> - 공식화가 낮고 집권화가 낮은 경우: 전문가조직(업무와 관련한 기술적 문제 처리)

무료 학습자료 제공 · 독학사 단기합격 **해커스독학사**
haksa2080.com

독학학위제 전공기초과정 **경영학과**

기출동형모의고사

기출동형모의고사 **1회**
기출동형모의고사 **2회**
기출동형모의고사 **3회**
기출동형모의고사 **4회**

잠깐!

기출동형모의고사는 독학사 시험의 기출문제를 철저히 분석하여 구성한 실전 대비 모의고사입니다.
본 교재의 맨 뒤에 제공되는 총 3장의 OMR 카드를 활용하여 문제를 풀이해 주세요.

기출동형모의고사 풀이 전 아래 사항을 확인하세요.

- ☐ 휴대전화의 전원을 꺼주세요.
- ☐ 컴퓨터용 사인펜을 준비하세요.
- ☐ OMR 카드에 과목명과 성명을 기재한 후, 문제풀이를 시작하세요.
- ☐ 시험시간 50분 내에 문제풀이와 OMR 카드 마킹까지 완료하세요.

기출동형모의고사 1회

응시과목	시험시간	점수
조직행동론	50분	

01 다음 중 조직행동론에 대한 설명으로 틀린 것은?
① 조직행동론은 조직구성원의 모든 행동이나 태도를 체계적으로 연구하는 학문 분야이다.
② 조직행동론은 개인, 집단, 조직 차원을 체계적으로 공부하여 조직의 성과를 높이고 구성원의 직장생활 질을 높이기 위한 학문 분야이다.
③ 조직행동론의 연구 목적은 조직 내 인간의 행동을 이해하고 조직의 효과성과 조직 내 개인의 혜택을 증대하기 위한 지식을 획득하며 이를 활용하는 데 있다.
④ 조직행동론은 개방된 상황하에 과학적인 방법으로 실증자료를 수집하고 측정·해석하여 조직성과에 미치는 요인을 규명하려는 이론이다.

02 다음 중 경영자가 종업원의 직무만족에 관심을 가지는 이유로 볼 수 없는 것은?
① 직무만족과 생산성 간에 부(否)적 상관관계가 존재하기 때문이다.
② 경영자는 종업원에게 도전적이고 내재적인 보상이 주어지는 직무를 제공하여 직무만족을 얻게 해야 하기 때문이다.
③ 종업원들의 직무만족과 결근·이직 간에 부(否)적 상관관계가 존재하기 때문이다.
④ 직무만족과 생산성 간에 상관성이 존재한다고 하는 가정 때문이다.

03 다음 글에서 설명하는 리더십 이론은?

> 단기적인 효율성과 성과를 강조하며 부하들에게 즉각적이고 가시적인 보상을 통해 동기부여한다. 정해진 과업을 완수하지 못할 경우에 리더십을 발휘한다.

① 변혁적 리더십 ② 자율적 리더십
③ 거래적 리더십 ④ 임파워링 리더십

04 조직행동 및 문화 변화의 수단 중 하나로 구두적 상징, 행동적 상징, 물적 상징 등을 포괄하는 것은?
① 의례의식 ② 조직개발
③ 조직구조 ④ 조직설계

05 사람이 다른 사람 또는 사물을 평가하는 것으로 환경과 개인을 일차적으로 연결하는 교량역할을 하는 것을 심리학적으로 무엇이라 하는가?
① 지각 ② 태도
③ 학습 ④ 귀속

06 다음 중 평가상의 심리적 경향이 <u>아닌</u> 것은?
① 항상오차 ② 광휘효과
③ 논리오차 ④ 호손효과

07 평가대상이 된 종업원의 능력 중 특정 요소가 현저하게 뛰어나거나 떨어지면 <u>다른</u> 평가요소도 영향을 받아 뛰어나 보이거나 못하게 보이는 경향을 의미하는 개념은?
① 항상오차 ② 광휘효과
③ 논리오차 ④ 호손효과

08 조직몰입과 직무만족에 대한 설명으로 <u>틀린</u> 것은?
① 직무만족은 직무 또는 직무의 어떠한 측면에 대한 반응을 의미한다.
② 조직몰입은 조직 전체에 대한 개인의 감정을 반영한다.
③ 직무환경의 변화에 따라 직무만족 수준은 곧 변할 수도 있다.
④ 이직의 예측변수로 직무만족은 조직몰입보다 더욱 유용하게 사용된다.

09 작업팀의 문제해결 능력과 효율성을 개선할 목적으로 사용되는 방법은?
① 과정 자문법 ② 제3자 조정법
③ 집단 대면 기법 ④ 팀 구축법

10 직무만족의 영향 요인 중 가치관에 대한 설명으로 <u>틀린</u> 것은?
① 강한 내재적 노동가치관을 가진 근로자는 직무에 강한 만족을 보인다.
② 외부적 노동가치관은 직무 자체의 속성과 관련된 것이다.
③ 개인의 노동가치관은 내재적 노동가치관과 외부적 노동가치관으로 나눌 수 있다.
④ 근로자의 가치관은 일의 결과에 대한 확신을 의미한다.

11 성과 – 만족 관계가 보상의 역할에 의해 이루어진다고 주장한 연구자는?
① 브룸(V. H. Vroom)
② 포터(L. W. Porter)와 롤러(E. E. Lawler)
③ 해크만(J. R. Hackman)
④ 테일러(F. W. Taylor)

12 부하의 성숙도가 높은 경우에 적합한 리더십 스타일은?
① 강압형　　② 참여형
③ 권한위양형　　④ 명령·지시형

13 조직행동론의 결과(종속)변수에 해당하지 않는 것은?
① 생산성　　② 결근율
③ 이직　　④ 조직 내 인간관계

14 다음 중 베버 관료제의 특징으로 옳지 않은 것은?
① 상급자와 하급자 간의 관계는 비인격적이다.
② 직무는 철저하게 문서에 의해 공식화된다.
③ 관료라는 직업은 부업이 아닌 유일 또는 주된 작업(전업)이지만 겸직은 허용한다.
④ 고용관계는 평등관계를 바탕으로 쌍방 자유의사에 따른 자유 계약으로 형성된다.

15 인간관계론에 대한 설명으로 옳지 않은 것은?
① 호손공장 실험이 인간관계론의 시발점이었다.
② 인간 중심의 경영조직이론이다.
③ 과학적 관리론을 전면 부정하였다.
④ 생산성 향상에 인간의 감정이 중요함을 밝혔다.

16 다음 중 욕구 중심의 내용이론이 아닌 것은?
① 욕구단계설　　② ERG이론
③ 기대이론　　④ 성취동기이론

17 다음 중 인간의 욕구충족요인을 불만족으로 제거하는 위생요인(불만족요인)과 만족을 증진시키는 동기요인(만족요인)으로 구분한 이론은?
① 욕구단계설　　② ERG이론
③ 2요인이론　　④ 성취동기이론

18 허츠버그(F. Herzberg)가 주장한 2요인이론의 내용 중 동기요인에 해당하는 것은?
① 감독방침　　② 도전감
③ 작업조건　　④ 임금

19 다음 중 브룸이 주장한 모티베이션 과정이론과 관련이 깊은 것은?
① 기대이론　　② 미성숙·성숙 이론
③ 공평성이론　　④ 성취동기이론

20 다음 중 1차 수준 결과가 2차 수준 결과를 가지고 온다는 의미의 주관적 확률차를 뜻하는 개념은?
① 지각　　② 유의성
③ 수단성　④ 기대

21 조직몰입의 하위 차원 중 개인이 조직에 대한 의무감을 가질 때 나타나는 것은?
① 감정적 몰입　② 규범적 몰입
③ 정서적 몰입　④ 유지적 몰입

22 자신의 행위와 태도 간 불일치가 존재하는 것을 뜻하는 개념은?
① 휴리스틱　　② 역할 갈등
③ 그레이프바인　④ 인지 부조화

23 스트레스에 대한 설명으로 옳은 것은?
① 부정적 측면만 가져오는 경향이 있다.
② 개인의 성과는 과소스트레스일 때 극대화된다.
③ 스트레스에 대한 심리적인 반응은 심리적으로만 나타난다.
④ 유스트레스(eustress)는 기쁠 때 느끼는 긍정적인 스트레스이다.

24 스트레스의 진행 단계를 순서대로 나열한 것은?
① 저항단계 → 소진단계 → 경고 반응 단계
② 경고 반응 단계 → 저항 단계 → 소진 단계
③ 소진 단계 → 경고 반응 단계 → 저항 단계
④ 저항 단계 → 경고 반응 단계 → 소진 단계

25 매슬로우(Maslow)의 욕구단계이론에 속하지 않는 것은?
① 안전의 욕구　② 생리적 욕구
③ 공정성의 욕구　④ 자아실현의 욕구

26 공정성이론의 투입(input)에 해당하지 않는 것은?
① 시간　② 보상
③ 경험　④ 노력

27 허츠버그(Herzberg)의 이론에서 동기요인에 해당하는 것은?
① 임금　② 감독
③ 성취감　④ 회사정책

28 맥클레랜드(McClelland)의 성취동기이론에 대한 설명으로 옳지 않은 것은?
① 성취욕구가 큰 사람은 장기적인 피드백을 좋아한다.
② 성취욕구가 큰 사람은 문제해결에 대해 책임지는 것을 좋아한다.
③ 성취욕구가 큰 사람은 스스로 성과목표를 정하는 것을 좋아한다.
④ 성취욕구가 큰 사람은 곤란도와 위험도가 중간인 목표를 선호한다.

29 브룸의 기대이론에 대한 설명으로 볼 수 없는 것은?
① 인간의 욕구는 존재욕구, 관계욕구, 성장욕구로 구분된다.
② 유의성은 어떠한 개인이 특정 결과에 대해 가지는 선호의 강도이다.
③ 수단성은 어떠한 업적을 올리면 바람직한 보상으로 연결된다고 믿는 가능성이다.
④ 기대는 목표 달성을 위해 자신이 가지고 있는 능력과 가능성을 인식하는 정도이다.

30 다음 중 부하들의 적절한 역할이 리더의 리더십 성과를 좌우한다는 이론은?
① 팔로워십　② 셀프 리더십
③ 슈퍼 리더십　④ 임파워링 리더십

31 성공하면, 내 탓, 실패하면 조상 탓이라는 귀속과정에 있어서의 편견은?
① correlation bias　② self-serving bias
③ actor-observer effect　④ projection

32 조직 공정성 중에 받은 보상이 결정되기까지의 과정이 공정했는지의 여부로 판단할 수 있는 것은?
① 결과공정성　② 절차공정성
③ 분배공정성　④ 관계공정성

33 집단의사결정의 단점으로 볼 수 없는 것은?
① 결정하는 시간을 절약할 수 있다.
② 집단사고의 맹점이 나타날 수 있다.
③ 특정 구성원에 의한 지배의 가능성이 있다.
④ 의견의 불일치에 따른 갈등이 나타날 수 있다.

34 성공한 사람을 보고 자신도 성공할 목적으로 그 사람의 행동을 따라할 때 기초가 되는 학습을 의미하는 개념은?
① 조직학습　② 사회적 학습
③ 고전적 조건화　④ 조작적 조건화

35 특정 문제에 대해 전문가들이 모이고 한 사람의 리더가 토론을 이끌어가며 의사결정을 하는 방법을 의미하는 것은?

① 델파이 기법　　② 명목집단법
③ 브레인스토밍 기법　　④ 상호작용집단법

36 과학적 관리방법론에서 비공식 집단의 특징에 해당하는 것은?

① 조직의 능률성을 높이는 역할을 한다.
② 조직의 생산성 증대에는 도움이 되지 않는다.
③ 집단 상호 간에 형성되는 사회 심리적 시스템이다.
④ 사적 모임을 활용함으로써 구성원들의 욕구를 충족시켜주는 것이다.

37 다음 중 맥그리거가 제시한 인간관에 해당하는 것은?

① 전통적 관리체계를 정당하게 만들어준다.
② 인간은 책임을 회피하는 수동적 존재이다.
③ 인간은 상위욕구를 충족하고 싶을 때 자신을 통제할 수 있다.
④ 관리자는 조직구성원의 하위욕구를 자극하여 외적 통제를 강화해야 한다.

38 마키아벨리적 성향으로 적절하지 않은 것은?

① 임기응변이 요구되는 직무에 적합하다.
② 실질적인 보상이 주어지는 일에 적합하다.
③ 다른 사람들과 직접 접촉하는 것을 선호한다.
④ 목적 달성까지의 과정에 있어 도덕성을 중시한다.

39 다음 중 BIG 5 성격요소에 해당하지 않는 것은?

① 외향성　　② 조직성
③ 성실성　　④ 신경성

40 A형 퍼스낼리티 성격에 해당하는 것은?

① 성취욕구가 강하다.
② 참을성이 많은 편이다.
③ 매사에 느긋한 모습을 보인다.
④ 자신의 업적을 과시하지 않는다.

기출동형모의고사 2회

독학학위제
전공기초과정 **경영학과**

응시과목	시험시간	점수
조직행동론	50분	

01 사람의 행위가 타인과의 관계에서 공정성을 유지하는 쪽으로 동기부여 된다고 주장한 이론은?
① 2요인이론　② 욕구단계이론
③ 기대이론　④ 공정성이론

02 다음 중 강화의 유형과 거리가 먼 것은?
① 적극적 강화　② 능동적 강화
③ 벌　④ 부정적 강화

03 직무성과 평가 시 특정 평가 대상자에 대한 평가결과가 다른 평가 대상자를 평가하는 데 영향을 주어 실제보다 대상을 과소 또는 과대평가하는 오류는?
① 후광효과　② 대비효과
③ 중심화 경향　④ 상동효과

04 매슬로우(Maslow)의 욕구단계이론 중 고차원적 욕구인 5단계에 해당하는 욕구는?
① 생리적 욕구　② 사회적 욕구
③ 존경 욕구　④ 자아실현 욕구

05 상동적 태도(stereotype)에 대한 설명으로 옳지 않은 것은?
① 조직에 있어서 타인을 평가할 때 범하기 쉬운 오류이다.
② 원래 인쇄공들이 쓰는 말로서 인쇄를 걸기 전에 만드는 연판을 뜻한다.
③ 리프만(W. Lippman)에 의해 처음 사용되었다.
④ 어떤 사람에 대한 호의적 또는 비호의적 인상이 다른 분야에 있어서의 그 사람에 대한 평가에 영향을 받는 경향을 말한다.

06 다음 중 가치에 대한 설명으로 그 내용이 틀린 것은?
① 가치의 세계는 만들어지는 것이며 사람의 머릿속에 존재하는 관념이다.
② 가치는 현재의 상태나 지각에 대해서만 부여된다.
③ 가치는 사실과 구별되는 속성을 가진다.
④ 바람직한 것에 대한 사람의 관념으로 실제 행동에 영향을 미친다.

07 다음 중 생산성이 높은 팀의 특성으로 볼 수 없는 것은?
① 목표에 대한 몰입이 강하다.
② 개인적으로 행동하는 경향이 강하다.
③ 가장 효과적인 팀의 규모는 7~14명이다.
④ 개인의 목표를 구체적인 팀 목표로 전환한다.

08 다음 중 팀의 유형에 속하지 않는 것은?
① 자율관리팀 ② 준자율팀
③ 문제발생팀 ④ 제안팀

09 팀 조직의 특징에 대한 설명으로 잘못된 것은?
① 팀 조직은 집단을 구성할 정도의 인원으로 구성된다.
② 공동의 목표와 과업을 달성하기 위해 존재한다.
③ 팀 조직의 구성원은 팀 조직 전체로서 책임을 진다.
④ 팀 조직의 구성원들은 공동으로 목표를 달성하기 위한 접근방법을 개발한다.

10 다음 중 리더십 유형을 2차원적으로 분류하는 연구와는 거리가 먼 것은?
① 관리격자 연구 ② 오하이오대학 연구
③ 미시간대학 연구 ④ PM이론

11 매니지리얼 그리드 이론에서 주장한 가장 이상적인 리더 유형으로 옳은 것은?
① (9, 9)형 ② (3, 5)형
③ (9, 1)형 ④ (1, 9)형

12 다음 중 리더십의 기능을 하급자가 목표에 도달해가는 과정을 촉진·지원하는 것으로 보는 이론은?
① 경로-목표이론 ② 목표설정이론
③ 과정이론 ④ 기대이론

13 경로-목표이론에 대한 설명으로 옳지 않은 것은?
① 리더의 행위를 지시적, 후원적, 참여적, 성취지향적의 네 가지로 구분하였다.
② 상황에 부합하는 리더십 스타일이 종업원의 만족과 성과를 유발한다는 기본 틀을 적용한다.
③ 집단 성과는 리더에 따라 달성된다는 기본 전제로부터 출발한다.
④ 하급자가 열심히 일하도록 동기부여 하는 리더의 행위를 연구한 이론으로 동기부여이론 중 하나인 기대이론에 기반을 둔다.

14 여러 대체안 중에서 최적안을 선택하는 과정을 뜻하는 개념은?
① 집단 간 갈등 ② 의사결정
③ 커뮤니케이션 ④ 리더십

15 순수합리성을 가지는 합리적 경제인 모형의 기본 가정에 해당하는 것은?
① 대체안의 결과를 정확하게 평가할 수 있다.
② 인간의 능력에는 한계가 있다.
③ 대체안의 결과에 대한 불완전한 지식을 가진다.
④ 모든 대체안을 모색할 수는 없다.

16 다음 중 관리적 의사결정의 성격에 해당하는 것은?
① 총 자원을 제품시장의 기회에 할당하는 것
② 주요 기능 분야에 자원을 할당하고 일정의 계획을 수립하는 것
③ 자원을 조직화하고 조달·개발하는 것
④ 어떤 제품에 얼마 정도의 자원을 투입할 것인지를 고려하는 것

17 다음 중 조직구조에 대한 설명으로 틀린 것은?
① 조직구성원들과 외부에 그 조직이 어떻게 배열되어 있는지를 알려준다.
② 조직의 내부 체계를 자세히 보여주는 역할을 한다.
③ 조직구성원의 행동과 태도에 영향을 미친다.
④ 완벽한 구조는 효과적인 조직을 보장한다.

18 다음 중 욕구단계이론과 ERG이론에 대한 설명으로 옳지 않은 것은?
① 두 이론 모두 인간의 욕구가 인간 행동을 동기부여시키는 원동력이라고 보았다.
② 알더퍼는 만족-진행 접근법과 좌절-퇴행접근법을 사용하였다.
③ 매슬로우는 둘 이상의 욕구가 동시에 발생할 수도 있다고 주장하였다.
④ 알더퍼는 욕구의 계층화와 단계적인 충족을 인정하지 않았다.

19 애덤스의 공정성이론에서 불공정상태의 해소 방안으로 볼 수 없는 것은?
① 보상을 더 요구한다.
② 자신의 노력(공헌)을 줄인다.
③ 더 높은 성과를 내는 인물로 비교대상을 바꾼다.
④ 비교대상의 투입 또는 산출의 변경을 시도한다.

20 다음 중 조직문화에 관한 설명으로 적절하지 않은 것은?
① 조직문화이론은 처방보다는 개선을 위한 규범적인 면이 많다.
② 조직문화는 조직구성원의 통합과 단결을 촉진하는 기능을 한다.
③ 조직문화는 조직에 안정성과 계속성을 주는 요인으로 작용한다.
④ 조직문화는 조직구성원의 보편화된 생활양식이다.

21 직무만족의 개인적 영향 요인으로 볼 수 있는 것은?
① 보수체계
② 내재적 가치관
③ 조직의 권한구조
④ 동료로부터의 자극

22 집단 내 응집력을 높이는 요인으로 볼 수 없는 것은?
① 집단 내 경쟁
② 개인 간 매력도
③ 가입 자격요건의 엄격성
④ 관리 가능한 정도의 규모

23 추종자들의 의식과 태도의 혁신을 촉구하기 위해 구성원들에게 미래에 대한 비전과 개별적 관심을 제공하는 리더십 유형은?
① 셀프 리더십
② 교환적 리더십
③ 자율적 리더십
④ 변혁적 리더십

24 타인의 행동을 이해하고 사회적 단서를 다루는 능력과 인간관계에서 현명히 행동하는 능력을 설명하는 지능에 해당하는 것은?
① 추상적 지능
② 기계적 지능
③ 사회적 지능
④ 결정적 지능

25 다음 중 조직의 규모가 클 때 일어날 수 있는 현상으로 적절하지 않은 것은?
① 조직원 간의 친밀도가 낮다.
② 사회적 나태가 발생하기 어렵다.
③ 무임승차의 문제가 나타날 수 있다.
④ 집단 내 의사소통이 원활하지 않다.

26 한 사람이 특별한 자질을 가지고 있어 다른 구성원들이 그를 닮으려고 할 때 발휘되는 권력은?
① 보상적 권력
② 전문적 권력
③ 준거적 권력
④ 강압적 권력

27 피들러가 생각한 리더십의 유효성을 결정하는 상황요소에 해당하지 않는 것은?
① 부하의 능력
② 과업구조화 정도
③ 리더 지위의 권력 정도
④ 리더와 구성원 간의 신뢰관계

28 팀 조직의 특징에 해당하는 것은?
① 추구하는 목표가 상부에서 주어진다.
② 팀이 의도한 목표 달성도로 평가를 받는다.
③ 한 사람의 지도자가 강하고 명백하게 존재한다.
④ 정보의 흐름이 폐쇄적이고 독점적으로 이루어진다.

29 조직행동론의 개념으로 옳지 않은 것은?
① 연구대상은 조직구성원의 모든 행동과 태도이다.
② 구체적으로 조직 내에서의 행동을 분석하기 때문에 실용적 측면이 강하다.
③ 심리학은 조직행동 분야에 가장 큰 영향을 미치는 학문이다.
④ 조직구성원 개인, 집단, 조직 전체의 세 가지 차원을 분석하는 데 초점을 둔다.

30 기계적 조직구조의 특징에 해당하는 것은?
① 유동적인 환경에 적절하다.
② 수평적 의사소통을 강조한다.
③ 관료적 규칙과 절차를 강조한다.
④ 관리자의 직급 간에 권한의 격차가 좁은 평면적 구조이다.

31 기능별 부문화와 제품별 부문화가 결합된 것으로, 조직 활동을 기능적 부문으로 전문화하고 이를 다시 사업별로 통합하고자 할 때 채택하는 방식은?
① 지역별 부문화 ② 고객별 부문화
③ 매트릭스 부문화 ④ 프로세스별 부문화

32 조직 개발의 특징에 해당하지 않는 것은?
① 조직 개발 전문가의 참여를 필요로 한다.
② 조직의 문제를 일시적으로 해결하기 위한 단기적 노력이다.
③ 조직구성원들의 협력과 변화 담당자의 협력으로 이루어진다.
④ 행동과학에 기반하여 조직 문화를 계획적으로 변화시키는 것이다.

33 명령 계통과 관련된 분화로서 보고 체계의 명시화를 목적으로 하는 것은?
① 수평적 분화 ② 수직적 분화
③ 지역적 분화 ④ 집권적 분화

34 분권화된 조직에 해당하는 것은?
① 역사가 짧은 소규모 조직
② 리더의 권력욕이 큰 조직
③ 제품의 다각화를 추구하는 조직
④ 가난하면서 개발 수요가 많은 조직

35 사업부제 조직구조의 단점이 아닌 것은?
① 제품별로 명확한 업적 평가와 자원 배분을 한다.
② 여러 사업부 간 자원 중복으로 인한 능률 저하가 발생한다.
③ 분권화에 의한 새로운 부문 이기주의가 야기된다.
④ 사업부 간의 과당 경쟁 때문에 조직의 목표 달성이 저해된다.

36 조직문화의 순기능에 해당하지 않는 것은?
① 조직에 대한 몰입도를 높인다.
② 공통의 의사결정 기준을 제공한다.
③ 구성원들의 내면적 통합을 이끌어낸다.
④ 인수·합병 시 두 조직 간의 갈등을 해소한다.

37 조직 단위에서 이루어지는 일반화된 생활양식이나 규범 체제로 조직구성원이 공유하는 가치·믿음·기대 등을 총칭하는 개념은?
① 조직설계   ② 조직문화
③ 조직풍토   ④ 조직권한

38 과학적 관리론의 특징이 아닌 것은?
① 차별 성과급제 실시   ② 기계적 능률관 주장
③ 비공식 집단 중시   ④ X이론적 인간관리 강조

39 팀 생산성 저하의 주요 원인이 아닌 것은?
① 예산의 부족
② 팀의 전략 부족
③ 팀원들의 핵심 기술 부족
④ 구체적인 성과 목표 지향

40 다른 조직으로 이동할 때 발생하는 비용을 이유로 현재의 조직에서 머무르려는 심리적 상태에 따른 몰입은?
① 정서적 몰입   ② 지속적 몰입
③ 규범적 몰입   ④ 경제적 몰입

기출동형모의고사 3회

응시과목	시험시간	점수
조직행동론	50분	

01 다음 중 샤인(Schein)이 구분한 조직문화의 수준이 아닌 것은?

① 인공물 및 창조물 ② 가치관
③ 기본적 믿음 ④ 도덕

02 다음 중 조직몰입의 결과변수에 해당되지 않는 것은?

① 참여도 ② 작업환경
③ 잔류의도 ④ 직무노력

03 다음 중 집단의사결정의 장점과 거리가 먼 것은?

① 신속하고 결단력 있는 의사결정
② 커뮤니케이션 기능 수행
③ 일의 전문화
④ 많은 지식의 이용

04 다음 중 팀의 정의 및 특징과 관련이 없는 것은?

① 모든 집단은 팀이지만, 모든 팀은 집단이 아니다.
② 팀이 강해지려면 조직 리더에 그 성과가 달려 있다.
③ 팀이 성공하려면 구성원들의 문제해결 및 의사결정 기술, 기술적·기능적 전문성, 대인관계 기술 등이 필요하다.
④ 많은 인원이 모인 팀은 적은 인원이 모인 팀보다 목적 달성에 유리하다.

05 다음 중 리더가 부하를 내집단과 외집단으로 구분하여 관리한다고 주장한 이론은?

① 관리격자이론 ② 경로-목표이론
③ 수직쌍연결이론 ④ 상황이론

06 로빈스가 분류한 조직구조의 구성요소가 아닌 것은?

① 단순성 ② 복잡성
③ 공식화 ④ 집권화

07 다음 중 베버 관료제 조직의 특성이 아닌 것은?

① 전문화와 분업 ② 직위와 계층적 배열
③ 비인격적 관계 ④ 구체적 규칙 시스템

08 다음 부분강화법 종류 중 요구되는 행위가 발생했더라도 앞선 강화로부터 일정 시간이 경과된 뒤에만 강화요인을 주는 방법은?

① 변동비율법 ② 고정비율법
③ 변동간격법 ④ 고정간격법

09 다음 중 리더십 이론의 설명으로 그 내용이 잘못된 것은?

① 수직쌍연결이론의 리더십의 유효성은 리더와 집단 구성원의 상호작용 방식과 상황의 호의성에 의해 결정된다.
② 허시와 블랜차드의 모형은 과업 행위, 관계 행위, 구성원의 성숙도 등의 3차원으로 구성된다.
③ 목표 - 경로이론의 효율적인 리더는 부하의 동기를 자극하여 목표에 도달하는 것이 쉽게끔 유도한다.
④ 매니지리얼 그리드 이론에서는 인간에 대한 관심, 생산에 대한 관심을 2차원적으로 연구했다.

10 현대적 리더십 이론 중 변혁적 리더십에 대한 설명으로 옳지 않은 것은?

① 리더를 중심으로 하는 리더십이다.
② 변혁적 리더십 과정은 리더의 행위, 추종자의 자각, 모티베이션, 성과 순이다.
③ 대표적인 예로 카리스마적 리더십이 있다.
④ 변혁적 리더십은 교환적 리더십 이론을 발전·계승한 것이다.

11 다음 중 조직문화의 기능이 아닌 것은?

① 조직몰입의 제고 기능
② 분리 기능
③ 일탈 행위에 대한 통제 기능
④ 안정성과 유지 기능

12 관리격자모형에 나타난 (8, 2)형 리더에 대한 설명으로 옳은 것은?

① 부하에 대한 배려가 높은 리더이다.
② 성과에 대한 관심이 적은 리더이다.
③ 성과에 대한 관심은 높고 부하에 대한 배려는 적은 리더이다.
④ 성과에 대한 관심을 높이는 쪽으로 리더십 능력을 개발할 필요가 있다.

13 오하이오대학의 연구의 개념을 이용하여 만든 PM이론에서 P와 M이 의미하는 것은?
① 인간과 동기
② 고려와 구조 주도
③ 성과기능과 유지기능
④ 과업지향과 관계지향

14 부하의 성숙 수준에 따라 그에 맞는 리더십을 발휘할 때 리더십 효과성이 증가한다고 주장한 리더십 이론은?
① 리더십 특성이론
② 리더십 행위이론
③ 허쉬와 블랜차드의 리더십 이론
④ 하우스의 경로 – 목표이론

15 다음 중 예외에 의한 관리가 의미하는 것은?
① 예외적 상황에서만 리더십 발휘
② 변화 지향
③ 높은 목표 설정
④ 상시적인 관리체계의 구축

16 리더십 이론에 관한 설명 중 가장 옳지 않은 것은?
① 리커트(R. Likert)는 리더의 행동 유형을 직무중심적 리더와 종업원중심적 리더로 구분한다.
② 관리격자이론은 과업에 대한 관심의 정도를 횡축, 인간에 대한 관심의 정도를 종축으로 하여 리더십 유형을 분류한다.
③ 경로 – 목표이론은 리더십의 상황이론에 속한다.
④ 수직쌍연결이론은 리더가 하급자를 모두 평등하게 다룬다는 가정에 근거한다.

17 다음 중 자신이 어떤 특정한 직무를 성공적으로 수행할 수 있다는 믿음을 의미하는 개념은?
① 자기존중감
② 자신감
③ 자기효능감
④ 셀프모니터링

18 자신의 인생 결과에 대해 스스로가 어느 정도의 영향을 줄 수 있다고 믿는 정도를 의미하는 것은?
① A타입 퍼스낼리티
② 마키아벨리즘
③ 통제위치
④ 정서적 안정성

19 로키치(Rokeach)는 가치관을 최종적 가치와 수단적 가치로 분류하였는데 이 중 최종적 가치에 대한 설명으로 바른 것은?

① 개인에 의해 선호되는 최종 상태를 의미한다.
② 야심, 너그러움, 정직 등이 해당한다.
③ 수단적 가치를 달성하기 위해 선호되는 행동방식이나 수단을 말한다.
④ 모든 구성원이 공유하고 있는 규범을 의미한다.

20 집단 응집력을 높일 수 있는 상황으로 보기가 어려운 것은?

① 높은 성과를 낸 경험이 있는 경우
② 집단 내 경쟁이 강화되는 경우
③ 집단 자격요건이 엄격한 경우
④ 구성원 간에 함께 한 시간이 긴 경우

21 특정한 직무 특성이 특정 심리 상태를 유발하고 이것이 다시 직무 성과와 연관되며, 종업원의 개인차가 이러한 일련의 과정에 영향을 줄 수 있다고 주장한 이론은?

① 직무특성   ② 직무설계
③ 직무태도   ④ 직무성과

22 자극과 반응 간의 반복적인 연상에 의해서 행위가 학습될 수 있다는 것으로 인간의 비자발적, 반응적 행위의 유발과정을 이해할 수 있게 해주는 학습과정은?

① 고전적 조건화   ② 조작적 조건화
③ 관찰학습   ④ 인지학습

23 직무에 대한 인식과 판단에서 비롯되는 태도의 하나로 개인의 직무와 직무경험 평가 시에 발생하는 유쾌하고 긍정적인 정서 상태를 의미하는 것은?

① 직무만족   ② 직무몰입
③ 직무발전   ④ 직무안정

24 오건(Organ)이 제시하는 조직시민행동에 대한 특징이 아닌 것은?

① 예의   ② 성실성
③ 이타성   ④ 방어성

25 소속집단에 대한 고정관념을 토대로 개인의 성격을 소속집단의 속성으로 범주화시키는 오류는?

① 후광효과   ② 상동효과
③ 대비효과   ④ 유사효과

26 다음 중 외재적 강화요인에 해당하는 것은?
① 급여 ② 성취감
③ 만족감 ④ 자긍심

27 알더퍼의 ERG이론에서 인간이 존재를 유지하는 데 필요한 생리적·물리적 욕구를 의미하는 것은?
① 존재욕구 ② 관계욕구
③ 성장욕구 ④ 학습욕구

28 Y이론적 인간관에 대한 설명으로 옳은 것은?
① 전통적 관리체계를 정당화시키는 인간관이다.
② 인간은 본질적으로 일을 싫어하는 존재라고 가정한다.
③ 인간은 적절한 조건이 갖춰지면 맡은 일을 적극적으로 완수하려 한다고 본다.
④ 인간은 금전적인 보상과 처벌 위협에 의해 동기가 부여된다고 본다.

29 스트레스를 유발하는 요인이 아닌 것은?
① 욕구의 좌절 ② 신체적 고립
③ 사회적 지원 ④ 복잡한 인간관계

30 조직구조의 구성요소 중 조직구조의 계층 수를 증가시키는 요인은?
① 지역적 분화 ② 조직적 분화
③ 수직적 분화 ④ 수평적 분화

31 조직 공정성의 세 가지 측면 중에서 평등하고 인간적인 대우를 받는가의 문제와 관련된 것은?
① 계층적 공정성 ② 절차적 공정성
③ 분배적 공정성 ④ 관계적 공정성

32 어떤 행동을 감소시키거나 중단시키기 위해 이전에 제공되었던 보상을 제거하는 방법은?
① 벌 ② 소거
③ 적극적 강화 ④ 소극적 강화

33 인간은 완전한 합리성을 기초로 이익을 극대화하는 모든 대안을 탐색하여 이상적인 최적의 의사결정을 할 수 있다고 보는 모형은?

① 만족 모형 ② 합리 모형
③ 점증 모형 ④ 혼합 모형

34 집단적 의사결정의 특징이 아닌 것은?

① 커뮤니케이션 ② 업무의 전문화
③ 신속한 의사결정 ④ 다양한 지식의 이용

35 통제위치에 대한 인식 중 그 성격이 다른 하나는?

① 운 ② 기회
③ 우연 ④ 자신의 태도

36 자신이나 타인의 감정을 이해하고 통제하는 능력은?

① 신체적 능력 ② 지적 능력
③ 다중 지능 ④ 감성 지능

37 어떤 집단의 구성원이 되기 위해 개인의 태도와 행동을 바꿔 행동하고 순응하는 기준이 되는 것은?

① 일탈 행동 ② 집단규범
③ 역할 지각 ④ 역할 갈등

38 집단 규모가 커졌을 때 나타날 수 있는 현상으로 적절한 것은?

① 사회적 나태 감소 ② 책임 소재의 명료화
③ 구성원의 참여도 감소 ④ 구성원 간 친밀성 증가

39 집단응집력의 제고 요인이 아닌 것은?

① 목표의 동질성 ② 구성원 간 근접성
③ 소수에 의한 지배 ④ 높은 성과 획득 경험

40 직무만족도 측정 기법에 대한 설명으로 옳지 않은 것은?

① 점수법의 하나인 미네소타 만족 설문은 조직 간에 직무만족도의 상대적 비교가 불가능하며, 한 번에 한 사람만 측정하는 기법이다.
② 행동경향법은 조사 대상자에게 직무와 관련하여 어떻게 행동하고 싶은지를 묻는 기법이다.
③ 외현행동법은 성과 하락·결근율·이직률 등 불만족 척도로 인해 나타나는 종업원의 행동을 관찰하는 기법이다.
④ 중요사건법은 조사 대상자가 자신의 직무를 만족 또는 불만족으로 제시하게 한 다음에, 이를 근거로 직무만족을 분석하는 기법이다.

기출동형모의고사 4회

독학학위제
전공기초과정 **경영학과**

응시과목	시험시간	점수
조직행동론	50분	

01 고전적 조건화에 관련된 다음 설명으로 옳지 <u>않은</u> 것은?
① 연습이나 보상의 경험을 통한 능동적 행위의 학습과정이다.
② 개인은 환경에 대하여 전혀 통제를 하지 못하고, 단지 환경에 의해서 좌우된다.
③ I. Pavlov에 의해서 처음 제시되었다.
④ 조건자극과 조건반응 사이의 자극 – 반응관계를 형성하는 과정이다.

02 학교강의실에서 이루어지는 학습의 대부분은 다음 중 어디에 해당되는가?
① 고전적 조건화   ② 조작적 조건화
③ 관찰학습   ④ 인지학습

03 개인의 바람직한 행위를 증대시키기 위하여 경영자가 이용할 수 있는 행위변화전략의 유형으로 적합한 것은?
① 적극적 강화, 소거   ② 적극적 강화, 도피학습
③ 회피학습, 벌   ④ 소거, 벌

04 어떤 행위를 유발하려 할 때 다음 중 가장 바람직한 효과를 기대할 수 있는 것은?
① 적극적 강화   ② 도피학습
③ 회피학습   ④ 소거

05 어떤 사물이나 사람에 대해 好, 不好의 방식으로 반응하려는 개인의 선유경향(predisposition)을 나타내는 것은?
① 태도   ② 지각
③ 행위   ④ 학습

06 타인과 구별되는 독특한 특성으로 비교적 장기적으로 한 개인의 행위특성에 영향을 미치는 것은?
① 지각   ② 태도
③ 학습   ④ 퍼스낼리티

07 강화와 더불어 개인행위를 목표지향적 행위로 지속적으로 유도하는 영향력 과정은?

① 퍼스낼리티　② 모티베이션
③ 학습　　　　④ 태도

08 Maslow이론과 ERG이론의 차이점에 대한 설명으로 옳지 않은 것은?

① Maslow이론에 satisfaction progression approach인 데 반해, ERG이론은 이러한 접근법에 frustration-regression 요소가 가미되어 있다.
② ERG 이론에서는 Maslow이론과 달리 한 가지 이상의 욕구가 동시에 작용할 수 있다.
③ 욕구구조에 있어서 개인적인 차이가 있을 수 없다는 점에서 동일하다.
④ ERG이론에서는 Maslow와는 달리 하위욕구가 충족되지 않더라도 상위욕구가 모티베이션으로서의 역할을 수행할 수 있다.

09 다음 중 F. Herzberg의 2요인이론의 바탕이 되는 직무설계는 무엇인가?

① 직무확대　　② 직무충실화
③ 직무특성이론　④ 직무순환

10 D. C. McClelland의 성취동기이론에 대한 설명으로 옳지 않은 것은?

① 한 개인의 personality는 인간의 행위를 모티베이션시킬 수 있는 잠재력을 지닌 여러 욕구들로 구성된다.
② 욕구들의 서열은 개인마다 차이가 있다.
③ 성취욕구, 친교욕구, 권력욕구에 초점을 두었으며, 그 중에서도 성취욕구를 집중적으로 연구하였다.
④ 인간의 욕구체계는 선천적인 것이므로 쉽게 변화하지 않는다.

11 다음 중 Adams의 공정성이론(equity theory)에 대한 설명으로 옳지 않은 것은?

① 공정성 또는 불공정성은 집단 내외의 다른 개인간의 비교에 의해서 지각된다.
② 자신의 투입에 대해서 과소보상을 느낄 때에만 불공정성을 지각한다.
③ 타인의 투입 대 산출의 비율이 자신의 비율과 일치된다면 공정성을 지각한다.
④ 보상의 절대치보다는 타인과의 비교수준이 보다 중요함을 시사하고 있다.

12 다음 중 직무충실화(job enrichment)에 대한 설명으로 옳지 않은 것은?

① Herzberg의 2요인이론에 기반을 두고 있다.
② 직무 자체의 동기부여적 측면을 강조하고 있다.
③ 성취감, 도전감, 인정감 등 작업내용에 질적인 변화를 부여한다.
④ 직무수행에 있어서 개인차를 인정하고 있다.

13 목표설정(goal setting)이론에 대한 다음 설명으로 옳지 않은 것은?
① 동기부여의 과정이론 중 하나인 기대이론에 기반을 두고 있다.
② 인간의 행위는 두 가지 인지, 즉 가치와 의도(목표)에 의해서 결정된다.
③ 실제행위에 있어서의 의식적인 의도의 역할을 강조하고 있다.
④ 성과를 낼 수 있는 과업목표의 속성으로 구체적이며, 도전감을 유발하며, 수락된 것이며, 목표달성에 대한 피드백이 있는 목표를 들고 있다.

14 다음 중 목표에 대한 관리(MBO)에 대한 설명으로 옳지 않은 것은?
① McGregor의 통합과 자기통제의 개념에서 비롯되었다.
② 개인의 목표와 조직의 목표를 통합하기 위하여 참여에 의한 방법을 강조한다.
③ 목표가 결과지향적이어서 객관적이고 측정 가능한 형태로 나타난다.
④ 조직의 성과와 종업원의 만족을 증대시키기 위하여 장기적인 목표를 강조한다.

15 의사결정자의 속성에 관한 다음 내용 중 그 성질이 다른 하나는?
① 제한된 합리성 ② 휴리스틱 기법
③ 규범적 모형   ④ 현실적 의사결정자

16 다음 중 가장 비생산적인 leadership 유형으로 생각되는 것은?
① 민주적 스타일   ② 전제적 스타일
③ 자유방임적 스타일 ④ 직무중심적

17 타인을 평가할 때 범하기 쉬운 오류의 하나인 현혹효과(halo effect)에 대한 설명으로 옳지 않은 것은?
① 한 분야에 있어서 어떤 사람에 대한 인상이 다른 분야에 있어서의 그 사람에 대한 평가에 영향을 주는 것을 말한다.
② 어떤 사람에 대한 전반적인 인상과 구체적 특질을 평가에 일반화시키는 오류를 말한다.
③ 인사고과에 많은 평가기준을 삽입시키면 이러한 오류는 제거된다.
④ 성격적인 특성으로 나타난다.

18 강화이론(reinforcement theory)에 관한 다음 설명 중 가장 옳지 않은 것은?
① 적극적 강화는 보상을 이용한다.
② 소극적 강화는 불편한 자극을 이용한다.
③ 적극적 강화에는 도피학습과 회피학습이 있다.
④ 연속강화법은 매우 효과적이나 적용이 어렵다.

19 성실해 보여서 좋은 인상이 드는 사람은 실제의 업무성적과는 관계없이 업무에 능력이 있다고 판단해 버리는 오류는?

① halo effect ② projection
③ stereotype ④ contrast effect

20 소시오메트리(sociometry)에 대한 설명으로 옳지 않은 것은?

① 집단 구성원들 간의 좋아하고 싫어하는 양상을 측정하기 위한 것이다.
② J. L. Moreno에 의해 제시된 것으로, 커뮤니케이션 경로를 사전에 지시해 주는 이점이 있다.
③ 비공식적인 커뮤니케이션 체계의 분석기법으로 주로 이용된다.
④ 소규모 집단의 소시오메트리 구조를 위해서는 sociogram이, 대규모 집단의 경우에는 sociometric matrix가 사용된다.

21 조직 구성원들이 공유하고 있는 조직의 핵심적 가치, 가정, 신념, 이해방식, 규범으로 조직구성원들을 통합시키고 조직의 외부환경에의 적응을 하는 것을 무엇이라고 하는가?

① 조직목표 ② 조직문화
③ 조직개발 ④ 조직변화

22 조직문화의 기능에 해당하지 않는 것은?

① 국경없는 시대에 모든 조직을 하나로 만든다.
② 경영전략을 성공적으로 수행하는 요소가 된다.
③ 조직구성원의 일체감을 높인다.
④ 기업이 중시하는 가치를 파악케 한다.

23 조직은 조직의 존속과 성장 및 발전을 위해서 조직의 적응 수준을 변화시키고, 조직 내의 개인이나 집단의 행동을 바람직한 방향으로 변경시키는 과정을 무엇이라고 하는가?

① 조직목표 ② 조직문화
③ 조직개발 ④ 조직생태학

24 모든 변화는 해빙-변화-재동결의 3단계를 거친다고 주장한 사람은?

① Lewin ② Taylor
③ Fayol ④ Weber

25 다음 중 개방시스템의 특징이 아닌 것은?

① 모든 시스템은 여러 개의 하위 시스템으로 구성되어 있다.
② 모든 시스템은 투입-변환-산출의 세 가지 과정을 되풀이한다.
③ 모든 시스템은 균형에서 벗어나려고 한다.
④ 모든 시스템은 환경변화에 적응하지 못하면 소멸한다.

26 다음 중 '최선의 경영관리 방식과 시스템은 존재하지 않는다'라는 것을 주장하는 이론은?

① 상황이론 ② 시스템이론
③ 인간관계론 ④ 과학적 관리법

27 한 사람을 다른 사람과 구별해 주는 퍼스낼리티를 형성해 주는 요인에 대한 설명 중 가장 적절한 것은?

① 부모로부터 받은 형질인 외모, 성별, 기질, 체구, 반사신경, 힘, 바이오 리듬 등 유전적 요인에 의해서 결정된다.
② 자신이 자란 문화, 어렸을 때의 상황, 가족과 친구 사이에서의 관습 그리고 우리가 경험하는 사회집단과 그 밖의 영향들과 같은 환경에 의해서 결정된다.
③ 퍼스낼리티는 상황에 따라 다르게 형성된다.
④ 위의 세가지, 즉 유전, 환경, 상황 세가지 요인에 의해서 퍼스낼리티가 결정된다.

28 자신이 운명을 조절할 수 있다고 여기는 사람을 내재론자(Internals)라고 하며, 자신은 외부적 힘에 의해 지배된다고 여기는 사람을 외재론자(Externals)라고 한다. 이렇듯 자신이 가지고 있는 운명에 대한 개념을 무엇이라고 하는가?

① MBTI
② Big 5
③ 통제위치(Locus of control)
④ 마키아벨리즘(Machiavellism)

29 외부적 상황요인에서 자기의 행동을 스스로 조절하는 능력을 말하는 것으로 이것이 높은 사람은 외부 상황요인에 대해 자기 행동을 조절하는 뛰어난 적응력을 가지고 있고, 외부단서에 상당히 민감하며, 상황이 다르더라도 그에 맞게 행동할 수 있다. 이것은 무엇인가?

① 성실성(Conscientiousness)
② 개방성(Openness to experience)
③ 자긍심(Self-esteem)
④ 셀프 모니터링(Self-monitoring)

30 목적은 수단을 정당화한다는 생각으로 수단의 윤리성에 개의하지 않는 성격을 지칭하는 용어는?

① 마키아벨리즘(Machiavellism)
② 통제 위치(Locus of control)
③ 빅 파이브(Big-Five)
④ 셀프 모니터링(Self-monitoring)

31 외부자극에 대해 의미를 부여하기 위해 감각적 인상을 조직화하고 해석하는 과정을 무엇이라고 하는가?

① 학습　　② 태도
③ 지각　　④ 감성

32 어느 한 사람이 특정 대학 출신이라고 해서 그 사람을 무조건 그 대학 출신에 대하여 가지는 왜곡된 판단을 할 때 발생하는 오류를 무엇이라고 하는가?

① 선택적 지각(selective perception)
② 후광효과(halo effects)
③ 투영효과(projection effects)
④ 상동효과(stereotyping)

33 감성지수(EQ: emotional intelligence)에 대한 설명으로 옳지 않은 것은?

① EQ는 자신과 다른 사람의 감성을 이해하는 능력과 삶을 풍요롭게 하는 방향으로 감정을 통제할 줄 아는 능력을 의미한다.
② EQ는 자기 정서에 대한 이해, 정서의 조절, 자기동기화, 다른 사람의 감정 인식 즉 공감, 관계 관리의 5가지로 구성되어 있다.
③ EQ는 명확한 논리적 근거와 정의 및 타당성 높은 측정도구가 있기 때문에 EQ프로그램은 많이 사용되고 있다.
④ EQ는 매 순간 인간에게 발생하는 순간적이고 충동적인, 또한 불규칙적인 상황에서의 대처 능력이라고 말할 수 있다.

34 조직 내에서 규정된 역할 이외에 종업원들이 자발적으로 조직을 위해서 하는 행동을 의미하며, 이타행동, 양심행동, 예의바른 행동, 참여행동, 스포츠맨십의 다섯 가지로 구성된 조직관련 태도를 무엇이라고 하는가?
① 직무만족
② 직무몰입
③ 조직몰입
④ 조직시민행동

35 사람들은 정보처리과정을 통해 지식을 습득하며, 사회적 상황 속에서 타인들의 행동을 관찰하고 그들의 행동을 모방함으로써 새로운 행동을 학습할 수 있다는 이론은 무엇인가?
① 기대이론
② 교환이론
③ 사회학습이론
④ 강화이론

36 강화에 대한 설명으로 옳지 않은 것은?
① 강화는 일반적으로 행동과 그 행동에 영향을 미치는 선행 요인과의 상관관계로 구성되는 상황적 강화로 이루어진다.
② 강화전략에서 긍정적 강화와 부정적 강화는 바람직한 행위를 증가시키는데 그 목적이 있는 반면, 소거와 벌은 바람직하지 못한 행위를 감소시키는데 목적을 둔다.
③ 강화스케줄은 그 지속성의 여부에 따라 간격법과 비율법으로 나눌 수 있다.
④ 단속적 강화법은 고정적인지 변동적인지 여부와 간격인지 비율인지의 여부에 따라 4가지 하위유형으로 나누어진다.

37 개인이나 집단이 자신들의 이해관계를 추구하기 위해서 취하는 일련의 의도적인 행동을 무엇이라고 하는가?
① 조직시민행동
② 조직정치
③ 행동의도
④ 이타행동

38 공동의 이해를 위해서 발신자와 수신자 사이의 정보를 교환하거나 의미를 전달하는 과정을 무엇이라고 하는가?
① 리더십
② 커뮤니케이션
③ 의사결정
④ 프리젠테이션

39 조직 내에서 조직구성원들이 누구와 커뮤니케이션을 하고 있는가를 보여주는 조직커뮤니케이션 형태를 무엇이라고 하는가?
① 커뮤니케이션 네트워크
② 커뮤니케이션 그레이프바인
③ 커뮤니케이션 채널
④ 커뮤니케이션 노출

40 다음 중 효과적인 커뮤니케이션을 가로막는 장애물로 보기 어려운 것은?
① 감정이입
② 선택적 지각
③ 필터링
④ 커뮤니케이션 불안감

기출동형모의고사 정답·해설

독학학위제
전공기초과정 경영학과

1회

p.224

01	02	03	04	05	06	07	08	09	10
①	①	③	①	①	④	②	④	④	②
11	12	13	14	15	16	17	18	19	20
②	③	④	③	③	③	③	②	①	③
21	22	23	24	25	26	27	28	29	30
②	④	④	②	③	②	②	①	①	①
31	32	33	34	35	36	37	38	39	40
②	②	①	②	④	②	③	④	②	①

01 ①

조직행동론에서는 조직구성원의 모든 행동, 태도에 관심을 가지지 않고 종업원 업적의 중요한 결정요인으로 작용하는 생산성과 근무태도(지각, 결근, 이직) 등에 한해 관심을 가진다고 볼 수 있다.

참고 **조직행동론의 개념**
조직행동론은 개인, 집단, 조직 차원을 체계적으로 공부하며 조직성과를 높이고 구성원의 직장생활 질을 높이기 위해 연구되는 학문 분야이다.

02 ①

많은 연구에서 직무만족과 생산성 간에 상관관계가 존재한다는 가정을 하지만, 아직 명확한 상관관계가 존재한다는 사실은 밝혀지지 않았다.

참고 **경영자가 종업원의 직무만족에 관심을 가지는 이유**
- 경영자는 도전적이고 내재적인 보상이 주어지는 직무를 제공하여서 종업원이 직무만족을 가지도록 해야 하기 때문이다.
- 종업원의 직무만족이 낮으면 결근율과 이직률이 높아지는 부(종)적인 상관관계가 존재하기 때문이다.
- 직무만족과 생산성 간에는 상관성이 존재한다는 가정 때문이다.

03 ③

거래적 리더십은 리더와 부하 간의 거래적 계약에 기반을 두고 영향력을 발휘하는 리더 행동을 의미한다.

04 ①

구두적 상징, 행동적 상징, 물적 상징 등은 조직의 의례의식이라고 볼 수 있다.

05 ①

지각(perception)은 환경에 대한 영상을 형성하는 데 있어서 외부로부터 들어오는 감각적 자극을 선택, 조직, 해석, 경험, 처리하는 과정을 말하는 것으로, 자극보다 그 자극을 선택, 해석하는 개인의 주관적 역할을 강조한다.

06 ④

사람은 평가를 하는 데 있어 일반적으로 항상오차, 광휘효과, 논리오차 등의 심리적인 오차작용을 가진다.

07 ②

평가대상인 종업원의 능력 중 특정한 요소가 현저히 뛰어나거나 못하면 그 외의 평가요소도 그 요소의 광휘를 받아 더 뛰어나 보이거나 못하게 보이는 경향을 광휘효과라고 한다.

오답분석
③ 논리오차는 각 요소 간 논리적 상관관계가 있는 항목에 대해 한 쪽이 뛰어나면 다른 쪽도 그 요소와 관련성이 있기 때문에 뛰어날 거라고 생각하기 쉬운 경향을 의미한다.
④ 호손효과는 작업자가 관리자의 특별한 배려와 관심을 받고 있다고 자각하면 작업 조건과 관계없이 그 상황에 긍정적으로 반응하여 열심히 일하게 되고 결과적으로 생산성이 향상된다는 의미를 내포한다.

08 ④

개인의 조직몰입 정도는 이직률을 예측하는 데 직무만족보다 더 유용한 예측변수이며, 이는 조직몰입이 직무만족보다 조직 전체에 대한 개인의 전반적 반응을 나타내기 때문이라고 볼 수 있다.

09 ④

작업팀의 문제 해결 능력과 효율성을 개선하기 위해 사용하는 방법으로 팀 구축법이 있는데, 팀 빌딩이라고 하며 팀 업무나 활동을 성공적으로 이끌기 위해 활용하는 조직개발 방법 중 하나이다.

오답분석
① 과정자문법은 외부전문가가 개입하여 조직 내 문제해결에 도움을 주는 방법이다.

10 ②

일에 대한 노동자의 가치관(노동가치관)은 내재적 노동가치관과 외부적 노동가치관으로 나눌 수 있는데, 전자는 직무 자체의 속성과 관련된 것이고 후자는 직무의 결과와 관련된 것을 말한다.

11 ②

포터(L. W. Porter)와 롤러(E. E. Lawler)는 종업원들이 직무성과에 대한 외부적 보상(돈, 승진)과 내재적 보상(성취감)을 받는데 이러한 보상이 자신의 노력이나 타인의 보상과 비교해볼 때 공정하다는 판단이 들어야 만족을 느끼게 된다고 보았다.

오답분석
① 브룸은 동기이론 중에서도 개인이 어떤 행동을 하면 그에 따라 특정 결과가 주어질 것이라는 기대감의 정도에 따라 상이하게 행동한다고 주장한 기대이론 학자이다.

③ 해크만과 올드햄은 종업원의 직무경험과 생산성 향상을 목적으로 직무를 변경하는 직무재설계에 중점을 두는 직무특성이론을 연구하였다.
④ 테일러는 사람과 직무 간 상호작용에 초점을 맞추어 개별 작업자의 생산 능력을 향상하는 방법인 과학적 관리방법을 확립하였다.

12 ③

부하의 성숙도가 높을 때는 권한위양형 리더십이 효과적이다.

13 ④

조직행동의 결과(종속)변수로 생산성, 결근, 이직 등이 연구에 활용되고 있으며 조직 내 인간관계는 이에 포함되지 않는다.

14 ③

베버의 관료제에서 관료는 주된 직업으로 겸직은 허용하지 않는다.

15 ③

인간관계론이 과학적 관리론의 주요 원칙을 전면 부정한 것은 아니다.

16 ③

사람은 욕구를 충족하기 위해 동기부여 되므로, 내용이론을 욕구이론이라고 부르기도 하는데, 이러한 욕구 중심의 내용이론으로는 욕구단계설, ERG이론, 2요인이론, 성취동기이론 등이 있다.

17 ③

허츠버그의 2요인이론은 인간의 욕구충족 요인을 불만족을 제거하는 위생요인(직무환경)과 만족을 증진하는 동기요인(직무내용)으로 구분하고, 우선 불만족을 제거하는 위생요인을 개선한 후 만족을 증진하는 동기유인을 부여해 만족도를 적극적으로 높여야 한다고 주장한 이론이다.

18 ②

동기요인(직무내용)은 위생요인(직무환경)과 다르게 심리적인 측면과의 관련이 깊으며 도전감도 동기요인에 해당한다.

오답분석
① 감독방침은 직무환경이기 때문에 위생요인으로 볼 수 있다.
③ 작업조건도 직무환경으로 위생요인이다.
④ 임금도 마찬가지로 직무환경에 해당한다.

19 ①

브룸(V. Vroom)은 처음으로 기대이론을 작업 상황에 체계적으로 도입한 학자로, 기대이론에서 한 개인의 어떠한 행위에 대한 모티베이션 정도는 행위가 가져다주는 결과의 매력 정도(유의성)와 함께 행위로 얻어낼 수 있는 가능성(기대)이라는 두 요인에 의해 결정된다고 보았다.

참고 **브룸의 모티베이션과 기대이론**
브룸에 의하면 모티베이션은 개인의 행동이 여러 행동 대안 중 가장 큰 힘을 가진 행동 대안으로 이루어지는 것을 말하며, 브룸의 기대이론을 이해하고자 한다면 1차·2차 수준 결과, 유의성, 수단성, 기대 등에 대한 개념적인 이해가 우선적으로 필요하다.

20 ③

수단성은 1차 수준 결과가 2차 수준 결과를 가져오게 되리라는 주관적인 확률치를 의미하는 기대이론의 개념으로 −1부터 1까지의 값을 가진다.

21 ②

규범적 몰입은 조직몰입의 하위 차원으로 개인이 조직에 대해 의무감을 가질 때 나타나며 의무감이나 책임감과 관계가 있다.

오답분석
③ 정서적 몰입은 조직구성원이 속한 조직에 노력과 충성을 바치겠다는 의욕, 개인의 존재를 조직과 결합하려는 태도, 조직의 목적을 수용하려는 신념을 의미한다.
④ 유지적 몰입은 구성원이 조직을 떠날 경우 현실적으로 스스로에게 득보다 실이 많기 때문에 계속 조직에 남고자 하는 태도를 의미한다.

참고 **조직몰입**
메이어와 앨런(Meyer&Allen)은 조직에의 몰입을 정서적(affective), 유지적(comtinuance), 규범적(normative) 몰입으로 나누어 분석했다.

22 ④

인지부조화(cognitive dissonance)는 신념과 신념 간에 또는 신념과 실제로 보는 것 간에 불일치와 비일관성이 존재할 때 생기는 현상으로, 이 이론에 따르면 개인이 믿는 것과 실제로 보는 것 간의 차이가 불편하듯 인지 간의 불일치도 불편하기 때문에 사람들이 이 불일치를 제거하려 한다고 한다.

오답분석
① 휴리스틱(heuristics)은 시간이나 정보가 불충분하여 합리적 판단을 할 수 없는 상황이거나 굳이 체계적이고 합리적인 판단을 할 필요가 없는 상황에 신속하게 사용하는 어림짐작의 기술을 말한다.
③ 그레이프바인(grapevine)은 비공식 경로를 통한 의사소통을 의미하는데, 이 비공식 의사소통 경로가 직선적이지 않고 포도넝쿨과 같이 얽혀있기 때문에 이렇게 부른다.

23 ④

유스트레스는 기쁠 때 느끼는 긍정적 스트레스이다.

오답분석
① 적당한 수준의 스트레스는 긍정적 효과를 불러일으킨다.
② 지나치게 높거나 지나치게 낮은 스트레스는 부정적 효과를 일으킨다.
③ 스트레스에 대한 심리적인 반응은 위염, 고혈압, 불면증과 두통 등의 신체적 증상으로 나타나기도 한다.

참고 **스트레스의 분류**
한스 휴고 브루노 셀리에(Hans Hugo Bruno Selye)는 스트레스를 좋은 스트레스(eustress)와 나쁜 스트레스(distress)로 나누었다. 당장 부담스럽더라도 적절하게 대응하면 향후 자신의 삶이 더 나아질 수 있는 스트레스를 좋은 스트레스로 보았고, 반면 자신이 대처하거나 적응함에도 불구하고 지속되는 스트레스는 불안, 우울 등의 증상을 일으킬 수 있는 나쁜 스트레스로 보았다.

24 ②

스트레스는 경고 반응 단계, 저항 단계, 소진 단계 순으로 진행된다.

참고
- **1단계**: 경고반응기로 생체가 스트레스에 적극적으로 저항하는 시기이다.
- **2단계**: 저항기로 경고반응기가 지난 후에 계속 스트레스에 노출되면 저항기로 진행되며, 스트레스에 대한 저항이 가장 강한 시기이다.
- **3단계**: 피폐기(소진 단계)로 스트레스에 대한 저항력이 떨어져 생체에 여러 증상이 나타나는 단계

25 ③

에이브러햄 매슬로우(Abraham H. Maslow)는 미국의 심리학자이자 철학자로 인본주의 심리학의 창설을 주도하였으며, 생리적 욕구부터 안전의 욕구, 애정 및 소속의 욕구, 자기존중의 욕구, 자기실현에 이르기까지 충족되어야 할 욕구에 위계가 있다는 '욕구 5단계설'을 주장했다.

26 ②

개인이 조직의 목표를 달성하기 위해 투입(input)하는 것은 직무수행과 관련된 노력·업적·기술·교육·경험 등이며, 조직으로부터 주어지는 보상(output)에는 임금·후생복지·승진·지위·권력·인간관계 등이 포함된다.

27 ③

허츠버그의 2요인이론 중 동기요인으로 직무 자체, 성취감, 인정, 책임감, 성장, 발전 등을 들 수 있다.

> 참고 **2요인이론의 위생요인**
> 위생요인으로는 감독과 통제, 급여, 인간관계, 작업조건 등을 들 수 있다.

28 ①

성취욕구가 큰 사람은 구체적이고 즉각적인 피드백을 선호하는 경향이 있다.

> 참고 **성취욕구**
> 맥클레랜드의 성취동기이론은 개인과 사회의 발전이 성취욕구와 밀접한 관련을 가진다고 주장하는 동기부여이론이며, 그는 높은 성취동기를 가진 사람들로 구성된 조직이나 사회의 경제 발전이 빠르며 성취동기가 높은 사람의 경우 더 훌륭한 경영자로 성공할 수 있다고 주장했다.

29 ①

알더퍼는 인간의 핵심 욕구를 존재욕구(existence needs), 관계욕구(relatedness needs), 성장욕구(growth needs)의 세 가지로 구분했다.

30 ①

리더십이 상사가 부하에게 영향력을 행사하는 과정이라면 팔로워십은 부하의 바람직한 특성과 행동을 의미한다.

> 참고 **팔로워십(Followership)**
> 일반적으로 건강한 부하는 상사가 바람직한 리더십을 발휘할 수 있도록 유도·지원하고 상사에 대한 동의뿐 아니라 건전한 비판도 해야 한다.

31 ②

자존적 편견(self-serving bias)은 평가자가 자신의 자존심이나 자아를 지키고 높이는 방향으로 행위자의 행위원인을 귀속시키는 편견을 말한다.

32 ②

조직 공정성 중 받은 보상이 결정되기까지 절차적 과정이 공정했는지의 여부로 판단하는 것은 절차공정성이며, 이 공정성은 보상배분에 적용된 절차와 규칙이 공정한가를 기준으로 한다.

> 오답분석
> ③ 분배공정성은 보상의 결과가 공정한가를 기준으로 판단한다.
> ④ 관계공정성(상호작용공정성)은 보상절차의 과정에서 상사가 처우한 방식과 내용이 공정한가를 기준으로 도출된다.

> 참고 **조직 공정성(organizational justice)**
> 조직의 조직구성원에 대한 공정한 대우와 관련된 포괄적인 이론 개념으로, 크게 분배공정성, 절차공정성, 상호작용공정성의 세 가지 형태로 설명할 수 있다.

33 ①

집단의사결정은 결정에 걸리는 시간이 길다는 단점이 있다.

> 참고
> 집단의사결정은 조직이 당면한 문제의 해결방안을 개인이 아닌 집단이 도출해내는 의사결정 방법으로, 개인의사결정에 비해 문제 분석을 보다 광범위한 관점에서 할 수 있고 보다 많은 지식, 사실, 대안을 활용할 수 있다는 장점을 가진다.

34 ②

사회적 학습은 '대리학습(vicarious learning)'이라고도 하며 이러한 사회학습이론에서는 개인의 행동을 그 행동이 학습된 배경조건을 고려할 때 가장 잘 이해할 수 있으며, 사람이 다른 사람이나 어떤 사건을 통해 새로운 행동을 배울 수 있다고 가정한다.

> 참고 반두라의 관찰학습(observational learning)
반두라(Bandura)는 이러한 학습을 관찰학습으로 정의하고 관찰학습에 모방의 범주까지 포함시켰다. 관찰학습에는 관찰한 모델의 행동을 모방하는 모방학습뿐만 아니라 어떤 상황을 관찰하더라도 모방은 하지 않는 학습까지 포함된다.

35 ④

한 문제에 대해 전문가들이 모여 한 사람의 리더가 토론을 이끌어가며 의사결정하는 방법은 상호작용집단법이다.

> 오답분석
> ① 델파이 기법(Delphi Method)은 미래를 예측하는 질적 예측 방법의 하나로 여러 전문가의 의견을 되풀이하여 모으고 교환하고 발전시켜 미래를 예측하는 방법이다.
> ② 명목집단법(Nominal Group Technique)은 여러 대안을 토론과 비평 없이 자유롭게 서면으로 제시해 그 중 하나를 선택하는 집단의사결정 방법이다.
> ③ 브레인스토밍(brainstorming)은 일정한 주제에 관한 회의의 형식을 채택하고 구성원의 자유발언으로 아이디어 제시를 요구하여 발상을 찾아내는 방법이다.

36 ②

사람과 직무 간의 상호작용에 초점을 둔 과학적 관리론은 모든 종업원이 경제적으로 동기부여 된다는 전제하에 금전적 보상을 중요한 유인책으로 삼았으며 비공식 집단 등의 인간관계는 고려하지 않았다.

> 참고 비공식 집단(informal group)
조직 내에서 취미, 학연, 지연, 혈연, 경력 등의 인연들을 기반으로 하여 자연 발생하는 소집단을 의미한다.

37 ③

맥그리거는 동기부여이론의 하나인 X·Y이론을 통해 인간이 상위욕구를 충족하고 싶을 때 자신을 통제할 수 있다고 주장했다.

> 참고 맥그리거
맥그리거는 미국의 심리학자이자 경영학자로 인간관계론 학파의 중심인물이며 조직내에서의 인간 완성과 자기 실현의 가능성을 주장하는 X·Y이론을 내세웠다.

38 ④

마키아벨리적 성향이 낮은 부류의 사람은 타인과 소통할 때 개인적이고 감정이입 되는 접근방식을 추구하며, 성선설을 믿기 때문에 타인을 믿는 경향이 강하고 정직한 태도를 가지는 반면 높은 부류의 사람은 목적 달성까지의 과정에 있어 도덕성을 중요시하지 않는 경향이 있다.

39 ②

빅 파이브(Big 5)의 성격요소로 개방성, 성실성, 외향성, 친화성, 신경성 등이 있다.

40 ①

A형 퍼스낼리티 성격(type A personality)을 가진 사람은 적대적이고 경쟁적이며 다양한 대상에 관심을 가지고 성취하고자 하고 성급한 성격 특성을 보인다.

2회

01	02	03	04	05	06	07	08	09	10
④	②	②	④	④	②	②	③	③	③
11	12	13	14	15	16	17	18	19	20
①	①	③	②	①	③	④	③	③	①
21	22	23	24	25	26	27	28	29	30
②	①	④	③	②	③	①	②	①	③
31	32	33	34	35	36	37	38	39	40
③	②	②	③	①	④	②	③	④	②

01 ④

사람의 행위가 타인과의 관계에서 공정성을 유지하는 쪽으로 동기부여 된다고 주장한 이론은 애덤스의 공정성이론이다.

참고 **공정성이론(Equity Theory)**
애덤스(J. Stacy. Adams)의 공정성이론은 자원의 분배와 교환에 있어 어떻게 공정성을 지각하는가를 설명하며 종업원이 불공평하게 다루어지고 있다고 느낄 때 어떻게 동기부여 시켜야 하는지를 설명한다. 이 이론은 네 가지 요인 보상/투입 비율, 타인과의 비교, 공정성 평가, 불공정성의 결과로 구성된다.

02 ②

조직 경영자가 이용할 수 있는 결과의 결합방식인 강화전략의 유형으로 적극적 강화, 부정적 강화, 소거, 벌이 있다.

참고 **강화전략 유형**
강화전략 유형 중 적극적 강화와 부정적 강화는 바람직한 행위를 강화하는 방식이고, 소거와 벌은 바람직하지 않은 행위를 약화시키는 방식이다.

03 ②

대비효과는 대비되는 정보로 인해 평가자의 판단이 왜곡되는 현상으로, 어떤 사람을 평가할 때 다른 대상과의 비교를 통해 평가하여 발생하는 오류를 의미한다.

오답분석
① 후광효과는 어떤 사람이 가진 하나의 특성이 그 사람의 다른 특성을 평가하는 데 영향을 미치는 것을 의미한다.
③ 중심화 경향은 평가대상을 모두 중간 점수로 평가하는 경향으로 평가에 대한 책임을 회피하려는 데서 발생하는 오류를 의미한다.
④ 상동효과는 스테레오 타입이라고도 하며 어떤 특정 대상이나 집단에 대해 가진 고정된 견해와 사고로 고정관념이라고 할 수 있다.

04 ④

매슬로우는 인간의 행동이 욕구에 의해 동기가 유발되고 이러한 욕구는 단계별로 이루어진다고 보았는데, 5단계에 해당하는 고차원적인 욕구는 자아실현의 욕구를 말한다.

05 ④

상동적 태도(stereotyping)는 사람에 대한 경직적인 편견을 가진 지각을 뜻하는 것으로 타인에 대한 평가가 그가 속한 사회적 집단에 대한 지각을 기초로 해서 이루어지는 것을 의미한다.

06 ②

가치는 과거로부터 현재에 이르기까지 만들어져온 관념으로서 개인의 행동과 태도에 영향을 미친다.

참고 **가치**
가치체계는 만들어지는 것으로 사람의 머릿속에 있는 관념이며 좋은 것과 나쁜 것에 관한 관념을 포함한다. 핫킨스(Hodgkinson)는 가치의 구성 부문을 두 가지로 나누었으며 옳은 것에 관한 가치와 좋은 것에 관한 가치로 나누었다. 이 중 초월적 가치는 옳은 것에 관한 가치로 볼 수 있다.

07 ②

생산성이 높은 팀은 공동으로 목표를 설정하고 목표를 달성하기 위하여 상호책임을 가지고 행동하는 경향이 강하다.

> 참고 **생산성이 높은 팀의 특성**
> - 미션에 대한 몰입 정도에 있어, 생산성이 높은 팀은 경영진이 자신의 팀에 원하는 것을 명확히 정의하고 몰입하는데 이러한 공통된 몰입은 생산성의 측면에서 매우 중요하다.
> - 구체적인 성과 목표를 지향하며 광범위한 지시를 구체적이고 측정 가능한 성과 목표로 변환시켜 팀원들에게 의미 있는 목표를 제공한다.
> - 올바른 규모와 혼합이 필요하고 가장 효과적인 팀 규모는 7~14명으로 볼 수 있으며 팀원 간의 적절한 구성과 혼합이 필요하다.

08 ③

문제발생팀은 팀의 유형에 포함되지 않는다.

> 참고 **팀의 유형**
> - 자율관리팀은 팀 내 구성원들이 자율적으로 프로젝트를 진행한다.
> - 준자율팀은 팀원이 자신의 영역에서 활동을 위해 노력하지만 감독자에 의해 관리된다.
> - 문제해결팀은 일과 관련된 문제를 효과적으로 해결할 목적으로 문제를 확인하고 연구·개발한다.
> - 제안팀은 비용절감방법이나 생산성 향상 등의 특별한 과제를 가지고 임시적으로 구성하는 팀이다.

09 ③

팀 조직의 구성원은 개인과 팀 조직 전체가 공동으로 상호책임을 지며, 팀 조직 전체로서만 책임을 지지는 않는다.

10 ③

리더십 행위이론은 1차원적 관점과 2차원적 관점의 연구로 구분할 수 있으며, 1차원적 관점의 연구로는 탄넨바움과 슈미트의 전제적·민주적 리더십과 미시간대학의 생산지향성과 종업원지향성 리더십 연구가 있고, 후자의 연구로는 오하이오대학의 연구와 일본 미즈미 교수의 PM이론, 블레이크와 무튼의 관리격자이론 등이 있다.

11 ①

매니지리얼 그리드 이론에서 가장 이상적인 리더십의 유형은 생산성과 종업원 모두에게 높은 관심을 보이는 (9, 9)형이다.

> 오답분석
> ② (3, 5)형은 생산성에 낮은 관심을 보이고 종업원에게는 보통의 관심을 보이는 유형이다.
> ③ (9, 1)형은 과업형 매니저로 생산성에 높은 관심을 보이고 종업원에게는 낮은 관심을 보이는 유형이다.
> ④ (1, 9)형은 컨트리클럽형 매니저로 생산성에 낮은 관심을 보이고 종업원에게는 높은 관심을 보이는 유형이다.

12 ①

하급자가 목표까지 도달하는 과정을 촉진하고 지원하는 것이 리더십의 기능이라고 보는 이론은 경로-목표이론이다.

> 오답분석
> ② 목표설정이론은 부하에게 구체적이고 어려운 목표를 주고 피드백을 해줄 때 성과가 높아진다고 주장한 이론이다.
> ③ 과정이론은 동기부여가 어떠한 과정을 거쳐 이루어지는가에 초점을 두는 이론을 말한다.
> ④ 기대이론은 각 개인이 특정한 행동을 하면 그에 따른 특정 결과가 주어질 것이라는 기대감의 정도에 따라 상이하게 행동한다고 주장한 이론이다.

> 참고 **경로-목표이론**
> 조직에서 리더는 하급자가 추구하는 목표의 길잡이가 될 때 효과적인 리더로 인정받을 수 있다. 이 주장을 대표하는 리더십 상황이론이 하우스에 의해 발전한 경로-목표이론이다. 이 이론은 하급자가 열심히 일하도록 동기부여시키는 리더의 행위를 연구한 이론으로 동기부여이론 중 하나인 기대이론에 기반을 두었다.

13 ③

경로-목표이론은 리더의 행동이 하급자가 추구하는 목표를 달성하는 데 유용한 것으로 지각될수록 리더의 영향력이 수용되기 쉽다고 보았고 하급자의 동기부여에 영향을 미치는 리더의 행동에 주목했다. 한편 집단성과는 상황적인 요인, 부하들의 수준에 따라 달라진다고 본다.

14 ②

의사결정 과정은 여러 대안 중에서 최적의 대안을 선택하는 과정으로 정의될 수 있다.

> 참고 **의사결정의 분류**
> 의사결정자의 속성에 따라 합리적 경제인 모델과 관리인 모델로 구분될 수 있다. 또한 개인의사결정과 집단의사결정, 정형적 의사결정과 비정형적 의사결정 등으로도 구분할 수 있다.

15 ①

합리적 경제인 모형의 기본 가정은 대체안의 결과를 정확하게 평가할 수 있다는 것이며, 이는 의사결정자가 '완전한 합리성'에 근거해 의사결정을 한다는 전제로부터 파생된 가정이다.

> 참고 **합리적 경제인 모형**
> 18C 애덤 스미스의 고전경제학 사상의 유물로, 의사결정자가 완전한 합리성에 기초하여 의사결정을 한다고 가정한 이론이다. 경제적으로 합리적인 의사결정자는 이득을 극대화하는 결정을 하고자 모든 대안을 탐색하고 평가한다고 보았다. 그러나 이 이론은 실제 의사결정을 설명하지 못한다는 점에서 그 한계를 가진다. 이 이론을 비판하고 실제의 의사결정을 설명하기 위해 사이먼(H. A. Simon)이 관리인 모형을 제시하였다. 그는 인간이 정신적 한계로 모든 대체안을 인식할 수 없고 대체안의 결과를 알 수도 없다고 보았으며, 인간의 두뇌는 한계를 가져 실제로는 완전하게 합리적인 의사결정이 거의 불가능하다는 점에 주목했다.

16 ③

관리적 의사결정은 계층별 의사결정의 한 단계로 중간 관리자에 의해 이루어지며, 자원의 조직화·조달·개발 부문에 대한 의사결정을 한다.

> 참고 **계층별 의사결정의 유형과 특징**
> - 최고관리층(전략적 의사결정)은 총 자원을 제품시장에 할당한다.
> - 중간관리층(관리적 의사결정)은 자원의 조직화·조달·개발을 맡는다.
> - 하위관리층(업무적 의사결정)은 주요한 기능 분야에 자원을 할당하고, 일정 계획을 수립한다.

17 ④

완벽한 조직구조가 효과적인 조직을 보장하는 것은 아니지만, 부적절한 구조는 많은 문제를 촉발할 수 있다.

18 ③

매슬로우는 하나의 욕구가 충족될 때 상위욕구가 그 동기로 작용한다고 주장하였으며, 하위욕구가 충족되면 다음 단계의 상위욕구 충족을 추구하게 되고 충족된 욕구는 더 이상 동기유발 효과를 가지지 못한다고 보았다.

19 ③

애덤스의 공정성이론에서는 불공정을 지각하면 보상/투입의 변경, 준거 인물의 변경 등 불공정성을 줄이기 위해 행동을 변화시키는데, 이때에 불공정성을 줄이기 위해 준거 인물을 더 높은 성과를 내는 인물로 변경하지는 않는다.

20 ①

조직문화이론은 과거의 조직이론 중 대부분이 형식적이거나 공식적인 면만 강조하는 경향이 있었고 처방보다는 개선을 위한 규범적인 측면이 많았다는 점에 대한 반성으로부터 출발한 이론이다.

21 ②

직무만족의 개인적 영향 요인으로 구분할 수 있는 것은 개인의 내재적 가치관이며, 보수체계, 조직의 권한구조, 동료로부터의 자극 등은 모두 외부적 영향 요인이다.

> 참고 **직무만족(job satisfaction)**
> 직무만족은 개인이 자신의 직업이나 직무에 만족하는 정도를 의미한다. 직무만족에 대한 연구는 생산성 향상에 관심을 가졌던 학자들로부터 시작되었고 직무만족이 수행을 촉진할 것이라는 가정하에 직무만족에 영향을 주는 선행요인과 직무만족 효과에 대한 연구가 중심을 이룬다.

22 ①

집단 내 경쟁은 응집력을 떨어뜨리는 요인이다.

> 참고 **집단 응집력(group cohesiveness)**
> 집단구성원이 집단에 계속 소속하도록 작용하는 힘을 말한다. 구성원 간의 친밀도를 보여주는 응집력은 결국 집단구성원이 집단을 통해 얼마나 욕구를 충족하고 있는가를 나타낸다. 응집력이 높은 집단은 집단의 목표와 구성원의 목표가 일치하고, 집단의 목표가 구체화되어 있으며 카리스마적인 리더가 집단에 존재한다. 또한 집단에 주어진 과업을 성공적으로 달성시키고 집단의 규모가 작더라도 구성권 간 신뢰를 바탕으로 개방적 관계 속에 의사소통을 원활하게 하며 구성원이 상호협조하여 자신들의 성장과 발전에 저해가 되는 요소를 효과적으로 극복한다는 특성을 지닌다.

23 ④

변혁적 리더십은 추종자의 의식과 태도의 혁신을 촉구하고자 구성원에게 미래에 대한 비전과 개별적 관심을 제공하고, 이를 통해 구성원들의 가치관, 정서, 행동규범 등을 변화시켜 개인과 조직을 바람직한 방향으로 변혁시키는 리더십이다.

24 ③

사회적 지능(social intelligence)은 자신과 타인의 감정과 사고를 이해하고, 이해를 기반으로 인간관계에서도 현명하고 적절하게 행동하는 능력을 의미한다.

25 ②

사회적 나태(social loafing)는 조직구성원이 공동의 목표 달성을 위하여 함께 일하는 상황에서 혼자 일할 때보다 노력을 덜 들이기 때문에 개인수행이 떨어지는 현상으로 조직의 규모가 크면 나타날 가능성이 더 크다.

26 ③

준거적 권력이라는 개념은 미국의 사회심리학자인 프렌치(French, J.)와 레이븐(Raven, B.)이 분류한 권력 유형(준거적 권력, 합법적 권력, 전문적 권력, 강압적 권력, 보상적 권력) 중 하나로, 특정 인물에 대해 가지는 신뢰, 존경, 매력에 기반을 두는 권력이다.

오답분석
① 보상적 권력은 원하는 보상을 제공하는 능력에 기반을 둔 권력이다.
② 전문적 권력은 특정한 인물의 전문 기술, 지식, 경험에 기반을 두는 권력이다.
④ 강압적 권력은 감봉, 해고 등의 위협을 가해 두려움을 유발하는 능력에 기반을 둔 권력이다.

27 ①

피들러의 리더십 유효성을 결정하는 상황요소에 해당하는 것으로는 과업구조화 정도, 리더 지위의 권력 정도, 리더와 구성원 간 신뢰관계 등이 있으며, 부하의 능력은 이에 해당하지 않는다.

28 ②

팀(team)은 공동으로 추구하는 목표를 달성하기 위하여 공동으로 책임을 지고 정기적으로 상호작용하는 사람들로 구성된 사회적 집합체이며 자신들이 정한 목표의 달성도에 따라 평가 받는다.

29 ①

조직행동론의 연구대상은 조직구성원의 모든 행동이나 태도가 아니라 조직성과에 영향을 미치는 행동과 태도이다.

30 ③

기계적 조직구조(mechanistic organization)는 공식적 권한계층이 존재하고 명령계통의 원칙이 적용되는 통제 중심의 조직구조로 과업 분업화와 공식화의 정도가 높으며 권한이 조직 상층부에 집중된다.

오답분석
① 기계적 조직구조는 유동적인 환경에는 적합하지 않다.
② 기계적 조직구조는 수직적 의사소통으로 이루어진다.
④ 관리자의 직급 간에 권한의 격차가 넓은 계층적 구조이다.

31 ③

매트릭스 부문화는 부서를 중심으로 한 기능적 구조와 사업(프로젝트)의 수행을 위해 필요한 조직구조를 연결시킨 부문화를 말한다.

32 ②

조직 개발(organization development)은 조직의 유효성(effectiveness)과 건강(health)을 높이고 환경변화에 적절히 대응하기 위해 구성원의 가치관과 태도, 조직풍토, 인간관계 등을 향상시키는 변화활동을 의미하는데 이러한 변화에는 장기적 노력이 필요하다.

33 ②

수직적 분화(vertical differentiation)는 보고 체계를 명시화하는 목적으로 사용되는 분화로 조직 내의 책임과 권한이 나누어진 계층적 형태로 이루어지며, 조직은 계층의 수에 따라 통솔 범위나 통제폭(span of control)이 달라지고 계층의 수와 통솔 범위는 반비례한다.

34 ③

다각화(diversification)는 제품과 시장이 새로운 분야로 진출·성장하는 방식으로 기업이 전문화한 동일 제품시장 분야에서 신제품을 추가해나가는 경우를 말한다.

35 ①

제품별로 명확한 업적 평가와 자원 배분이 가능하다는 것은 사업부제 조직구조의 장점이다.

> 참고 **사업부제 조직구조(divisional structure)**
일체 부서화(self-contained departmentation)의 조직설계 방식에 의해 구성된 조직구조 유형을 말하며, 조직의 업무 중 대부분이 준자율적 단위(quasi-autonomous units)에 의해 수행된다.

36 ④

조직문화(organizational culture)는 조직구성원들이 조직 생활을 통해 학습하고 공유하며 전수하는 신념, 규범, 관행으로 조직구성원의 생각과 의사결정 및 행동에 방향을 제시하고 힘을 실어주는 것이지만 조직 간 인수합병 시 갈등을 해소시킨다고는 볼 수 없다.

37 ②

조직문화는 조직구성원 간에 공유되는 공통의 가치, 신념, 지식, 공통 행동양식을 결정하는 의식 등으로 설명될 수 있다.

38 ③

테일러의 과학적 관리론에서는 비공식 집단을 중시하지 않는다.

> 참고 **과학적 관리론(scientific management)**
테일러(F. W. Taylor)가 기존의 주먹구구식 기업 관리 방식을 비판하면서 제시한 새로운 경영관리 방법이다. 그는 과학적 관리의 기본 원리를 다음과 같이 제시한다. 노동자의 관리를 위한 진정한 과학 발전을 추구하고 노동자의 과학적인 선발과 능력 발전이 필요하다고 보았으며, 과학과 과학적으로 선발되고 훈련되는 노동자가 결합해야 하고 관리자와 노동자의 계속적이고 밀접한 협력이 필요하다고 보았다. 과학적 관리론은 당초 기업경영의 합리화와 능률화를 위해 발전했으나 이후로 행정 운영상의 합리화와 능률화에도 많은 기여를 하였다.

39 ④

팀 생산성은 팀 구성원이 공동의 구체적인 성과 목표를 향하여 정신적·기술적으로 협력하면서 상호작용할 때 높아진다.

40 ②

지속적 몰입은 조직에 계속 남으려고 하는 몰입 태도로, 조직으로부터의 이탈을 부정적인 상태로 판단하기 때문에, 지속적 몰입이 높은 구성원은 이직 의사가 낮고 조직에 지속적으로 헌신할 가능성이 높다.

3회

01	02	03	04	05	06	07	08	09	10
④	②	①	①	③	①	③	④	①	④
11	12	13	14	15	16	17	18	19	20
②	③	③	③	①	④	③	③	①	②
21	22	23	24	25	26	27	28	29	30
①	①	①	④	②	①	①	③	③	③
31	32	33	34	35	36	37	38	39	40
④	②	②	③	④	④	②	③	③	①

01 ④

샤인이 구분한 조직문화의 세 가지 수준으로 인공물 및 창조물, 가치관, 기본적 믿음이 있으며 도덕은 이에 포함되지 않는다.

참고 **조직문화**
조직문화는 조직 내에서 이루어지는 모든 활동을 뒤따르는 눈에 보이지 않는 힘이라고 할 수 있다. 구체적으로는 가치·신념·전제·인지·행동규범·행동유형 등을 의미한다. 조직문화의 기능은 안정성과 유지 기능, 일탈 행위에 대한 통제 기능, 통합 기능, 정체성 제공 기능, 조직몰입 제고 기능, 조직의 생산성 향상 등이 있다.

02 ②

작업환경은 조직몰입의 결과변수로 볼 수 없다.

참고 **조직몰입의 결과변수**
- 참여도는 종업원의 조직 활동에 대한 적극성 정도로, 조직의 목표나 가치를 받아들인 종업원은 조직의 활동에 적극적으로 참여하게 되고 결근율도 낮아진다.
- 직무 노력은 조직몰입이 큰 종업원일수록 조직을 위해 많은 노력을 기울인다는 것을 의미하고 이러한 노력이 성과로 직결되는 것은 아니며 여러 요인의 함수에 의해 결정된다.
- 잔류의도는 조직몰입이 높은 종업원일수록 조직에 남으려는 욕구가 크다는 것을 의미한다.
- 직무몰입은 종업원이 조직에 일체감을 느끼고 조직목표를 신뢰할수록 직무에 몰입하게 된다는 것을 의미한다.

03 ①

집단의사결정은 결정에 소요되는 시간이 긴 단점이 있으며, 장점으로는 많은 지식, 사실, 관점의 이용과 구성원 간 지적 자극이 이루어진다는 점을 포함하여 일의 전문화, 구성원의 결정에 대한 만족과 지지, 커뮤니케이션 기능 수행 등이 있다.

04 ①

팀은 상호보완적인 능력(기술, 지식)을 가진 둘 이상의 구성원이 공동의 목표 달성을 위해 신뢰하고 협조하면서 작업 결과에 대한 상호책임을 공유하는 과업지향적인 집단으로, 모든 팀은 집단이지만 모든 집단을 팀이라고 볼 수는 없다.

05 ③

대부분의 리더십 이론은 리더가 집단을 이끌 때 모든 하급자를 동일하게 다룬다는 가정을 전제로 하지만 현실적으로 리더가 모든 하급자를 동일하게 취급하지 않는다는 점에 착안한 이론이 등장하였는데, '수직쌍연결이론'도 이에 포함된다.

06 ①

단순성은 로빈스가 분류한 조직구조의 구성요소로 볼 수 없다.

참고 **조직구조의 구성요소**
- 수직적 분화와 수평적 분화를 중심으로 한 복잡성
- 업무, 절차 등의 표준화를 중심으로 한 공식화
- 의사결정 권한체계를 중심으로 한 집권화

07 ③

베버의 관료제가 가지는 특징에 비인격적 관계는 포함되지 않는다.

참고 **베버 관료제의 특징**
- 명확히 규정된 권한과 책임의 범위
- 계층적 권한체계
- 문서에 의한 직무 집행과 기록
- 직무활동의 수행을 위한 전문적 훈련
- 규정에 따라 담당자의 역할이 정해지는 지속적인 조직체

08 ④

고정간격법은 요구되는 행위가 발생하더라도 앞선 강화로부터 일정한 시간이 경과된 후에만 강화요인을 주는 방법이다.

오답분석

① 변동비율법은 요구되는 반응 수가 나와야 강화가 주어지는 방법으로 이때 요구되는 반응 수는 일정한 평균을 기준으로 변화한다.
② 고정비율법은 요구되는 반응의 일정한 횟수가 나오면 보상을 주는 방법이다.
③ 변동간격법은 어떤 평균을 기준으로 해서 종업원이 예측하지 못하는 변동적인 시간 간격마다 강화 요인이 주어지는 방법이다.

09 ①

수직쌍연결이론은 리더가 하급자를 각각 다르게 다루므로 그들 간에 상이한 종류의 쌍 관계가 형성된다고 보았고 이 차별적인 관계는 리더와 하급자의 행위가 모두 지각에 강력한 영향을 주므로 리더십 연구의 초점이 특정 리더와 하급자의 쌍방, 즉 수직 쌍에 놓여야 한다고 보았다.

10 ④

변혁적 리더십은 이전까지 논의된 리더십 이론을 교환적 리더십 이론으로 정의하였으며, 변혁적 리더십에서는 기존의 리더십 이론과는 전혀 다른 이론을 제시한다고 강조한다.

11 ②

조직문화의 기능으로 통합 기능, 정체성 제공 기능, 조직몰입 제고 기능, 안정성과 유지 기능, 일탈 행위에 대한 통제 기능, 조직의 생산성 향상 기능 등이 있으며, 분리 기능은 이에 해당하지 않는다.

12 ③

성과에 대한 관심(8)은 높으며 부하에 대한 관심과 배려(2)가 부족한 리더 유형으로 부하에 대한 관심을 높이는 방향으로 리더십을 개발할 필요가 있다.

13 ③

PM이론에서는 리더십의 기능이 성과기능(P; Performance)과 유지기능(M; Maintenance)으로 구성되며 성과기능은 집단의 목표 달성과 과제해결을 지향하는 기능으로, 유지기능은 집단의 자기보존 내지 집단의 과정 그 자체를 유지·강화하려는 기능으로 보았다.

14 ③

허쉬와 블랜차드의 리더십 이론은 부하의 성숙 수준에 따라 그에 맞는 리더십을 발휘할 때 리더십 효과성이 증가한다고 보았다.

15 ①

예외에 의한 관리에서의 리더는 적당한 시간과 비용을 들였지만 목표가 성취되지 않은 경우에도 종업원들의 업무에 끼어들지 않고 일을 계속할 수 있도록 허락하며, 예외적인 사건이 발생했을 때에만 간섭한다.

16 ④

이 이론은 리더가 친밀도에 따라 하급자를 내집단(in-group)과 외집단(out-group)으로 구분하여 내집단에는 리더십을 발휘하고 외집단에는 감독을 한다고 보는 이론이다.

17 ③

자기효능감은 막연한 자신감과는 구분되는 것으로 특정한 직무 수행과 관련하여 가지는 자신의 성공에 대한 믿음을 의미한다.

18 ③

인생의 결과에 대해 자신이 얼마나 영향을 줄 수 있다고 믿는 정도는 통제위치라고 정의되며, 통제의 위치에 따라 내부 통제위치와 외부 통제위치로 나누어진다.

19 ①

최종적 가치는 개인이 선호하는 최종 상태를 의미하며, 성취감, 평등한 세상, 진정한 우정 등이 이에 포함된다.

20 ②

집단 응집력은 집단 내 경쟁이 심화되는 경우나 개인별 보상, 집단 구성원 간의 배려가 적은 경우에 약화된다.

21 ①

직무특성이론(job characteristic theory)은 어떤 특성이 특정한 심리상태를 유발하고 이것이 다시 직무성과와 연결된다고 보았으며, 종업원의 개인차가 이러한 일련의 과정에 영향을 줄 수 있다는 이론이다.

참고 **직무특성이론에서의 핵심 직무특성 차원**
이 이론은 효과적인 직무설계를 위한 핵심적인 직무특성을 정의하는데, 이때 핵심 직무특성의 차원은 다섯 가지로 구분된다.
- 기술 다양성(skill variety): 종업원의 직무수행에 있어 다양한 기술과 능력의 사용이 요구되는 정도를 의미한다.
- 과업 정체성(task identity): 직무의 일체성으로, 즉 직무가 요구하는 전체로서의 완결 정도를 의미하며 전체 작업 중 직무가 차지하는 범위의 정도를 의미한다.
- 과업 중요성(task significance): 직무 자체가 동료나 인접하는 조직 혹은 고객의 생활이나 복지 등에 중요한 역할을 한다고 지각하는 것을 의미한다.
- 자율성(autonomy): 종업원이 자신의 직무 일정을 계획하거나 직무수행 절차를 결정할 때 허용되는 자율성, 독립성, 재량권의 정도를 의미한다.
- 피드백(feedback): 종업원이 직무수행의 효율성과 질에 대해 얻는 직접적이고 확실한 정보의 양을 의미한다.

22 ①

고전적 조건화(classical conditioning)란 비자발적, 반응적 행위의 학습 과정을 말하는 것으로, 중성자극을 무조건자극과 교차시켜 어떤 유기체에 투여함으로써 중성자극에 특정한 반응을 유발할 수 있는 힘을 형성케 하는 과정이다. 따라서 개인은 반응에 대하여 전혀 통제를 하지 못하고, 환경에 의해서 행동이 좌우된다.

23 ①

직무만족(job satisfaction)은 자신의 직업이나 직무에 대해 개인이 만족하는 정도를 의미한다.

24 ④

오건은 조직시민행동을 이타주의(altruism), 성실성(conscientiousness), 스포츠맨십(sportsmanship), 예의(courtesy), 시민 덕목(civic virtue) 등 다섯 가지 하위 차원으로 구분했으며 방어성은 이에 포함하지 않는다.

참고 **조직시민행동(organizational citizenship behavior)**
조직을 위한 조직구성원의 자발적인 행동으로, 직무 기술서에 열거되는 핵심적인 과업 이상으로 조직 효율성 증진에 기여하는 행동을 말한다. 조직시민행동은 자유 재량적이며 공식적인 조직 시스템에 명시되지 않지만 추가적으로 업무를 할당받고 자발적으로 구성원을 돕고 조직 방침을 준수하며, 조직 발전과 관련된 분야의 전문성을 지속적으로 개발하는 것, 조직을 발전시키거나 조직을 방어하고 직무에 대해 긍정적 태도를 표현하는 것, 불편함을 감수하는 것 등의 행동이 포함된다.

25 ②

상동효과(stereotype)는 특정 집단에 속한 사람을 집단의 속성에 따라서 일반화(generalization)하는 것을 의미하며, 특정 집단에 일련의 고유한 특성을 부여하고 그 특성을 집단 구성원 전체의 일반적 특성으로 생각하는 경향을 말한다.

26 ①

외재적 강화요인은 외적 수단에 의해서 동기를 유발시키는 노력을 의미하며 급여가 이에 속한다.

오답분석
②, ③, ④ 성취감, 만족감, 자긍심 등의 개인적 감정은 내재적 강화요인에 속한다.

27 ①

알더퍼의 ERG이론은 인간 존재의 유지에 필요한 생리적·물리적 욕구를 존재욕구(existence needs)라고 부른다.

28 ③

Y이론은 미국의 경영학자 맥그리거가 1961년대에 주장한 조직 관리에 필요한 인간관의 하나로, 인간의 본성을 긍정적, 능동적이라고 보았으며 조직의 관리를 위해 민주적인 관리 유형이 필요하다고 강조했다.

29 ③

사회적 지원은 스트레스를 완화하고 감소시키는 기능을 한다.

30 ③

수직적 분화(vertical differentiation)는 조직 내의 책임, 권한이 나누어져 있는 계층의 양태를 말하며, 수직적 분화로 인해 조직구조의 계층 수가 증가할 수 있다는 특징을 가진다.

31 ④

관계적 공정성은 사람 간에 이루어지는 상호작용의 질에 따라 공정성에 대한 지각이 달라질 수 있다고 보며, 이러한 공정성 유형을 상호작용적 공정성(interactional justice)이라고 한다.

32 ②

소거(extinction)는 바람직하지 않은 행동, 특히 이전에는 보상을 받아서 강화된 행동이지만 더 이상 바람직하지 않게 된 행동에 대해 바람직한 결과를 소거시킴으로써 그 행동의 발생을 억제하는 것을 말한다.

33 ②

인간이 완전한 합리성을 기초로 이익을 극대화하는 모든 대안을 탐색해 이상적인 최적의 의사결정을 할 수 있다고 본 모형은 합리 모형이다.

참고 **합리 모형(rationality model)**
인간과 조직의 합리성, 완전한 정보 환경을 전제로 목표 달성의 극대화를 위한 합리적 대안의 탐색과 선택을 추구하는 규범적·이상적 정책결정 모형을 말한다. 즉, 인간을 합리적 사고방식을 따르는 경제적 인간으로 전제하고 정책결정자의 완벽성을 가정해, 문제 해결을 위한 대안을 체계적·포괄적으로 분석하고 가장 합리적인 대안을 선택한다고 보았다.

34 ③

집단의사결정은 의사결정에 다수가 참여하는 만큼 의사결정에 시간이 많이 소요된다는 단점을 가진다.

35 ④

통제위치(locus of control)는 개인이 자신을 둘러싼 사건을 통제하고 영향을 미칠 수 있다고 믿는 정도로, 통제위치가 내부에 있는 사람은 내재론자, 외부에 있는 사람은 외재론자라고 한다.

36 ④

감성 지능(emotional intelligence)은 자신의 감정(또는 기분)과 다른 사람의 감정을 점검하는 능력, 그 감정을 구별하는 능력과 더불어 이 정보를 이용하여 자신의 사고와 행동을 이끄는 능력을 의미한다.

37 ②

한 집단에 소속되는 구성원은 그 집단이 요구하는 판단, 신념, 태도, 행동 양식 등에 동조할 것을 요구 받으며 이와 같은 획일성에의 압력을 낳는 판단의 틀을 집단규범(group norm)이라 한다.

38 ③

집단의 규모가 커지면 구성원들의 참여도는 감소하는 무임승차나 사회적 나태 등의 현상이 발생할 수 있다.

39 ③

집단응집력(group cohesiveness)은 집단구성원이 집단에 남아있도록 하는 모든 힘의 합으로 구성원이 느끼는 집단의 매력으로도 이해할 수 있으며, 소수에 의해 지배가 이뤄질 경우 응집력은 약화된다.

40 ①

점수법(point method)은 직무를 구성요소별로 나누고 각 요소에 점수를 매겨 평가하는 직무평가 방법이다. 각 직무를 몇 가지의 평가 요소로 나누고 중요도에 따라 수치로 표시한 등급 기준표를 만들어 평가하려는 직무의 각 요소에 평점한 후 이를 합계하거나 평균함으로써 등급을 결정하는 방법으로 직무만족도의 상대적 비교가 가능하다.

4회

01	02	03	04	05	06	07	08	09	10
①	④	②	①	①	④	②	③	②	④
11	12	13	14	15	16	17	18	19	20
④	④	①	④	③	③	③	③	①	②
21	22	23	24	25	26	27	28	29	30
②	①	④	①	③	①	④	③	④	①
31	32	33	34	35	36	37	38	39	40
③	④	③	④	③	③	②	②	①	①

01 ①

연습의 법칙(low of exercise)은 자극과 반응 간의 반복적인 연상에 의해서 행위가 학습될 수 있다는 것으로, 이러한 반복과 연습이 고전적 조건화의 핵심이다. 한편 보상을 받는 행위는 반복되고 보상을 받지 못하는 행위는 사라진다는 것은 조작적 조건화의 핵심적 내용이다.

02 ④

인지론적 학습과정에는 관찰학습(observational learning)과 인지학습(cognitive learning)이 있는데, 관찰학습은 한 모델의 행위를 관찰한 결과 이루어지는 학습을 말하고, 인지학습은 보지 않고도 머리 속으로 배우는 학습을 말한다.

03 ②

행위전략의 유형에서 적극적 강화, 부정적 강화, 소거, 벌 등 4가지가 있으며, 이 중 적극적 강화와 부정적 강화는 바라는 행위를 강화시켜 주는 방식이고, 소거와 벌은 바라지 않는 행위를 약화시켜 주는 방식이다. 한편 부정적 강화는 도피학습과 회피학습으로 구분된다.

04 ①

바람직한 행위를 증대시키는 방안으로 적극적 강화(positive reinforcement)와 부정적 강화(negative reinforcement)가 있는데, 전자는 개인이 훌륭한 성과에 따르는 유쾌한 결과를 얻기 위해서 열심히 일하는 반면, 후자는 환경으로부터의 불편을 피하기 위해서 열심히 일한다.

05 ①

태도(attitude)는 어떤 자극에 대한 好, 不好의 평가를 하는 개인의 선유경향을 나타내는 것으로, 경영자의 입장에서 호의적인 태도를 형성시킨다는 것은 종업원의 직무만족과 조직몰입의 문제와 직결되어진다.

06 ④

personality는 환경의 조건에 관계없이 비교적 장기적으로 일관되게 행위특성에 영향을 미치는 한 개인의 독특한 심리적 자질들의 총체, 즉 인간의 행위를 전인적인 관점에서 파악하고자 하는 개념이다.

07 ②

모티베이션은 결핍된 욕구를 충족시켜 줌으로써 경영자가 의도하는 행위를 지속적으로 유발시키는 영향력 과정으로서, 강화(reinforcement)가 행위의 결과에 중점을 두는 행태론적 접근법을 취하는 반면 모티베이션은 인지론적 접근법을 취한다.

08 ③

ERG 이론에서는 욕구구조에 있어 개인적인 차이가 있음을 인정하고 있다.

09 ②

Herzberg에 따르면 종업원을 모티베이트시켜 성과와 직무만족을 높이기 위해서는 직무에서 동기요인이 충족되어야 한다고 하는데, 이를 위해서는 실제적으로 직무 그 자체가 성취감, 인정감 및 책임감을 갖도록 재구성되어야 하는데 이를 직무충실화(job enrichment)라 한다.

10 ④

McClelland의 성취동기이론은 처음부터 기업가의 역할을 염두에 두고 개발된 것으로 한 기업, 나아가 한 경제의 성장은 경영자의 성취욕구 수준과 관련이 있기 때문에 기업이 성과를 내기 위해서는 선천적으로 n-Ach 수준이 높은 사람을 선발하거나, 욕구는 길러질 수 있는 것이므로 기존 구성원의 n-Ach 수준을 향상시켜야 한다는 것이다.

11 ④

공정성이론에서는 과소보상에 따른 불만은 물론 과다보상에 따른 부담감 역시 불공정성을 지각하게 된다.

12 ④

Herzberg의 2요인이론에서 언급한 바와 같이 개인 간의 차이를 고려하지 않고 누구나 충실화된 직무를 좋아한다는 비현실적 가정을 하고 있다. 따라서 이러한 직무충실화의 문제점을 보완하기 위한 직무특성이론에 의한 직무재설계이다.

13 ①

목표설정이론에서는 가장 즐거움을 많이 주는 쪽으로 인간의 행위가 모티베이션된다는 기대이론의 가정을 배격하고, 인간의 행위는 가치와 의도에 의해서 결정된다고 주장함으로써 실제행위에 있어서의 의식적인 목표의 역할을 강조하고 있다.

14 ④

목표관리(management by objectives)는 참여의 과정을 통하여 조직의 목표를 명확하고 체계적으로 설정·이용함으로써 관리의 효율화를 기하려는 관리방식으로 목표설정과 결과에 대한 평가의 두 부분으로 구분할 수 있는데, 목표가 결과지향적이어서 객관적이고 측정 가능한 형태로 명확화되기 때문에 통제가 용이하고 평가에 따른 불만을 줄일 수 있다는 이점이 있는 반면, 단기목표에 집착하는 경향이 있기 때문에 조직에 대한 장기적인 영향을 소홀히 하기 쉽다.

15 ③

의사결정자의 속성에 관한 대표적 모형으로 합리적 경제인 모형(rational-economic model)과 관리인 모형(administrative model)이 있으며, 이 중 관리인 모형은 H. A. Simon에 의해 제시된 것으로, 경제인 모형이 완전한 합리성에 기초하여 이상적인 의사결정을 한다고 가정하는 데 반해, 이는 제한된 합리성 - 즉 지식의 불완전성, 예측의 곤란성, 가능한 대안의 제약 등으로 인해 - 에 기초하여 이상적인 의사결정보다는 만족스러운 의사결정을 한다고 가정한다. 따라서 경제인 모형을 규범적 모형, 관리인 모형을 기술적 모형이라고도 한다.

16 ③

리더로서의 역할을 완전히 포기한 형태가 자유방임형으로서 생산성 및 성과측면에서 최악의 상태를 보인다는 점에 대부분의 연구결과가 일치하고 있다.

17 ③

후광효과라고도 하는 것으로 타인에 대한 평가가 전반적인 인상이나 특정한 경우에 받은 지각을 기초로 이루어지는 오류, 즉 한 분야에 있어서의 호의적 또는 비호의적인 인상이 다른 분야에 있어서의 그 사람에 대한 평가에 영향을 주는 경향을 말한다.

18 ③

소극적(부정적 강화)에 도피학습과 회피학습이 있다.

19 ①

halo effect는 한 분야에 있어서의 어떤 사람에 대한 호의적 혹은 비호의적인 인상이 다른 분야에 있어서의 그 사람에 대한 평가에 영향을 주는 경향을 말한다.

20 ②

sociometry란 집단 구성원들 간의 좋아하고 싫어하는 관계를 기초로 한 집단분석기법으로서, 조직의 공식적 구조를 나타내는 조직도와는 달리, sociogram은 커뮤니케이션 경로를 사전에 지시해 주는 것이 아니라, 이미 형성된 비공식적 관계를 사후적으로 파악해 준다는 점에 그 특징이 있다.

21 ②

문제에서 묻고 있는 것은 '조직문화'이다. 조직문화란 조직 구성원들이 공유하고 있는 조직의 핵심적 가치, 가정, 신념, 이해방식, 규범의 총체를 의미한다. 조직문화는 구성원들의 행동과 의사결정에 영향을 미치며, 조직의 가치관과 규범을 내재화함으로써 구성원들의 행동을 일관되게 하고 조직의 목표 달성을 촉진한다. 또한 구성원들에게 소속감과 정체성을 제공하며, 조직의 안정성과 지속가능성에 기여한다.

22 ①

조직문화는 구성원의 일체감, 가치를 공유하게 한다.

23 ④

조직생태학(organizational ecology)은 조직군의 진화를 설명하는 데 중점을 두는 이론이다.

24 ①

K. Lewin은 태도변화가 해빙(unfreezing), 변화(changing), 재동결(refreezing)의 3단계를 통해 발생한다는 이론을 제시하였다.

25 ③

개방 시스템은 환경과 에너지, 물질, 정보를 활발하게 교환하는 반면, 폐쇄 시스템은 환경과의 상호작용이 거의 없거나 차단된 시스템을 의미한다.

26 ①

상황이론은 여건에 관계없이 모든 경우에 적용될 수 있는 최선의 유일한 방법(one best way)이 존재한다는 보편주의적 이론의 입장에 대한 비판으로 등장된 이론이다.

27 ④

성격(personality)이란 타인과 구별되는 독특한 특성으로 비교적 장기적이고 일관되게 한 개인의 행위특성에 영향을 미치는 심리적 자질들의 총체라고 할 수 있다.

28 ③

통제위치는 한사람이 삶에 있어서 얻는 결과에 대해 자기 행동이 얼마나 영향을 줄 수 있는지를 믿는 정도를 말한다. 이러한 통제위치에 따라 성격을 분류하면 운명이 정해지는 데 자신들의 행동이 결정적이라고 믿는 내재론자(internals)와 자신의 행위에 대한 결정성을 덜 믿는 외재론자(externals)로 구분할 수 있다.

29 ④

셀프 모니터링(self-monitoring)이란 타인과의 상호작용에서 자신의 사고와 감정을 관찰하면서 행동을 조절해가는 과정을 말한다.

30 ①

마키아벨리즘은 목적 달성을 위해 수단과 방법을 가리지 않는 행태나 사고방식을 의미한다.

31 ③

지각(perception)은 환경에 대한 영상을 형성하는 데 있어서 외부로부터 들어오는 감각적 자극을 선택, 조직, 해석, 경험, 처리하는 과정을 말하는 것으로, 자극보다 그 자극을 선택, 해석하는 개인의 주관적 역할을 강조한다.

32 ④

상동적 태도(stereotyping)는 사람에 대한 경직적인 편견을 가진 지각을 뜻하는 것으로 타인에 대한 평가가 그가 속한 사회적 집단에 대한 지각을 기초로 해서 이루어지는 것을 의미한다.

33 ③

EQ는 감성 지수(Emotional Quotient)의 약자로, 자신의 감정과 타인의 감정을 이해하고 관리하여 효과적으로 관계를 맺고 문제를 해결하는 능력을 의미한다.

34 ④

조직시민행동 (Organizational Citizenship Behavior, OCB)은 공식적인 직무 외에 조직의 발전을 위해 구성원들이 자발적으로 수행하는 행동들을 의미한다.

35 ③

사회학습이론은 인간의 학습과 행동 변화를 설명하는 중요한 이론이다.

36 ③

강화스케줄은 조작적 행동이 습득되고 유지될 수 있도록 강화물을 제시하는 빈도와 간격의 조건을 나타내는 규칙이다.

37 ②

개인이나 집단이 원하는 결과를 얻는 데 필요한 권력을 획득하기 위한 행동을 조직정치라고 한다.

38 ②

커뮤니케이션은 사람이나 집단 간에 정보, 생각, 감정, 의미 등을 서로 주고받는 과정이라 할 수 있다.

39 ①

커뮤니케이션 네트워크는 개인, 집단, 조직 등에서 정보가 어떻게 전달되고 상호작용하는지 보여주는 구조나 연결망을 의미한다.

40 ①

감정이입은 커뮤니케이션 효과성을 높이는 요인이다.

참고문헌

- 변상우(2016), 리더십, 도서출판 청람
- 서재현, 설현도, 송상호, 이호선 공역(2018), 조직행동론, 한경사
- 이덕로(2018), 조직행동론, 피앤씨미디어
- 이상호(2018), 조직과 리더십, 북넷
- 장수용, 이재연(2014), 핵심 인간과 조직행동론, 페이지북스
- J. R. Katzenbach & K. D. Smith(1993), The Wisdom of Teams, Harvard Business School, Boston, MA

년도 전공기초과정 인정시험 답안지(객관식)

컴퓨터용 사인펜만 사용

★ 수험생은 수험번호와 응시과목 코드번호를 표기(마킹)한 후 일치여부를 반드시 확인할 것

년도 전공기초과정 인정시험 답안지(객관식)

컴퓨터용 사인펜만 사용

★ 수험생은 수험번호와 응시과목 코드번호를 표기(마킹)한 후 일치여부를 반드시 확인할 것

년도 전공기초과정 인정시험 답안지(객관식)

년도 전공기초과정 인정시험 답안지(객관식)

MEMO

2026 대비 최신개정판

한 달 합격
해커스독학사
경영학과
최신기출 이론+문제 2단계 | 조직행동론

개정 3판 1쇄 발행 2025년 9월 16일

지은이	이재연
펴낸곳	(주)위더스교육
펴낸이	해커스독학사 출판팀
주소	서울특별시 서초구 서초대로 73길 12 세계빌딩 7층 위더스교육
고객센터	1599-3081
교재 관련 문의	15993081@haksa2080.com
	해커스독학사 사이트(haksa2080.com) 교재 Q&A 게시판
	카카오톡 채널 [해커스독학사]
동영상강의	haksa2080.com
ISBN	979-11-6540-077-4 (13320)
Serial Number	03-01-01

저작권자 © 2025, 위더스교육
이 책의 모든 내용, 이미지, 디자인, 편집 형태는 저작권법에 의해 보호받고 있습니다.
서면에 의한 저자와 출판사의 허락 없이 내용의 일부 혹은 전부를 인용, 발췌하거나 복제, 배포할 수 없습니다.

독학사 교육 1위,
해커스독학사 haksa2080.com
해커스독학사

- 독학사 전문 교수님의 **본 교재 인강**(교재 내 할인쿠폰 수록)
- 2단계 단기 합격을 위한 **기출문제 무료 특강**
- **독학학위제 합격비법서**, 독학사 기출·필수 영단어장 등 다양한 무료 학습 콘텐츠

한경비즈니스 선정 2020 한국품질만족도 교육(온·오프라인 독학사) 부문 1위

기출문제 해설특강 무료 제공

독학사 시험에 출제되었던 기출문제 해설특강을
해커스독학사 모든 수강생분들에게 무료로 제공합니다.

독학사 과목별 기출문제 해설특강!

무료 특강 바로가기 ▶

" 기출문제풀이가 중요한 이유 "

1. 다음 시험 출제경향과 문제 유형 파악
2. 과목별 평가영역과 시험 성격, 난이도 확인
3. 구체적인 학습 목표와 효율적인 학습 방향 설정

독학사(독학학위제) 시험은 평가영역 안에서 출제됩니다.
한 번에 합격하기 위해서는 기출문제와 해설강의로
다음 시험의 출제경향을 예측해야 합니다.

상담 및 문의전화 1599-3081   해커스독학사 **haksa2080.com**